现代职业人教育规划教材

DAXUESHENG ZHIYE FAZHAN YU JIUYE ZHIDAO
· CHUANGXIN CHUANGYE PIAN

大学生职业发展与就业指导
· 创新创业篇

主　编　丁　锴　吴成炎　王钰岚
副主编　顾英佳　葛晓娇　刘益青　汪园超

苏州大学出版社
Soochow University Press

图书在版编目(CIP)数据

大学生职业发展与就业指导. 创新创业篇／丁锴，吴成炎，王钰岚主编. --苏州：苏州大学出版社，2023.2(2025.1重印)
现代职业人教育规划教材
ISBN 978-7-5672-4317-0

Ⅰ.①大… Ⅱ.①丁… ②吴… ③王… Ⅲ.①大学生-职业选择-高等职业教育-教材 Ⅳ.①G717.38

中国国家版本馆 CIP 数据核字(2023)第021052号

书　　名：大学生职业发展与就业指导·创新创业篇
主　　编：丁　锴　吴成炎　王钰岚
责任编辑：周建兰
封面设计：吴　钰
出版发行：苏州大学出版社(Soochow University Press)
地　　址：苏州市十梓街1号　邮编：215006
印　　装：常熟市华顺印刷有限公司
网　　址：http://www.sudapress.com
邮　　箱：sdcbs@suda.edu.cn
邮购热线：0512-67480030
销售热线：0512-67481020
开　　本：787 mm×1 092 mm　1/16　印张：13　字数：269千
版　　次：2023年2月第1版
印　　次：2025年1月第3次印刷
书　　号：ISBN 978-7-5672-4317-0
定　　价：42.00元

Preface 前言

据教育部数据，2022 年，我国高校应届毕业生人数达到 1 076 万人，创历史新高。大学生就业是民生大事，国家十分关心高校毕业生就业。2022 年 6 月 8 日，习近平总书记到基层考察调研，了解学校开展就业创业指导服务工作。习近平总书记强调，要进一步挖掘岗位资源，做实做细就业指导服务。习近平总书记对同学们说，幸福生活是靠劳动创造的，大家要保持平实之心，客观看待个人条件和社会需求，从实际出发选择职业和工作岗位，热爱劳动，脚踏实地，在实践中一步步成长起来。

近年来，教育部高度重视大学生职业成长公共服务体系建设，深入推进大学生职业生涯规划教育，“职业发展与就业指导”课程建设在高校人才培养工作和毕业生就业工作中的重要作用越来越凸显。教育部要求高校开设“职业发展与就业指导”课程，并将其作为公共课纳入教学计划，贯穿学生从入学到毕业的整个培养过程。经过多年建设，全国高校已普遍开设了“职业发展与就业指导”课程，并针对不同年级开展学生职业发展和就业指导活动。

高职教育作为高等教育的一种类型，承担着为经济社会发展提供高素质技术技能人才的重要使命，因此，加强高职生“职业发展与就业指导”课程的教材建设十分重要。苏州健雄职业技术学院多年来高度重视学生的职业发展与就业指导，促进了毕业生就业质量的稳步提高。为了总结经验，更好地推动高职生职业发展和就业，学院组织相关专业教师编写了本套教材。本套教材分为认识职场篇、就业指导篇、创新创业篇、素质训练篇四个篇章。全套教材教学内容力求实践性、科学性、系统性相统一，态度层面、知识层面、技能层面面面俱到。在强调职业在人生发展中的重要地位的同时，本套教材又关注学生的全面发展和终身发展，力求激发大学生职业生涯发展的自主意识，促使其树立正确的就业观，理性地规划自身的发展，并鼓励其在学习过程中自觉地提高就业能力和生涯管理能力，努力实现更加充分、更高质量的就业。

“职业发展与就业指导”课程涉及现代职业人相关概念、职业生涯规划、职业目标与锚定、就业法规与维权、职场适应与发展、职场心态与调适、创新意识与思维、创新能力与方法、创业项目与选择、商业模式与竞争等诸方面。该课程有助于学生确立明确的成长目标，规划成长过程，了解现代企业，认同企业文化，缩短适应时间，增强职场竞争力。该课程亮点在于将知识教育同价值观教育结合，将线下课程与线上课程结合，使该课程与思政理论类课程同向同行，与现代信息技术齐头并进，形成协同效应，引导学生知行合一，构建起全课程育人新格局。2022 年 7 月，教育部学生服务与素质发展中心下发通知，该课程获评为 2022 年全国高校就业创业金课。

在编写过程中，我们吸收了大量最新研究成果，全套教材观点新颖、案例翔实、文笔活泼，具有较强的可读性。需要指出的是，本套教材的目标读者不局限于高职学生，它适用于所有将要走进职场、走上工作岗位的“现代职业人”。

本套教材的出版得到了苏州大学出版社的大力支持，在此表示衷心的感谢！限于编者水平，书中难免有疏漏和不妥之处，敬请不吝指正。

编　者

2022 年 12 月 7 日

Contents 目录

第一章　创新意识与思维　/ 1

第一节　关于创新　/ 2

第二节　创新意识　/ 9

第三节　创新思维　/ 13

第二章　创新能力与方法　/ 20

第一节　创新能力　/ 22

第二节　创新方法　/ 32

第三节　大学生创新创业　/ 43

第三章　创业者与创业团队　/ 53

第一节　创业及创业者　/ 57

第二节　创业者的素养要求　/ 59

第三节　创业者的三种关键能力　/ 64

第四节　组建创业团队　/ 73

第四章　创业机会与识别　/ 77

第一节　创业机会的概念及本质　/ 78

第二节　创业机会的来源及识别方法　/ 83

第三节　创业机会的评价　/ 84

第五章　创业资源与商业模式　/ 95

第一节　创业资源概述　/ 96
第二节　创业资源的开发、整合与应用　/ 100
第三节　商业模式与竞争　/ 106

第六章　创业计划与实施　/ 115

第一节　创业计划书的概念与作用　/ 116
第二节　创业计划书的撰写　/ 118

第七章　大学生创新创业实践　/ 129

第一节　中国“互联网 +”大学生创新创业大赛　/ 131
第二节　“挑战杯”全国大学生课外学术科技作品竞赛　/ 149

第八章　新创企业的创办　/ 163

第一节　创办企业　/ 166
第二节　创业企业管理　/ 176
第三节　企业发展　/ 190

参考文献　/ 202

第一章　创新意识与思维

学习目标

通过本章的学习和训练，你将能够：

- 掌握创新的概念，理解创新与创业的关系，充分认识创新的重要性。
- 理解创新意识的相关概念，培养激发创新意识的自觉性。
- 了解创新思维的概念、特征与形式，掌握培养创新思维的方式。

案例导入

华为的自主创新

在过去的30多年时间里，大多数中国民营科技企业总逃脱不了“各领风骚三五年”的宿命，我们看到了太多关于中国民营企业崛起、衰落、倒闭的悲伤故事。但是华为技术有限公司（以下简称华为）成功了！华为从2万元起家，从名不见经传的民营科技企业，发展成为世界500强和全球最大的通信设备制造商，创造了中国乃至世界企业发展史上的奇迹！

华为成功的秘密就是创新。创新无疑是提升企业竞争力的法宝，同时它也是一条充满了风险和挑战的成长之路。尤其在高新技术产业领域，创新是一个企业的生存之本和一个品牌的价值核心。

“不创新才是华为最大的风险”，华为总裁任正非的这句话道出了华为骨子里的创新精神。“回顾华为的发展历程，我们体会到，没有创新，要在高科技行业中生存下去几乎是不可能的。在这个领域，没有喘气的机会，哪怕只落后一点点，就意味着逐渐死亡。”正是这种强烈的紧迫感驱使着华为持续创新。

据华为发布的《2021 年可持续发展报告》显示，截至 2021 年，华为在全球已有 19.5 万名员工，其中，从事研发的人员约 10.7 万，约占员工总数的 54.9%。为了保持技术领先优势，华为在招揽人才时提供的薪资常常比很多外资企业要高。不仅如此，2021 年华为的研发费用支出为 1 427 亿元人民币，约占全年总收入的 22.4%。近十年，华为累计投入的研发费用达到 8 456 亿元人民币。

华为的创新体现在企业的方方面面、各个细节之中，但是华为不是为创新而创新的，它打造的是一种相机而动、有的放矢的创新，是以客户需求、市场趋势为导向，紧紧沿着技术市场化路线进行的创新。这是一种可以不断自我完善与超越的创新能力，这样的创新能力才是企业可持续发展的基石。

案例讨论

华为的创新之路给了你什么启发？你觉得成功的创新之路还需要哪些因素来保驾护航？

第一节　关于创新

【任务】　查找相关资料，说一说你对创新的理解，与同学们分享交流。

【目的】　对创新及其相关概念有初步的认识。

【要求】　创新涉及的领域较广泛，同学们在自我探索时要打开思路，不要局限在单个方面。

故事案例

起死回生的十二个字

在北方的某个城市里，一家海洋馆开张了，50 元一张的门票令那些想去参观的人望而却步。海洋馆开馆一年，简直门可罗雀。

最后，急于用钱的投资商以“跳楼价”将海洋馆脱手，洒泪回到了南方。新主人入主海洋馆后，在电视和报纸上打广告，征求能使海洋馆起死回生的金点子。

一天，一个女教师来到海洋馆，她对经理说她可以让海洋馆的生意好起来。按照她的做法，一个月后，来海洋馆参观的人天天爆满，这些人当中有三分之一是儿童，三分之二则是带着孩子的父母。三个月后，亏本的海洋馆开始盈利了。

海洋馆打出的广告内容很简单，只有十二个字：儿童到海洋馆参观一律免费。

一、创新的概念

创新是当今世界出现频率非常高的一个词，同时，它又是一个非常古老的词。在英文中，创新即“innovation”，起源于拉丁语。它原意有三层含义，即更新、创造新的东西和改变。而创新作为一种理论，形成于 1912 年。这一年美国哈佛大学教授约瑟夫·熊彼特（Joseph Alois Schumpeter）第一次把“创新”引入了经济领域。

曾经有一家公司，采用很多种方法去提高劳动生产效率。这家公司有四个车间，当劳动生产效率提高到一个临界点后，无论再怎么努力，劳动生产效率就是不能再提升。这时有人提议去分析一下这四个车间的员工构成。结果发现第一个车间的工人都是男孩，于是就加入了几个女孩，劳动生产效率得到了意想不到的提高，这也应了一句老话——“男女搭配，工作不累”。而第二个车间全是年轻人，于是加入了几个中老年人，中老年人的经验与阅历对年轻人起到了稳定军心与指导引领的作用，劳动生产效率也明显提高了。第三个车间都是中老年人，于是反其道而行之，将几个年轻人加了进去，由于年轻人有活力，于是产生了鲇鱼效应，车间的劳动生产效率也得到了提高。第四个车间既有中老年人，也有年轻人；既有男性，也有女性，怎么办呢？经过进一步分析，发现这个车间都是本地员工，于是从别的车间调了几个外地员工加了进去。外地员工怕本地员工看不起他们，于是拼命工作；而本地员工怕输给外地员工，也拼命工作。车间的劳动生产效率就这样被提高了起来。公司还是这些员工，只是把车间的人员结构变换了一下，就有了收获，达到了目的，这就叫创新。所以，创新时时处处都有，创新就在身边。

创新，就是以现有的思维模式提出有别于常规或常人思路的见解为导向，利用现有的知识和物质，在特定的环境中，本着理想化需要或为满足社会需求，而改进或创造新的事物、方法、元素、路径、环境等，并能获得一定有益效果的行为。从本质上说，创新是创新思维蓝图的外化与物化。

故事案例

带孔餐巾

在稍微高档些的饭店就餐时，饭店都会为每位客人配备一条餐巾，但通常情况下，餐巾掖在胸前卡不住，放在腿上又会不知不觉掉在地上，起不到保护衣服的作用，因而很多人只好将餐巾放在桌子上，用餐具压住，或干脆不用餐巾。鉴于此，青岛东来顺餐厅特意在每块餐巾的一个角上挖了个锁边的长孔，经过改进的餐巾夏天可以别在T恤或衬衫的扣子上，冬天可以别在外衣的扣子上，并根据季节的不同，扣眼的大小也有区别，非常实用，方便了食客。餐巾上的小小扣眼，即让人们从中领略到餐厅无微不至的优质服务，生意兴隆自在情理中。

约瑟夫·熊彼特在《经济发展概论》中指出：创新是指把一种新的生产要素和生产条件的“新结合”引入生产体系。它包括五种情况：引入一种新产品，引入一种新的生产方法，开辟一个新的市场，获得原材料或半成品的一种新的供应来源，建立一种新的组织形式。约瑟夫·熊彼特的创新概念包含的范围很广，涉及技术性变化的创新及非技术性变化的创新。

到20世纪60年代，新技术革命迅猛发展，美国经济学家华尔特·惠特曼·罗斯托（Walt Whitman Rostow）提出了“起飞”六阶段理论，即传统社会阶段、起飞准备阶段、起飞进入自我持续增长的阶段、成熟阶段、高额群众消费阶段、追求生活质量阶段，把创新的概念发展为技术创新，把技术创新提高到创新的主导地位。

抓创新就是抓发展，谋创新就是谋未来。不创新就要落后，创新慢了也要落后。创新是人类特有的认识能力和实践能力，是人类主观能动性的高级表现，是推动民族进步和社会发展的不竭动力。一个民族要想走在时代前列，就一刻也不能没有创新思维，一刻也不能停止各种创新。我国实施“大众创业、万众创新”政策也正基于此。

二、创新的类型

创新涵盖众多领域，包括政治、军事、经济、社会、文化、科技等各个领域的创新。因此，创新可以分为科技创新、文化创新、艺术创新、商业创新等。

由于创新涉及的领域及内容太广泛，为了便于分析，本书以企业为例来介绍创新的基本内容。作为应用技术类高校的毕业生，绝大多数人将成为企业的中坚力量，他们往往会在企业创新中担当重要的角色，做出重要的贡献。

企业创新是企业管理的一项重要内容，是决定公司发展方向、发展规模、发展速度的关键因素。从整个公司管理，到具体业务运行，企业的创新贯穿在每一个部门、每一个细节中。企业创新涉及产品创新、技术创新、制度创新、职能创新、结构创新、环境创新等方面，不能孤立地考虑某一方面的创新，因为各方面创新是有较强的关联度的。

（一）产品创新

产品创新，就是改善或创造产品，进一步满足顾客需求或开辟新的市场。因为产品是满足社会需要，参与市场竞争，直接体现企业价值的东西，因而这是企业创新的主要任务。产品创新可在三个层面上实现。

1. 开发出具有新功能的产品

例如，三九集团开发出999健康煲，用于家庭煎药，有文火、武火、文武火三挡选择，有药液循环系统、回流系统、蒸汽回流系统、时限报警、水位报警等功能，保证药效稳定，操作安全方便，大受市场欢迎。

2. 产品结构方面的改进

例如，使产品轻、巧、小、薄，携带和使用方便，节省材料，降低能耗。电子记事本、便捷摄像机、手提电脑、超薄洗衣机等就是典型的例子。

3. 外观方面的改进

例如，服装款式及色彩的改变都可以使顾客需求得到新的满足，从而增加销售收入；苹果电脑一度依靠推出彩壳流线型个人计算机，显著提高了市场占有率。

（二）技术创新

技术创新是指生产技术的创新，包括开发新技术，或者将已有的技术进行应用创新。技术创新可在四个层面上实现：

1. 工艺路线的革新

这是生产方式思路的改变。例如，用精密铸造、精密锻造、粉末冶金、3D 打印等代替金属切削，来生产复杂的机械零件，可大大缩短生产周期，降低生产成本。

2. 材料替代和重组

例如，前几年，美国农产品过剩，农场主负债累累，政府补贴农业的财政负担沉重。堪萨斯、卡罗来纳等农业州的农民，与大学合作，从环保角度，以农产品作原料，生产工业产品，比如用玉米生产一次性水杯、餐具和包装盒，从玉米中提取燃烧用的乙醇，从大豆中提取润滑油替代石油产品，等等，受到市场的欢迎，政府决定给予减税和强制推行等支持。

3. 工艺装备的革新

例如，用电脑绣花机代替手工绣花，用数控机床代替手动操作机床，等等。

4. 操作方法的革新

用更省力、更高效的操作方法，代替过去一些传统的、不适应现代技术进步的操作方法。

（三）制度创新

制度创新是指在现有的生产和生活环境条件下，通过创设新的、更能有效激励人的行为的制度来实现社会的持续发展和变革的创新。制度是组织运行方式的原则规定。企业制度主要包括产权制度、经营制度和管理制度等三个方面的内容。

产权制度、经营制度和管理制度这三者之间的关系是错综复杂的（实践中相邻的两种制度之间的划分甚至很难界定）。一般来说，一定的产权制度决定了相应的经营制度。但是，在产权制度不变的情况下，企业具体的经营方式可以不断地进行调整；同样地，当在经营制度不变时，具体的管理规则和方法也可以不断地改进。而管理制度的改进发展到一定程度，则会要求经营制度做相应的调整；经营制度的不断调整，则必然会引起产权制度的革命。因此，反过来，管理制度的变化会反作用于经营制度，经营制度的变化会反作用于产权制度。

制度创新的方向是不断调整和优化企业所有者、经营者、劳动者三者之间的关系，使各个方面的权益得到充分的体现，使组织的各种成员的作用得到充分的发挥。

（四）职能创新

职能创新就是在计划、组织、控制、协调等管理职能方面采用新的更有效的方法和手段。

企业职能创新是企业经营战略适应自身成长和市场发展要求的根本保障。由企业组织结构形成的变迁过程可知，企业职能由作业职能向经营管理职能和服务性职能转化，并且在分工领域出现了水平和垂直分工的分化。这一切都说明了在企业的变化发展过程中，企业的职能创新主要表现为管理职能的创新。比如，对应于市场发展而言，企业通过业务调整和拓展来满足需求的变化，这时，企业的职能创新集中表现为业务职能的创新。

企业的边界和范围具有动态性，其发展有张有弛。企业边界和范围的每一次变动，都伴随着企业组织职能创新活动的发生。因此，要保证企业经营战略的有效性，就必须在确立企业发展目标、准确把握机会的同时，不断地进行与之相应的企业职能的创新。

（五）结构创新

结构创新是指设计和应用新的更有效率的组织结构的创新。结构创新按其影响系统的范围，可分为技术结构的创新及经济与社会结构的创新两类。

1. 技术结构的创新

例如，美国福特汽车公司在 20 世纪 20 年代首创流水线生产方式，让工人依次完成简单工序，大大提高了生产效率，从而开创了大规模生产标准产品的工业经济时代。

2. 经济与社会结构的创新

通过调整人们的责、权、利关系以提高组织效能。例如，美国通用汽车公司 20 世纪 20 年代采用事业部制，解决了统一领导与分散经营的矛盾，使规模经营与适应市场的要求得到了统一，极大地增强了竞争力。

（六）环境创新

环境是企业经营的土壤，同时也制约着企业的经营。环境创新不是指企业为适应外界变化而调整内部结构或活动，而是指企业通过积极的创新活动去改造环境，引导环境朝着有利于企业经营的方向变化。例如，通过企业的公关活动，影响社区政府政策的制定；通过企业的技术创新，影响社会技术进步的方向；等等。

就企业来说，环境创新的主要内容是市场创新。市场创新主要是指通过企业的活动去引导消费，创造需求。新产品的开发往往被认为是企业创造市场需求的主要途径。其实，市场创新的更多内容是通过企业的营销活动来进行的，即在产品的材料、结构、性能不变的前提下，或通过市场的地理转移，或改进交易和支付方式，以及通过揭示产品新的物理使用价值，来寻找新用户。也可以通过广告宣传等促销工作，来赋予产品以一定的心理使用价值，影响人们对某种消费行为的社会评价，从而诱发和强化消费者的购买动机，增加产品的销售量。

三、创新与创业

故事案例

免费打气

武汉市某街道有一家小商店，生意一直不好。店主为了把从门前经过的客人都留住，就想出一个十分简单的办法。

他在店门口放了一把自行车打气筒，并用一块小黑板在上面写道：“免费打气，用完后请放回原处。”于是，每天都有许多骑自行车上下班从这儿经过的人在此打气。他们下班后，有的人打完气不好意思，就顺便在店里买一些日常用品带回家。久而久之，人们就养成了习惯，小店的生意随之越做越好。

后来，需要打气的人越来越多。上班高峰时一把打气筒有时还不够用，于是店主又增加了一把。当然，他的生意也越来越好了。年终时他结算了一下，生意额竟然比往年增长了30%。

早在2014年9月夏季达沃斯论坛上，李克强总理在公开场合发出“大众创业、万众创新”的号召。他提出，要在960万平方公里的土地上掀起“大众创业”“草根创业”的新浪潮，形成“万众创新”“人人创新”的新态势。2015年3月，“大众创业、万众创新”又被写进了政府工作报告中，由此在全国兴起了创新创业的新热潮。

如果说引进与模仿加速了中国工业化和现代化的进程，使中国在短短的30多年内完成了发达国家上百年时间才能完成的工业化之路，那么自主创新将是中国赢得第三次工业革命的必要手段，而自主创新基础上的创新创业是中国经济可持续发展的“造血干细胞”和中国企业转型升级的核心动力。

创新与创业两者之间究竟有着怎样的关系呢?

（一）创新是创业的源泉

创业者在创业过程中需要具有持续旺盛的创新、创业意识，才可能产生富有创意的想法或方案，才可能不断寻求新的模式、新的出路，最终获得创业成功。没有高新技术创新作为依托的创业，在市场竞争中缺乏核心竞争力，很容易遭市场淘汰。

（二）创新的价值在于创业

从某种程度上讲，创新的价值就在于将潜在的知识、技术和市场机会转化为现实生产力，实现社会财富增长，造福人类社会。而实现这种转化的根本途径就是创业。创业者可能不是创新者或发明家，但必须具有能发现潜在商业机会并敢于冒险的特质；创新者也并不一定是创业者或企业家，科技创新成果需由创业者推向市场，使其潜在价值市场化，创新成果才能转化为现实生产力。

（三）创业的本质是创新

创业应该是具有创业精神的个体与有价值的商业机会的结合，是开创新的事业，其本质在于把握机会，创造性地整合资源，创新和超前行动。对于创业者及其所创建的企业来说，创新就是将新的理念和设想通过新产品、新流程、新市场需求及新的服务方式有效地融入市场中，进而创造新的价值或财富的过程。

（四）创业推动并深化创新

创业可以推动新发明、新产品或新服务的不断涌现，创造出新的市场需求，从而进一步推动和深化科技创新，提高企业或整个国家的创新能力，推动经济增长。例如，在麻省理工学院，学校对创新创业始终抱着开放和赞许的态度，对创业者给予莫大的支持，师生参与创业不仅合规，更能赢得别人的尊敬和羡慕。因为，创业的成功，也会极大地激发麻省理工学院师生更高的创新热情。

训练活动

结合中国改革开放四十多年取得的辉煌成就和你所学专业领域前沿发展动态，请思考并列举你所了解的各种创新类型的典型案例。

第二节　创新意识

【任务】　每天总结自己在日常学习和生活中冒出的创新意识，将它们记录在本子上。

【目的】　发掘并培养自己的创新意识。

【要求】　创新意识的培养不是一朝一夕的事情，需要持之以恒。

故事案例

错误中的生机

一名德国工人在生产一批纸时因为不小心而弄错了配方，结果生产出了大量不能书写的废纸。他被扣工资、罚奖金，最后遭到解雇。正当他灰心时，一位朋友让他将问题倒着想，看能否从错误中找出有用的东西来。于是，他很快就发现这批废弃纸张吸水性相当好，他就把纸切成小块，取名“刀切吸水纸”，拿到市场上出售，结果相当抢手，因而也就有了现在的吸水纸。他自然也就成了当今世界的富豪之一。

哈佛大学前校长陆登庭（Neill Rudenstine）在北京大学演讲时说，在迈向新世纪的过程中，一种最好的教育就是让人们具有创新性，使人们变得更善于思考，更有追求的理想和洞察力，成为更完善、更成功的人。因此，创新意识对一个人创新能力的养成十分重要。

一、创新意识的概念

创新意识是指人们根据社会和个体生活发展的需要，引起创造前所未有的事物或观念的动机，并在创造活动中表现出的意向、愿望和设想。它是人类意识活动中的一种积极的、富有成果性的表现形式，是人们进行创造活动的出发点和内在动力，是创造性思维和创造力的前提。

创新意识是人们对创新与创新的价值、重要性的一种认识水平、认识程度，以及由此形成的对待创新的态度，并以这种态度来规范和调整自己的活动方向的一种稳定的精神态势。创新意识总是代表着一定社会主体奋斗的明确目标和价值指向性，成为一定主体产生稳定和持久的创新需要、价值追求、思维范式及理性自觉的推动力量，成为唤醒、激励和发挥人们潜在本质力量的重要精神力量。

（一）创新意识的内容

创新意识包括创造动机、创造兴趣、创造情感和创造意志。

创造动机是创造活动的动力因素，它能推动和激励人们发动和维持创造性活动。

创造兴趣是促使人们积极探求新奇事物的心理倾向，能促进创造活动的成功。

创造情感是引起、推进乃至完成创造的心理因素，只有具有正确的创造情感，才能使创造获得成功。

创造意志是在创造中克服困难、冲破阻碍的心理因素，创造意志具有目的性、顽强性和自制性。

创新意识的培养和开发是培养创造人才的起点。只有注意从小培养创新意识，才能为成长为创造人才打下良好的基础。一个国家必须具有创新意识，才有希望成为知识经济时代的科技强国。

（二）创新意识的特征

1. 新颖性

创新意识或是为了满足新的社会需求，或是用新的方式更好地满足原来的社会需求。创新意识是求新意识。

2. 历史性

创新意识是以提高人们的物质生活和精神生活水平需要为出发点的，而这种需要很大程度上受具体的社会历史条件的制约，在阶级社会里，创新意识受阶级和道德观的影响。人们的创新意识激起的创造活动和产生的创造成果，应为人类进步和社会发展服务，创新意识必须考虑社会效果。

3. 差异性

各人的创新意识与他们的社会地位、环境氛围、文化素养、兴趣爱好、情感志趣等方面都有一定的联系，这些因素对创新意识的产生起到重大影响。而这些因素也是因人而异的，因此对于创新意识，既要考察社会背景，也要考察各人的文化素养和志趣动机。

故事案例

你替我搬

英国有一家大型图书馆要搬迁，由于该图书馆藏书量巨大，所以搬运成本非常惊人。就在这时，有一位图书管理员想出一个办法，那就是马上对读者们敞开借书，并延长还书日期，只要读者们增加相应押金，并把书还入新的地址。这一措施得到了采纳。结果不但大大降低了图书搬运成本，还受到了读者们的欢迎。

（三）创新意识的作用

1. 创新意识是决定一个国家和民族创新能力的最直接的精神力量

在今天，创新能力实际就是一个国家和民族发展能力的代名词，是一个国家和民族解决自身生存、发展问题能力大小的最客观和最重要的标志。纵观人类发展史，无论是从石器工具到金属器件的发展，还是从封建主义社会到资本主义社会以及到社会主义社会的发展，都离不开创新。而创新对于一个民族的发展更至关重要，它推动着社会生产力的发展，推动着生产关系和社会制度的变革，推动着人类思维和文化的发展。

2. 创新意识促成社会多种因素的变化，推动社会的全面进步

创新意识根源于社会生产方式，它的形成和发展必然进一步推动社会生产方式的进步，从而带动经济的飞速发展，促进上层建筑的进步。创新意识进一步推动人的思想解放，有利于人们形成开拓意识、领先意识等。创新意识会促进社会、政治向更加民主、宽容的方向发展，这是创新发展需要的基本社会条件。这些条件反过来又促进创新意识的扩展，更有利于创新活动的进行。

3. 创新意识促成人才素质结构的变化，提升人的本质力量

创新实质上确定了一种新的人才标准，它代表着人才素质变化的性质和方向，它输出这样的一种信息：社会需要充满生机和活力的人、有开拓精神的人、有思想道德素质和现代科学文化素质的人。它客观上引导人们朝这个目标提升自身素质，使人的本质力量在更高的层次上得以确证。它激发人的主体性、能动性、创造性的进一步发挥，从而使人自身的内涵获得极大的丰富和扩展。

故事案例

“发明专利世界第一”彰显中国创新动力

截至 2022 年年底，我国发明专利有效量为 421.2 万件。其中，国内（不含港澳台地区）发明专利有效量为 328.0 万件。我国每万人口高价值发明专利拥有量达到 9.4 件。权威报告显示，我国发明专利有效量已经位居世界第一（据《经济参考报》2023 年 1 月 17 日报道）。创新是一个民族进步的灵魂，是一个国家兴旺发达的不竭动力。发明专利有效量位居世界第一，彰显了全社会创新创造活力迸发的态势，也必将为我国高质量发展注入新动能。

发展永无止境，创新永无止境。有专家认为，在发明、实用新型和外观设计三类专利中，最能体现创新能力的是发明专利。北斗卫星导航系统进入发展“快车道”，“中国天眼”接连取得重大发现，“嫦娥五号”月球样品研究持续刷新认知，国际首个百兆瓦先进压缩空气储能电站并网发电……新时代 10 年，我国持续加强科技创新投入，全社会研发经费支出从一万亿元增加到二万八千亿元，研发人员总量居世界首位，为我国科技创新取得新的历史性成就提供了坚实保障。有了这样的创新土壤和创新氛围，如今我国发明专利有效量位居世界第一，就是一件水到渠成的事情。

训练活动

创新意识测评卷

要求：请先认真阅读并记住下面关于选项的提示，并遵从自己的自然感觉，快速选取三个选项中的一项。

提示：A 表示没有或极少时间是这样，B 表示偶尔如此，C 表示常常是这样。

1. 我从来没有这样做过呀！　A　B　C
2. 这改变太激进了吧！　A　B　C
3. 别人也这样做了吗？　A　B　C
4. 这不是我们的职责。　A　B　C
5. 我们以前就做过啦！　A　B　C
6. 你别开玩笑了！　A　B　C
7. 让我们回到现实中来吧！　A　B　C
8. 这才不是我们的问题呢！　A　B　C
9. 为什么要改？以前还不是运作得不错？　A　B　C
10. 我们没有这样做也很好呀！　A　B　C
11. 我们会变成别人的笑柄的。　A　B　C
12. 不喜欢那些新点子，它们有什么用？　A　B　C

评分与评价：

选“A”得 0 分，选“B”得 1 分，选“C”得 2 分。计算出你的总分。

以上列出的是阻碍创新的价值观，在这些观念指导下，会感到一切变动都无必要，一切新的东西都值得怀疑。如果总分在 16 分以上，表明你的某些观念在阻碍着你的创新。

第三节　创新思维

【任务】　搜索 10 个体现创新思维的故事或案例，总结故事或案例中创新思维的特点。
【目的】　从创新思维的特点入手，总结提升创新思维的方法。
【要求】　提升创新思维的方法有很多，请结合自身特点，总结适合自己的方法。

故事案例

水池里有多少桶水?

从前，有个国王在大臣们的陪同下来到御花园散步。国王瞧着面前的水池，忽然心血来潮，问身边的大臣："这水池里共有几桶水?"众臣一听面面相觑，全答不上来。国王发旨："给你们三天时间考虑，回答上来重赏，回答不上来重罚!"眨眼三天期限到了，大臣们仍一筹莫展。就在此时，一个小孩走向宫殿，声称自己知道池塘里有多少桶水。国王命那些战战兢兢的大臣带小孩去看池塘。小孩笑道："不用看了，这个问题太容易了!"国王乐了："哦，那你就说说吧。"孩子眨了眨眼说："这要看那是怎样的桶。如果桶和水池一般大，那水池里就有一桶水；如果桶只有水池的一半大，那水池里就有两桶水；如果桶只有水池的三分之一大，那水池里就有三桶水；如果……""行了，完全正确!"国王重赏了这个小孩。

大臣们为什么解不开国王的问题呢？就在于他们全掉进了常规思维的陷阱，被思维定式所困，越思考陷得越深，越不能自拔。而那个小孩并没有受到常规思维的限制，撇开了水池里水的多少，而从桶的大小的角度来思考问题，问题一下子就迎刃而解。这说明，跳出思维陷阱进行非常规思维，有时只需换一种思维方式或换一个思维角度。

一、创新思维的概念

创新思维是指以新颖独创的方法解决问题的思维过程。通过这种思维能突破常规思维的局限，以超常规甚至反常规的方法、视角去思考问题，提出与众不同的解决方案，从而产生新颖的、独到的、有社会意义的思维成果。创新思维的本质在于将创新意识的感性愿望提升到理性的探索上，实现创新活动由感性认识到理性认识的飞跃。

故事案例

皮鞋的非洲市场

一家皮鞋公司的老总发现国内市场基本饱和，他想把公司的业务拓展到非洲去。于是他先找了销售部的小王，要把小王安排去非洲拓展皮鞋市场。小王一听就愁了，说："老板，是不是您对我工作不满意了，要找理由辞退我啊？您知道非洲人都是赤脚的，根本不可能买皮鞋的啊！我不去！"老总没有办法，又去找了销售部的小张，尝试着要安排小张去非洲。谁知小张听了老总的话后，不仅没有像小王那样的反应，而是开心得连连感谢老总。老总被他搞得都有点糊涂了，就问小张为什么这么高兴。小张开心地对老总说："老总啊，非洲人全是赤脚的，我只要让他们100个人有1个人买我的皮鞋，您想想，整个非洲我们要销售多少双皮鞋啊！这个机会太好了，我马上就去准备。"一道同样的问题，不同的思维得出的结论则大不同。

爱因斯坦说过，我们的观念决定我们所看到的世界。世界上绝大多数人都拥有一定的创新天赋，但许多人会盲从于习惯，盲从于权威，不愿与众不同，不敢标新立异。而创新思维就是不受现成的常规思路的约束，寻求对问题的全新和独特性的解答及方法的思维过程。创新思维是相对传统思维而言的，是所有人都具有的。

二、创新思维的特征

美国犹他大学管理学教授、动机学世界权威弗雷德里克·赫茨伯格（Frederick Herzberg）依据他几十年的经验，提出具有创造性的突出人物有以下十大关键特征。

（1）智商超常，但非天才。毫无疑问，智商超常是创新的先决条件，然而创新者未必都是天才。

（2）善出难题，不畏权势。

（3）标新立异，不循规蹈矩，不靠传统的做法去建功立业。

（4）感人所不知，善求答案。没有糊涂就没有创新，承认我不知道，这也是创新的一个先决条件。

（5）我就是我，不与人比。

（6）以做事为乐，真正的创造者必然从他所干的事业中取得快乐，他会为自己的成就、长进、责任和有意思的工作而感到愉悦。

（7）积极探索困难的解决方案，不信天命。

（8）只求成就，不求发迹。创造者很少是野心家，他更喜欢的是做事的成就。

(9) 合理用脑，有张有弛。

(10) 才思敏锐，激情迸发。

从上述具有创造性的突出人物的关键特征里，我们不难总结出创新思维的特征。

1. 独立性

独立性是指与众人、前人不同，独具卓识。这是因为创新思维所要解决的问题是没有现成答案的，不能照搬常规，不能用传统方法来处理，需要有新颖独特的思维。独立性体现在对“司空见惯”“完美无缺”的质疑；力破陈规、锐意进取，勇于向旧的传统习惯进行挑战。

2. 联动性

这里的联动性是指由此及彼性，有创新想象的参与。想象是创造之母，它让人能结合以往的知识与经验，在头脑中形成创造性新形象，把观念的东西形象化，从而使创造活动顺利展开。其形式有：纵向联动，即发现一种现象后能顺其深入研究，穷根究底；逆向联动，即由一种现象联想到其反面；横向联动，即由一种现象联想到与之相似、相关的事物。

3. 多向性

多向性是指善于从不同的角度想问题。追求目标要执着，但我们不赞成思维的执着。多向思维依赖于如下几个机制：发散机制，即对同一问题可提出多种设想答案，也就是发散思维能力；换元机制，即能灵活地变换影响事物质和量的众因素中的某一个，从而产生新的思路；转向机制，即思维在一个方向受阻后能马上转向另一个方向；创优机制，即寻找最优答案。

4. 综合性

创新是一种探索性的活动，从问题的发现、提出到创造成功，整个过程势必包含许多曲折、反复，因而也一定有多种思维方式的参与，既有知觉的洞察和灵感的闪现，又有想象的驰骋和类比的启迪，更不乏演绎与归纳、发散与集中、假象与试探。只有突破刻板思维的约束，灵活地综合运用多种创造性思维方法，才会有非同寻常的创造。

故事案例

开大小孔　提高销量

日本有一家生产味精的公司，该公司的产品已经在国内达到80%的市场占有率，基本处于饱和状态。为了打破眼前的这个瓶颈，公司面向全体员工征集合理化建议。结果，有一个新入职的小姑娘建议将现有的塑料味精瓶盖上的小孔开大点，就可以让顾客在使用味精的时候自然增加了消耗量。在各式各样的建议中，公司采纳了这条建议，改进了瓶盖的模具，在基本没有增加成本的情况下，公司的味精销售量增加了32%。

众所周知，一般企业都是通过投入大量资金做广告或者搞促销活动来实现提高销量的。而在这个例子中，则是通过扩大味精瓶子盖上的小孔而让消费者不知不觉中增大了味精的用量，从而间接地达到代价更小、效率更高地提高销量的目的。跳出传统思维局限，运用创新思维解决问题，效果往往出人意料。

三、创新思维的形式

富有创新思维的人往往坚信办法总比困难多。保守的常规思维是制约创新思维的最大敌人。科学家埃尔伯特·森特·格奥尔基说："创造性思维就是以不同于常人的方式看同样的事情。"学会从不同的角度来观察事物，由于观察世界的角度不同，每个人的世界观也会有所不同。

创新思维使人能突破思维定式思考问题，从新的思路去寻找解决问题的方法。常用的创新思维方式有发散思维、逆向思维、侧向思维、求异思维、类比思维、综合思维等。

1. 发散思维

发散思维也叫多向思维、辐射思维或扩散思维，是指在对某一问题或事物的思考过程中，不拘泥于一点或一条线索，而是从仅有的信息中尽可能向多方向扩展，不受已经确定的方式、方法、规则和范围等的约束，并且从这种扩散的思考中求得常规的和非常规的多种设想的思考。

发散思维的常用操作方式有：材料发散，就是以某种材料为基点，设想它的多种用途，并对材料的各种专用特性进行研究、改进，来达到目标要求；功能扩散，以某种事物的功能为扩散中心，设想这种功能的其他用途；形态扩散，以某种事物形态（颜色、形状、声音、气味等）为扩散中心，设想出能被利用的各种可能性。发散思维与综合思维不同，综合思维由多点集中到一点，而发散思维则由一点扩散到多点。

2. 逆向思维

逆向思维是指违背通常的思考方法，从相反方向思考问题，也叫作反向思维。因为客观世界上许多事物之间甲能产生乙，乙也能产生甲。例如，化学能能产生电能，据此意大利科学家伏特于1800年发明了伏特电池。反过来电能也能产生化学能，通过电解，英国化学家戴维于1807至1808年发现了钾、钠、钙、镁、锶、钡、硼七种元素。

再如，说话声音高低能引起金属片相应的振动，相反，金属片的振动也可以引起声音高低的变化。爱迪生在对电话的改进中，发明了世界上第一台留声机。

又如，小学时学过"司马光砸缸"的故事。小孩落水会淹死，要救出落入水缸的小孩，常规思维是把人拉出水。司马光考虑的不是常人想的"人离水能活"，而是反过来想“水离人，人也能活”，结果砸破水缸救出小孩，这就是一种逆向思维。

在商业营销运作中，也常有逆向思维的应用。如做钟表生意的都喜欢说自己的表准，而有一个表厂却说他们的表不够准，每天会有 1 秒的误差，结果不但没有失去顾客，反而赢得认可，大家踊跃购买。

3. 侧向思维

侧向思维是指从与问题相距很大的事物中受到启示，从而找到解决问题的方法的思维方式。19 世纪末，法国园艺学家莫尼埃（Joseph Monier）从植物的盘根错节想到水泥加固的方法，就是一种侧向思维的运用。

当一个人为某一问题苦苦思索时，大脑里会形成一种优势灶，一旦受到其他事物的启发，这个优势灶会很容易与之产生相联系的反应，从而解决问题。

侧向思维与逆向思维一样，都是相对常规思维活动而言的。它们的区别在于：逆向思维在许多场合表现为与他人的思维方向相反，但轨迹一致；而侧向思维不仅在方向上有异，而且在轨迹上也有所不同，偏重另辟蹊径。

有这样一个故事，一人想过河，便大声问那些船老大会不会游泳。会游泳的船老大都围了过来，只有一位在原地不动，他便过去问那人水性好不好。“对不起，我不会游泳!”“好，我坐你的船。”人们不禁要问，为什么要乘不会游泳的船老大的船呢？原来，船老大不会游泳，出于本能自然会小心划船，反而比较安全。这人就是运用了侧向思维。

4. 求异思维

善于标新立异是发明家的共同之处。这就需要我们有一种求异思维，在常人习以为常的工具、用具、方法中标新立异，创造出新产品。求异思维的关键在于不受任何框架、任何模式的约束，能够突破、跳出传统观念和习惯势力的禁锢，从新的角度认识问题，以新的思路、新的方法创造人类前所未有的更好、更美的东西。日常所说的“出奇制胜”，使“圆变方，纵变横，平面变立体，飞机入水，船上天”就是求异思维。例如，手机屏幕越来越大，功能越来越强，成本越来越高，有厂家推出功能减少、使用方便、价格低廉的手机，就是求异思维的结果。

5. 类比思维

培根有句名言：“类比联想支配发明。”类比思维是一种创新思维方式，人们通过类比已有事物开启创造未知事物的发明思路。它是一种把已有的事物与一些表面看来与之毫不相干的事物联系起来，寻找创新的目标和解决的方法。例如，由鸟的飞行运动制成了飞机，仿生工程的大发展就是类比思维的结果。

6. 综合思维

综合思维是指从某一事物出发，以此为发散点，尽可能多地与另一（或一些）事物连接成具有新价值（或附加价值）的新事物的思维方式。在发明创造中，可以把几个不同的主意融合起来，取其长处、相互补充、组合起来，用以解决一道难题或者完成一件作品，这就是综合思维，又称集中思维。

综合思维可以综合多种方法，对原理、设计、结构等进行合理改进、互补、综合，达到理想目标。近年来普遍使用的“头脑风暴法”（也称为“脑力激荡法”）和之前常说的“诸葛亮会议”“三个臭皮匠，赛过诸葛亮”等就是这种思维的具体应用。

例如，牛顿组合了开普勒天体运行三定律和伽利略的物体垂直运动与水平运动规律，从而创造了经典力学，引起了以蒸汽机为标志的技术革命；麦克斯韦组合了法拉第的电磁感应理论和拉格朗日、哈密尔顿的数学方法，创造了更加完备的电磁理论，引发了以发电机、电动机为标志的技术革命；狄拉克组合了爱因斯坦的相对论和薛定谔方程，创造了相对量子力学，引起了以原子能技术和电子计算机技术为标志的新技术革命。可见，合理运用综合思维，能事半功倍，产生 1 +1 >2 的效果。

训练活动

创新思维能力测评卷

下面 10 道题目，若符合你的情况，则回答“是”；若不符合你的情况，则回答“否”；若拿不准，则回答“不确定”。

1. 你认为那些使用古怪和生僻词语的作家，纯粹是为了炫耀。
2. 无论什么问题，要让你产生兴趣，总比让别人产生兴趣要困难得多。
3. 对那些经常做没把握事情的人，你不看好他们。
4. 你常常凭直觉来判断问题的正确与错误。
5. 你善于分析问题，但不擅长对分析结果进行综合、提炼。
6. 你审美能力较强。
7. 你的兴趣在于不断提出新的建议，而不在于说服别人去接受这些建议。
8. 你喜欢那些一门心思埋头苦干的人。
9. 你不喜欢提那些显得无知的问题。
10. 你做事总是有的放矢，不盲目行事。

评分标准如表 1-1 所示。

表 1-1　评分标准

题号	1	2	3	4	5	6	7	8	9	10
“是”的评分	1	0	0	4	1	3	2	0	0	0
“不确定”的评分	0	1	1	0	0	0	1	1	1	1
“否”的评分	2	4	2	−2	2	−1	0	2	3	2
每题得分										
总得分										

总得分22分以上，说明被测试者有较高的创造思维能力，适合从事环境较为自由，没有太多约束，对创新性有较高要求的职位，如美编、装潢设计、工程设计、软件编程等。

总得分11～21分，则说明被测试者善于在创造性与习惯做法之间找到均衡，具有一定的创新意识，适合从事管理工作，也适合从事其他与人打交道的工作，如市场营销等。

总得分10分以下，则说明被测试者缺乏创新思维能力，属于循规蹈矩的人，做事总是有板有眼、一丝不苟，适合从事对纪律性要求较高的职位，如会计、质量监督员等。

思考题

1. 日行一创。要求自己每天都有一个新发现或提出一个问题，可以是对某一问题的怀疑或是对问题的假设和解释。坚持21天，将每天的创意记录在本子上。

2. 试列举三个你或者你身边的人创新的例子，在小组内分享交流，并总结创新的特点。

本章总结

创新是社会发展的基础和源泉，失去了创新，社会将停滞不前。任何国家无不把创新当作一项重要的工作来对待。大学生是国家未来建设的主力军，创新对大学生自身的发展具有极其重要的意义。大学生应该积极主动地培养自己的创新意识和思维，并与国家的创新体系相配合，形成呼应互动，共同推动创新型国家的建设。

第二章　创新能力与方法

学习目标

通过本章的学习和训练，你将能够：

- 掌握创新能力的概念与影响因素，逐步提升创新能力。
- 掌握常用的创新方法，学会用创新方法解决不同问题。
- 正确创新创业，用积极的心态营造良好的创新氛围。

案例导入

垃圾桶的故事

许多年前，荷兰的一座城市出现了乱扔垃圾的问题，原本干净整洁的地方变得有碍观瞻，因为人们不再使用垃圾桶了，大街上到处都是随地乱扔的烟头、啤酒瓶、巧克力糖纸、报纸等各种废弃物。

卫生部门对此很苦恼，他们开始寻找清洁城市的办法。一种办法是把随地乱扔废弃物的罚款从 25 荷兰盾（荷兰货币单位，约相当于 13 欧元）提高到 50 荷兰盾，他们尝试了这个办法，但收效甚微。另一个方案是增加在这一地区街头巡逻的督察员，这也可以算是另一种“惩罚随地乱扔”的办法。同样，它也无助于问题的解决。

后来，有人提出了下面这个问题：假如人们在把垃圾倒进垃圾桶的时候，垃圾桶能付钱给他们，会怎么样？我们可以给每一个垃圾桶装一个电子感应装置和一个硬币返还系统。每当有人把垃圾倒进垃圾桶，它就会付给他 10 荷兰盾。

这种想法至少会对人们的大脑猛敲了一下。“假如……会怎么样”这个问题把“惩罚随地乱扔”变成了“奖励遵纪守法”。不过，这个想法存在着显而易见的缺陷，因为如果真的实施这种想法，这座城市就要破产了——欧洲会有一半的人到那里去倒垃圾。

幸运的是，倾听这个想法的人并没有以是否切实可行来衡量它，而是把它作为跳板，进而问自己：“还有其他办法可以对那些把垃圾倒入垃圾桶的人进行奖励吗?”他们找到了下面这个解决方案。卫生部门研制了一种电子垃圾桶，它的上部装有一个感应装置，当探测到有垃圾倒入时，就会激活录音机，同时播放其中的一段笑话。换句话说，这是一种会讲笑话的垃圾桶。不同的垃圾桶讲不同的笑话（有的讲低俗的双关语，有的讲冗长无聊的滑稽故事，还有的讲简短的俏皮话），此举很快就有了成效。笑话每两周更换一次，人们为此都特意地把垃圾倒入垃圾桶，于是城市又恢复了原有的整洁。

案例讨论

显然，案例中的乱扔垃圾问题最后得以解决，是因为使用了有别于常规的创新方法，但是创新方法也不是一蹴而就的，请分析并尝试总结案例中创新方法提出的步骤。

目前，我国正面临经济发展的最大机遇和挑战。在未来的岁月里，我国经济成败的关键在于能否培养出大批具有一流创新素质的人才。改革开放以后，我国培养出的大量学生到西方发达国家读书或工作，中国学生考试占有很大优势，但做研究和进一步办产业时，情况则相反，暴露出中国学生创新能力不足的弊端。我国的在校大学生总数已经占世界第一，不缺一般人才，关键在于我国未能培养出大批具有一流创新素质的人才。著名科学家钱学森先生就曾经发出“为什么我们学校里总是培养不出大师级的杰出人才?”这样令人振聋发聩的问题。那么，怎样才能培养出大批具有创新意识和创新能力的学生呢？这是我国教育界面临的一个重要问题。

第一节　创新能力

【任务】　随时记录自己遇到的问题及产生问题的原因，探究问题的根源是否在于创新能力不足。

【目的】　审视自己在创新能力上存在的障碍，找到跨越障碍的突破口，从而提升自己的创新能力。

【要求】　正确认识自己创新能力方面的优势、劣势，不管目前的创新能力水平如何，都还有提升的空间。

故事案例

奥斯本与“日行一创”

“日行一创”是美国创造工程学家亚历克斯·奥斯本（Alex F. Osbern）激励自己的座右铭。提到它，还有一则生动的逸事。

奥斯本没有上过大学，21 岁那年失了业。一天，他到一家报社应考，主考人员问：“你有多少年的写作经验?”奥斯本回答：“只有三个月。不过请你先看看我写的文章吧!”主考人员看完文章，对他说：“从文章来看，你既无写作经验，又缺乏写作技巧，文笔也不够通顺；但是因为内容富有创造性，决定录用你三个月试一试。”奥斯本由此领悟到“创造性”的可贵。

从此，他坚持“日行一创”，积极主动地开发自己的创造力，并尽力在工作中发挥出来，果然取得了极大的成绩。他不但继续被留用，而且节节晋升，不久就成了一名大企业家。

奥斯本的一生，从“日行一创”开始，他发明了许多的创造方法，撰写了著名的《思考的方法》一书，创办了一所专门教授创造工程的大学，并成为现代创造工程的权威。

一、创新能力的概念

创新能力是人类突破旧认识、旧事物，探索和创造有价值的新知识、新事物的能力。它涉及一个人的多种能力，如认识能力、观察能力、判断能力、分析能力、想象能力、学习能力、信息处理能力、解决问题能力等，是一个人综合能力的具体体现。

如果没有创新能力，便不会有今日人类的文明，人类可能还过着钻木取火的原始生活。如果爱因斯坦、爱迪生等人没有创新能力，他们何以取得巨大的成就与收获。如果一个人不具备创新能力，可以说是庸才；如果一个民族没有了创新人才，那么它便是一个落后的民族。

“现代管理学之父”彼得·德鲁克（Peter F. Drucker）说：“不断创新必须成为知识工作者工作、使命和责任的一部分。创造未来是高风险的，但是墨守成规不去创新的风险更高。”早在1998年，江泽民总书记就指出，创新是一个民族进步的灵魂，是一个国家兴旺发达的不竭动力。他还指出，创新的关键在人才，人才的成长靠教育。鉴于此，我国将大学生创新能力的培养作为教育改革的重要目标，在教育界引发了对创新能力的内涵、创新能力培养的影响因素及方式方法的大讨论。

世界知识产权组织（WIPO）发布了《2021年全球创新指数报告》（以下简称《报告》）。《报告》囊括了全球132个主要国家和地区，从科技产出、研发支出、知识产权申请和风险资本交易等创新指标综合考量各个国家和地区的创新能力。其中，瑞士连续11年位居榜首，中国排在第12位。

《报告》显示，瑞士、瑞典、美国、英国、韩国位居榜单第1位至第5位。在过去的一年中，这些国家继续加大创新投入，其全球风险资本交易量超过了过去10年的平均增速。中国位列榜单第12位，同比上年提升了2个名次，同时也是中等收入经济体的第1名，超过日本、以色列、加拿大等老牌发达国家。

从具体城市来看，中国深圳、香港、广州、北京、上海、杭州都位列“全球最佳科技集群”排行榜中。在顶尖城市方面，中国并不弱于其他发达国家。

二、创新能力的影响因素

在科学技术飞速发展的今天，创新意识和创新能力越来越成为一个国家国际竞争力和国际地位的最重要的决定因素。近年来，我国在科技创新方面的改革举措力度之大、范围之广、影响之深前所未有，改革成效已初步显现，科技对经济社会发展的支撑和引领作用日益突出。

“随着创新成为全球竞争的关键，越来越多的新兴经济体遭遇到了复杂的问题，那就是‘人才引进’只能由人才流失和流入之间的平衡来得出。全世界范围内，我们都可以看到创新在进行的迹象，这令人振奋。”欧洲工商管理学院（INSEAD）的布鲁诺·兰温（Bruno Lanvin）称。

由欧洲工商管理学院和Portulans Institute联合发布的2021年全球人才竞争力指数（GTCI）报告显示，在人才竞争力方面，瑞士、新加坡和美国继续傲居榜单前三名

（表 2-1）。而中国（第 37 位）跻身前 40，这是中国有史以来的最高排名。

表 2-1　2021 年全球人才竞争力指数（GTCI）前 20 位

排名	国家	排名	国家
1	瑞士	11	澳大利亚
2	新加坡	12	英国
3	美国	13	加拿大
4	丹麦	14	德国
5	瑞典	15	新西兰
6	荷兰	16	爱尔兰
7	芬兰	17	比利时
8	卢森堡	18	奥地利
9	挪威	19	法国
10	冰岛	20	日本

影响创新能力的因素主要有如下几种。

（一）主观因素

1. 缺乏创新意识和创新欲望

许多学生进入大学后，对自己职业生涯缺乏规划与设计。他们仅仅满足于毕业后能找份好工作或继续攻读更高学位，根本不热心于参加各种文化活动和科技活动，依然和高中一样，仅仅停留于汲取书本知识而疏忽了各种能力的培养。这在一定程度上影响了大学生创新意识和创新欲望的激发。

2. 缺乏创新兴趣

目前大学生的兴趣往往会随着时间、环境、心情的变化而变化。很多人热衷于电脑游戏和手机游戏，遇到问题习惯于上网查找解决方案，遇到困难没有迎难而上的勇气与毅力，对创新往往不感兴趣。

3. 惯性思维的影响

法国生物学家克洛德·贝尔纳（Claude Bernard）说："妨碍人们学习的最大障碍，并不是未知的东西，而是已知的东西。"也就是说，先前形成的知识、经验、习惯，都会使人们形成认知的固定倾向，从而影响后来的分析、判断，形成惯性思维，也叫思维定式。惯性思维是由先前的活动而造成的一种对活动的特殊的心理准备状态或活动的倾向性。在环境不变的条件下，它能使人应用已掌握的方法迅速解决问题；而在情境发生变化时，它则会妨碍人采用新的方法。消极的惯性思维是束缚创造性思维的枷锁，即思维总是摆脱不了已有框框的束缚。

4. 对创新的知行不统一

大学生们一般都会有或多或少的创新动机，对创新有一定的认识，也希望在学习和实践过程中产生新思想与新理论，但他们对创新的知行很不统一。一方面，他们在认识上追求创新，体现出比较积极主动的精神状态；另一方面，他们在行动上却迟迟不能落实，主动性发挥不够，投身实践的勇气和能力欠缺。

故事案例

毛毛虫实验

法国著名科学家让-亨利·卡西米尔·法布尔（Jean-Henri Casimir Fabre）发现了一种很有趣的虫子，这种虫子都有一种“跟随者”的习性，它们外出觅食或者玩耍，都会跟随在另一只同类的后面，而从来不敢另寻出路。法布尔做了一个实验，他花费了很长时间捉了许多这种虫子，然后把它们一只只首尾相连放在一个花盆周围，在离花盆不远处放置了一些这种虫子很爱吃的食物。一个小时之后，法布尔前去观察，发现虫子一只只不知疲倦地围绕着花盆转圈。一天之后，法布尔再去观察，发现虫子们仍然在一只紧跟一只地围绕着花盆疲于奔命。七天之后，法布尔去看，发现所有的虫子已经一只只首尾相连地累死在了花盆周围。

后来，法布尔在他的实验笔记中写道：这些虫子死不足惜，但如果它们中的一只能够越出雷池半步，换一种方式，就能找到自己喜欢吃的食物，命运也会迥然不同，最起码不会饿死在离食物不远的地方。

其实，该换一种思维方式生存的不仅仅是虫子，还有比它们高级得多的人类。

（二）客观因素

1. 求稳趋同、怯于质疑的教育方式的影响

中国的孩子从小就被教育“在家要听家长的话，在学校要听老师的话，在单位要听领导的话”，而“木秀于林，风必摧之”“枪打出头鸟”等类似之说，一直在影响着整个中华民族，导致了人们过于求稳趋同，不敢求异冒险，服从、听话成了人们做人的基本准则，缺乏大胆质疑的批判思维，缺乏创造的内在冲动。

2. 应试教育模式的负面影响

过去我国的人才培养模式重视应试教育。它虽然培养了一代又一代富有牺牲精神的人才，创造过无数的成功和辉煌，但也存在着严重缺陷。一是抹杀了教师和学生的创造性；二是上课方式缺乏信息反馈和民主气氛，灌输有余，启发不足；三是学习方式以记忆为主，对知识复制有余，创新不够。同时，学生在参加工作前基本上是在校园内度过的，没有涉足真实的社会，缺乏对社会的了解，学习和实践从根本上是脱节的。这种教育模式，很有可能使得我们的学生既缺乏创造性，又缺乏与人合作的精神。

3. 创新支持系统不完善的影响

虽然我国已经是世界第二大经济体，但和美国等先进发达国家的差距依然明显，尤其在教育理念、基础设施和实验条件等方面依然滞后，教师的创新能力也不容乐观。这些无疑会大大影响大学生创新能力的培养。不论是政府和学校，还是社会和家庭，对学生的培养都面临着教育目标重新定位、教育方式重新选择、教育效果重新评估等问题。这些深层次的问题不解决，大学生的创新支持系统就建设不好，也就很难有效提升大学生的创新能力。

（三）社会因素

当今大学校园，不是象牙塔，而是一个色彩斑斓的现实世界。从整个社会和大学生们生活的具体社会环境看，影响他们创新能力的社会因素大致可以分为政治环境、经济环境、文化环境和交往环境。

1. 政治环境对大学生创新能力的影响

众所周知，一个民主、稳定、和谐的社会政治生活环境，既是各类人才健康成长、发挥积极作用的政治基础，也是社会创新意识、创新精神和创新能力发育、发展并转化为现实生产力的基本前提。一个社会只有政通人和，发展和保持民主、和谐、稳定的社会政治生活环境，才能有力保障大学生创新意识、创新精神和创新能力的培养。

2. 经济环境对大学生创新能力的影响

马克思说过，人们从事的一切活动，都同他们的利益有关。就创新活动的条件而言，经济因素在根本层次上起着决定性的作用。因此，经济基础是大学生们创新能力培养的必要社会条件和物质利益动因。

3. 文化环境对大学生创新能力的影响

文化作为人类社会持久性活动及其成果的灵魂和精髓，与经济、政治三位一体，构成社会的有机系统和基本结构。以物质资源的高消耗为基础的粗放型经济增长方式的日益转变和以知识、科技、信息、教育为基础的知识经济的兴起，标志着人类社会真正的文化时代的来临。具有高度凝聚力和科学创新精神的社会主义文化，是大学生们创新意识、创新精神和创新能力培养的社会文化基石和内在精神动力。

4. 交往环境对大学生创新能力的影响

人是社会动物，人的一切活动都与其所处的经济、政治和文化环境时刻发生着关联。单个人的活动也反映着社会的影响，具有社会活动的意义，受到内在和外在的社会规则、思维方式、价值观念的约束、激励及推动，受到其他社会成员的交互影响。人的活动是社会互动的表现形式，所以，整个社会的科学文化素质特别是创新素养的生长发育的现实状态，以及具体的社会文化环境和交往情境，就成为大学生们创新意识、创新精神和创新能力培养的重要社会条件或制约因素。

三、创新能力的培养方法

1. 培养自学能力

较强的自学能力对一个人的成长极有好处，且使其受益终身。在教师讲解前，学生应先尽量进行自学，学着独立思考。即使有的地方看不懂，也没关系，可以形成问题，到听课时更有重点地集中注意力，从而迅速学懂弄通。这样培养起来的独立自学能力和习惯，还有助于学生多读课外书，扩大知识视野，为今后的学习、工作和创造性地解决各种新问题打下良好的基础。

2. 培养提问习惯

爱因斯坦说："提出问题比解决问题更重要。"我们不仅要学会知识，而且要积极思考这些知识是怎样得到的，为什么会是这样，还有什么局限性。这就要求我们在日常学习中，树立问题意识，积极去捕捉各种问题。思维心理学指出：思维总是从问题开始的。所以要把学习引向深入，就要对熟悉的知识进行全新的思考，以敏锐的目光去多洞察几个为什么。对已有的知识进行大胆的质疑和发问，即使它们是前人证明过的结论也应这样。因为新的创造总是在否定旧有的结论中成长的，正如杨振宁、李政道提出"弱相互作用下的宇称不守恒定律"。同时提问本身就要思考。经验证明，经常提出问题的学生往往学习都主动、刻苦，并具有较强的创新意识；而那些不认真思考的学生是很难提出问题的。因此，培养大胆提出问题并努力去寻找答案的能力对创新是非常重要的。

3. 学会用多种方法解答问题

创造性思维首先从发散性思维开始。从各个不同角度对同一问题进行多方位的分析、思考，再通过综合比较，选出最适合的答案，最后用指向一点的收敛思维去解决问题。创新成果可能就产生在这个过程中。成语"多谋善断"就说明了这一点。所以尽量从多个思路思考、解答问题，标新立异，对培养创造能力非常必要。

4. 注意积累有创造性的方法

在学习知识的同时，要注意学习各种具有创造性的方法。因为这些方法都是前人创造性劳动的成果，通过这种学习可以增强创造技巧和创新能力。积累的方法越多，遇事时解决和创新的办法也就会越多，工作起来就越得心应手。

故事案例

睡眠灯光

朴康焕是三星公司的一名普通员工，负责在手机生产线做检验工作。他自己也很喜欢三星的产品，他习惯每天晚上同时给几部手机充电，以保证工作时不会因为手机没电而耽误事。

一天深夜，他喝酒归来，怎么也睡不着。正在烦恼之时，突然发现充电中的手机正发出刺眼的光芒，更加刺激人的大脑和神经，他更不舒服了，于是决定立刻拔掉充电器。

第二天一早，他就这个问题询问了好几个同事，发现三星所有手机在充电时都会发出刺眼的光芒。他特意走访了设计部，可得到的结论是："没人会在意充电时的光芒，无须紧张。"

但朴康焕并没有放弃，他搜集了很多资料，并将自己的想法整理成报告，提出"睡眠灯光"的想法，提交给设计部，可三个月过去了，没有得到任何回复。朴康焕没有泄气，他想到自己可以把报告直接发给总裁。因为在三星，总裁的电子邮箱一直是公开的。不过很多人觉得这样的事没必要惊动最高领导者，朴康焕却要试试。

一周后，他突然接到主管的电话，要他下午3点去公司第一会议室开会。令他万万没有想到的是，会议室里都是公司高管，总裁起身迎接他，并且让大家对他报以热烈的掌声。"你的创意很重要，可能会改变一个时代。"总裁表示，这个充电细节很关键，会导致人们的睡眠问题，非常值得关注，设计部门的疏忽是很不应该的，三星决定在这个领域进行技术攻坚。朴康焕非常感动，觉得自己的坚持终于获得了成效，而此后，不仅是三星，其他手机厂商也开始尝试改善手机充电灯光的效果，促使灯光人性化，不至于影响人们的睡眠。

四、企业创新能力

企业创新就是根据市场需求的发展趋势，为生产、经营与市场需求相适应的产品，而充分利用并不断优化自身资源与社会资源配置，从企业经营管理各个层面上进行的创造和革新。

企业创新能力就是企业在多大程度上能够系统地完成与创新有关的各项活动的能力。包括：

（1）在技术上企业能否将科学的概念转化成为用户开发的产品，并且生产、制造和提供给消费者。

（2）企业提供的产品能否被用户认可，企业能否有效地说服用户接受自己的产品。

（3）企业能否有效地管理这一过程，并获得一定的财务回报。

（一）企业创新能力的表现形式

企业创新能力的表现形式主要有发展战略创新、产品（服务）创新、技术创新、组织与制度创新、管理创新、营销创新、文化创新等。

1. 发展战略创新

发展战略是以未来为主导，与环境相联系，以现实为基础，对企业发展的策划、规划，它研究的是企业的明天。

发展战略创新是对原有的发展战略进行变革，是为了制定出更高水平的发展战略。实现企业发展战略创新，就要制定新的经营内容、新的经营手段、新的人事框架、新的管理体制、新的经营策略等。

我国加入世界贸易组织（WTO）后，国内企业面对的是世界性的跨国公司，置身于日趋白热化的市场竞争中，要想立于不败之地，关键要进行战略研究、战略选择与战略创新。

2. 产品（服务）创新

产品（服务）创新指的是创造某种新产品或新服务，或对某一新或老产品的功能进行创新或改进原有服务方法及手段。这对于生产企业来说，主要是产品创新；对于服务行业而言，主要是服务创新。例如，手机在短短的几年时间已从模拟机发展到数字机、可视数字机、可以上网和可以拍照的手机等。手机的更新换代，生动地告诉我们产品的创新是多么迅速。

3. 技术创新

技术创新是企业发展的源泉、竞争的根本。技术创新是指一种新的生产方式的引入，这种新的生产方式可以建立在一种新的科学发现的基础上，也可以是以获利为目的经营某种商品的新方法，还可以是工艺上的创新。新的生产方式，具体是指企业从投入到产出的整个物质生产过程中发生的革命性的变化，或称“突变”。这种“突变”与在循环流转中年复一年的同质流动或小步骤调整不同，既包括原材料、能源、设备、产品等硬件创新，也包括工艺程序设计、操作方法改进等软件创新。其中产品创新按新产品的创新和改进程度，可以分为全新新产品、换代新产品、改进新产品和仿造新产品；工艺创新则可以分为独立的工艺创新和伴随性的工艺创新。

4. 组织与制度创新

组织与制度创新主要有三种：一是以组织结构为重点的变革和创新，如重新划分或合并部门、改造组织流程、改变岗位及岗位职责、调整管理幅度等。二是以人为重点的变革和创新，即改变员工的观念和态度，包括知识的更新、态度的转变、个人行为乃至整个群体行为的变化等。三是以任务和技术为重点的创新，即对任务重新组合分配，并通过更新设备、技术创新等，来达到组织与制度创新的目的。

5. 管理创新

管理创新是指一种更有效而尚未被组织采用的新的管理方式或方法的引入，是组织通过实施新的或有效的管理模式、管理方法和管理手段，变革和替代原有的不适应组织发展要求的习惯做法和模式，使组织的管理系统具有更高的管理效能。

管理方式是进行管理创新的重要手段，也是管理创新的直接成果。它直接影响着资源配置的效率和效益，是企业实现资源有效配置的必要条件。第二次世界大战以来，许多管理学家、企业家把科学技术成果广泛引入企业管理之中，创造了许多旨在提高资源配置效率和效益的现代管理方法，如线性规划、目标管理、全面质量管理、网络计划技术、库存管理、决策技术、市场预测技术等。这些方法的产生和运用，对企业提高资源利用的效率和效益都产生了十分重要的推动作用。

6. 营销创新

所谓营销创新，就是根据营销环境的变化情况，并结合企业自身的资源条件和经营实力，寻求营销要素在某一方面或某一系列中的突破或变革的过程。在这个过程中，并非要求一定要有创造发明，只要能够适应环境，赢得消费者的心理且不触犯法律、法规和通行惯例，同时能被企业所接受，那么这种营销创新即是成功的。

7. 文化创新

企业文化就是企业在长期的经营和管理活动中确立、信奉并付诸实践的价值观、思维方式及行为模式。它在本质上是一种促进或阻碍企业发展的管理思想和管理方法，属于思想范畴的概念。

文化创新就是企业为了适应新的环境，把新的经营理念、价值观、企业精神等要素重新组合，引入企业文化体系并具有新功能的创造性过程。它围绕新技术革命的挑战和经济全球化、信息化，用新的价值观和视野来谋划和建构新的企业文化，使企业真正成为学习型组织、创造型组织，为培育和提升企业核心竞争力提供全方位的服务。

故事案例

《英雄》：一部电影的辉煌纪录

《英雄》上市20天就创下了超过2亿元的票房，而当年度风靡全球的《哈利·伯特》，在中国创下的票房仅为6 300万元。

让《英雄》成功的，不仅是由于电影的精彩，更是由于营销策划、市场推广的创新。《英雄》有着阵容强大的明星剧组，早在两年前，新画面公司就开始借助团队的明星效应，持续制造新闻。在媒体的支持下，这些新闻高强度持续进行了两年时间，终于让大量中国人按捺不住，走进影院观看这个中国有史以来营销最成功的电影。

《英雄》以令人赞叹的耐心、丝丝相扣的营销策划和长达两年的新闻公关，位列当年度十大营销创新案例之首。《英雄》以营销的创新写入中国电影史。《英雄》入选，是为了表彰发行商新画面公司对电影营销的突破性贡献。

《英雄》获得空前成功，把电影营销策略和营销组织性推进到了前所未有的程度。《英雄》以后，中国电影越来越倾向于大制作，倾向于告别艺术电影，倾向于向好莱坞靠拢。

（二）影响企业创新能力的因素

1. 企业文化

企业文化是企业内部影响企业创新与变革的重要因素。企业文化是将企业凝聚起来的“胶水”，这种凝聚效应体现在企业的各个方面，任何为了提高企业创新能力的举措必然应该有相应的企业文化转型计划。

最有助于创新的企业文化是更加外向型而非封闭型的文化，更加灵活、适应变化的文化而非一味求稳的文化，扁平化而非等级化管理的文化。企业文化还应强调持续学习和不断适应。在支持和鼓励创新中，企业文化若要起到关键作用，就必须着力将文化的作用和影响渗透至企业战略的各个层面，如员工、政策、企业行为、激励机制、企业的语言和系统架构等。

最能促进创新的企业文化往往强调团队协作、以客户为中心、公平对待员工、采取主动等理念。

2. 领导风格

一个企业的领导者在推动创新方面起着至关重要的作用，而其中领导者的风格又直接决定企业创新能力的高低。因为领导风格往往塑造了企业的组织文化和气氛。那些卓有成效的领导者往往会提供创新的方向，建立并营造有利于创新的组织文化和气氛，鼓励个人发挥高度的主动性，推行多功能团队的有效协作和融合，以确保政策在公司中得到充分推广。

Hay 集团总裁莫瑞·达尔齐尔博士（Murray Dalziel）认为，最具创新能力的企业领导风格通常为权威型、亲和型和辅导型这三种类型。这三种类型的领导风格往往能够提供明晰的愿景与方向、培养团队的和谐及关注个人的长期发展，因此更有利于企业的创新。

3. 员工的学习能力

员工要注意在岗学习（on job learning）或在岗培训（on job training），不断学习和充电的员工构成了企业中创新能力的根基。

4. 创新的评价机制

在企业现有的绩效考核过程中，应该将创新纳入评价体系。如果将创新纳入个人和企业的绩效评估体系，就应该有相应的激励机制和奖励体系。而创新是否成功，往往要经过数年的考验才能衡量。因此，短期和长期的评估体系应同时具备，同时到位。

5. 员工的主动性与合作精神

员工能迅速采取行动，富有主人翁精神，并且员工之间具有良好的团队合作精神，充分沟通。典型例子是飞利浦公司。该公司有两条产品线，分别是心脏复苏机和家庭医疗保健产品。以前，这两条产品线针对的客户一个是医院，一个是家庭，并没有重合之处。后来这两条产品线的负责人经常在一起开会研究，对产品进行创新，从而使得心脏复苏机也开始走进许多家庭，实现了两条产品线的整合。

训练活动

1. 荒无人烟的河边停着一艘小船，这条小船只能容纳一个人，有两个人同时来到河边，两个人都乘这艘小船过了河。请问这两个人是怎么过河的？

2. 篮子里有4个苹果，由4个小孩平分，分到最后，篮子里还有一个苹果。请问他们是怎么分的？

3. 桌椅的四条腿不齐，导致座椅放不平，请开发出一种通用、美观的桌脚垫。

第二节　创新方法

【任务】　搜索尽可能多的创新方法，找到适合你的2~3种方法并反复练习。

【目的】　用不同的创新方法解决不同的问题。

【要求】　有的创新方法步骤较复杂，需要多多练习方能掌握，可与同学组队共同学习，相互促进。

故事案例

雨　衣

18世纪，在苏格兰橡胶厂上班的查尔斯·麦金托什（Charles Mackintosh）因生活窘迫，无力购买雨具，每逢雨天，只能冒雨上下班。一天，他不小心将橡胶汁沾满衣裤，怎么也擦不掉，只好穿着这身脏衣服回家。室外阴雨绵绵，麦金托什回到家却惊喜地发现穿在里面的衣服一点没有湿，他索性将橡胶汁涂满全身衣服。这就是世界上第一件胶布雨衣。

创新方法是建立在认知规律基础上的创新心理、创新思维方法的技巧和手段，是实现创新的中介，是社会快速推出新技术、新产品的一种可用资源。

黑格尔说："方法是任何事物所不能抗拒的、最高的、无限的力量。"自从意识到创新的重要作用后，人们在生活、学习、工作中不断地探索创新方法，积累创新经验，进行创新活动。如今，创新方法是一个企业长期生存的重要依据，是企业长盛不衰的精髓，对企业的生存与发展起着至关重要的作用。

国内外创新学家已经总结出300多种创新方法，其中常用的有100多种。下面介绍常用的几种创新方法。

一、移植法

所谓移植法，是指将某一事物或领域的原理、方法、功能、结构、材料等引用或移植到另一事物或领域中去，用以变革事物的创新方法。其实质是借用已有的创新成果进行新目标的再创新，使已有的成果在新的条件下得以进一步延续、发挥和拓展。

（一）原理移植

将某种科学技术原理向新的研究领域类推或外延。虽然领域不同，但无论是理论还是技术，都会发现具有一些共同的基本原理。因此，可根据不同的要求和目的作移植创新。如磁被发现后，科学家就巧妙地将其应用到很多领域，创造了很多的发明，甚至连人们喝的水都能跟磁挂上钩。

（二）方法移植

17世纪的勒内·笛卡尔（Rene Descartes）是科学方法移植的先驱。他以高度的想象力，借助曲线上“点的运动”的想象，把代数方法移植于几何领域，使代数、几何融为一体而创立解析几何；美国阿波罗11号所使用的“月球轨道指令舱”与“登月舱”分离方法，移植于巨轮不能泊岸时用驳船靠岸的办法；现代企业把《孙子兵法》中的战略和战术用于商战，不断拓宽企业在市场上的规模和提高企业的知名度；等等。这些都运用了方法移植。

（三）回采移植

许多被弃置不用的陈旧技术，只要赋予现代技术加以改造，往往会产生新的创造。例如，帆船是古代船舶的标志，但又出现在20世纪80年代。它不仅应用于航海领域，更加令人惊奇的是，该种原理与技术竟然进入了太空领域，前不久出现的“太空光帆”就是一种技术回采的成果。

（四）功能移植

功能移植是把诸如激光技术、超声波技术、超导技术、光纤技术、生物工程技术，以及其他信息、控制、材料、动力等一系列通用技术所具有的技术功能，以某种形式应用于其他领域。例如，采用液压技术便可较好地解决远距离传动的问题，且简化机构，操作方便；电子计算机的应用则使机械加工程序化、自动化。

（五）结构移植

结构移植是指将某种事物的结构形式或特征向另一事物移植，以开发出新的产品、发挥新的作用的创新方法。掌上电脑就是移植于手机的设计，而智能手机又移植于电脑，穿戴式“士兵骨骼”则移植于人体骨骼。

二、头脑风暴法

头脑风暴法也叫智力激励法、集思广益法、BS法、畅谈会法等，是由美国创造学家亚历克斯·奥斯本于1939年首次提出、1953年正式发表的一种激发创造性思维的方法。此法经各国创造学研究者的实践和发展，至今已经形成了一个发明技法群，深受众多企业和组织的青睐。采用头脑风暴法组织群体决策时，要集中有关专家召开专题会议，主持者以明确的方式向所有与会者阐明问题，说明会议的规则，尽力创造出融洽轻松的会议气氛。主持人一般不发表意见，以免影响会议的自由气氛，由专家们“自由”地提出尽可能多的方案。

（一）组织形式

1. 小组人数

小组人数一般为10～15人（课堂教学也可以班级为单位），最好由不同专业或不同岗位者组成。

2. 会议时间

会议时间一般为20～60分钟。

3. 会议人员

设主持人一名，主持人只主持会议，对设想不做评论。设记录员1～2人，要求认真地将与会者的每一个不论好坏的设想都完整地记录下来。

（二）会议类型

1. 设想开发型

这是为获取大量的设想、为课题寻找多种解题思路而召开的会议，因此，要求与会者要善于想象，语言表达能力要强。

2. 设想论证型

这是为将众多的设想归纳转换成实用型方案而召开的会议，要求与会者善于归纳、分析和判断。

（三）会前准备工作

1. 明确主题

将会议主题提前通报给与会人员，让与会者有一定时间的准备。

2. 选好主持人

主持人要熟悉并掌握该技法的要点和操作要素，摸清主题现状和发展趋势。

3. 培训与会者

与会者要有一定的训练基础，懂得该会议提倡的规则和方法。会前可进行柔性训练，即对缺乏创新者进行打破常规思考、转变思维角度的训练活动，以减少思维惯性，使其从单调的紧张工作环境中解放出来，以饱满的创造热情投入激励设想活动中。

（四）会议实施步骤

1. 会前准备

落实与会者、主持人和课题任务，必要时可进行柔性训练。

2. 设想的开发

由主持人公布会议主题并介绍与主题相关的情况；突破思维惯性，大胆进行联想；主持人控制好时间，力争在有限的时间内获得尽可能多的创意性设想。

3. 设想的分类与整理

设想一般分为实用型和幻想型两类。前者是指如今技术工艺可以实现的设想，后者是指如今的技术工艺还不能实现的设想。

4. 实用型设想的完善

对实用型设想，用头脑风暴法去进行论证，进行二次开发，进一步扩大设想的实现范围。

5. 幻想型设想的再开发

对幻想型设想，用头脑风暴法进行进一步开发，如此就有可能将处于萌芽状态的创意转化为成熟的实用型设想。这是头脑风暴法的一个关键步骤，也是决定该方法质量高低的明显标志。

（五）会议原则

1. 延迟评判原则

对各种意见、方案的评判必须放到最后阶段，此前不能对别人的意见提出批评和评价。认真对待任何一种设想，不管其是否适当、可行。

2. 自由畅想原则

欢迎与会者各抒己见，自由鸣放，创造一种自由、活跃的气氛，激发与会者提出各种想法。使与会者思想放松，这是头脑风暴法的关键。

3. 以量求质原则

追求数量。意见越多，产生好意见的可能性越大，这是获得高质量创造性设想的条件。

4. 综合改善原则

探索取长补短和改进的办法。除提出自己的意见外，鼓励与会者对他人已经提出的设想进行补充、改进和综合，强调相互启发、相互补充和相互完善，这是头脑风暴法能否成功的标准。

5. 求异创新原则

这是头脑风暴法的宗旨。会议提倡自由奔放、随意思考、任意想象、尽量发挥，主意越新、越怪越好，因为它能启发人形成好的观念。

三、5W1H 法

5W1H 法又称“六何”法，是一种思考方法，也可以说是一种创造技法。它是对选定的项目、工序或操作，从原因（何因）、对象（何事）、人员（何人）、时间（何时）、地点（何地）、方法（何法）六个方面提出问题进行思考。这种看似很可笑、很天真的问话和思考办法，可使思考的内容深化、科学化。目前，5W1H 法已被广泛应用于改进工作、改善管理、技术开发、价值分析等方面。

（一）实施程序

（1）对某种现行的方法或现有的产品，从 6 个角度作检查提问，即：为什么（Why）、做什么（What）、何人（Who）、何时（When）、何地（Where）、如何（How）。

（2）将发现的疑点、难点列出。

（3）讨论分析，寻找改进措施。

若现行的方法或产品经此检查基本满意，则认为该方法或产品可取；若其中某些点的答复有问题，则就这些方面加以改进；若某方面有独到的优点，则应借此扩大产品的效用。

5W1H 法视问题的性质不同，设问检查的内容也不同。例如：

（1）为什么（Why）。为什么发光？为什么要做成这个形状？为什么不用机械代替人力？为什么产品制造的环节这么多？为什么要这么做？

（2）做什么（What）。条件是什么？目的是什么？重点是什么？功能是什么？规范是什么？要素是什么？

（3）谁（Who）。谁来办合适？谁能做？谁不宜加入？谁是顾客？谁支持？谁来决策？忽略了谁？

（4）何时（When）。何时完成？何时安装？何时销售？何时产量最高？何时最切时宜？需要几天合适？

（5）何地（Where）。何地最适宜种植？何处做才最经济？从何处去买？卖到什么地方？安装在哪里最恰当？何地有资源？

（6）如何（How）。对于最后一问 How，有时可扩展为两个问题：怎样（How to）与多少（How much），此即 5W2H 法。

① 怎样（How to）。怎样做最省力？怎样做最快？怎样效率最高？怎样改进？怎样避免失败？怎样求发展？怎样扩大销路？怎样改善外观？怎样方便使用？

② 多少（How much）。功能如何？效果如何？利弊如何？安全性如何？销售额如

何？成本多少？

（二）应用示例

某航空公司在机场候机室二楼设小卖部，生意相当清淡。公司经理用5W1H法检查问题何在，结果发现在Who、Where及When三方面存在问题。

（1）谁是顾客？机场小卖部应当把入境的旅客当主顾才对，而这些客人不需要上二楼。在二楼逗留的大部分是送客或接客的人，他们完全可以在市内大市场里挑肥拣瘦，不必到机场来买东西。

（2）小卖部设置在何处？原来旅客出入境的路线，都是经海关检查后，直接从一楼左、右两侧走了，根本不需要走二楼。小卖部的位置没有设在旅客的必经之路。

（3）何时购物？出境旅客只有当行李到海关检查交付航空公司后，才有闲情光顾小卖部。而机场安排旅客上机前才能将行李交运，这样就从时间上限制了旅客。

由此可见，小卖部生意不佳的原因是：未把旅客当主顾；小卖部的位置偏离了旅客的必经之路；旅客没有购物时间。

针对这三点，公司经理研究改进措施，以顾客为主顾，调整海关检查路线和行李交付时间。此后，小卖部生意兴隆。

四、列举法

列举法是指具体运用发散性思维来克服思维定式的一种创造技法。它可以帮助我们拓宽思路，打破思维的僵化与麻木。

列举法主要有缺点列举法和希望点列举法两种。

（一）缺点列举法

“金无足赤，人无完人。”任何一件产品都不可能十全十美，如果不断发现和挖掘事物的小缺点，然后用新的技术加以改革，就会创造出许多新的产品来。缺点列举法是一种改进型的创造技法。它通过全面地寻找创造对象目前所存在的具体缺点，并从对缺点的认识中开发创新的思路，从而消除或改正并完善这些缺点。

1. 实施方法

（1）会议法。召开一次缺点列举会，会议由5～10人参加，会前由主管部门针对某项事物，选择一个需要改革的主题，让与会者围绕主题尽量列举各种缺点，列举的缺点越多越好。另请一人将提出的缺点记录在卡片上并编号，之后从中挑选出主要缺点，并针对这些缺点制订出切实可行的革新方案。一次会议的时间为1～2小时，会议的主题宜小不宜大。

（2）用户调查法。企业改进新产品时使用缺点列举法可以与征求用户意见结合起来进行，通过销售、售后服务、意见卡等渠道广泛征集意见。用户提出的意见有时是产品设计人员所不易想到的。

（3）对照比较法。将同类新产品集中在一起，从比较中找缺点，甚至对名牌新产品吹毛求疵，找到可以改进之处。用这种方法开发新产品起点高、步子大。

2. 实施步骤

（1）对象剖析。依据一定的原则把研究对象分解为若干个子系统，直至完成基本单元的组合。

（2）缺点罗列。逐一列出各基本单元的各种不足之处。

（3）设想开发。针对已罗列出的各种缺点，逐一提出弥补和改进的设想。

（4）设想处理。将这些设想综合处理，提出改进方案。

3. 应用示例：改进自行车雨衣

下面列出了雨衣的几个缺点：

（1）胶布雨衣夏天闷热不透气。

（2）塑料雨衣冬季变硬、变脆，容易坏。

（3）穿雨衣骑自行车上下车不方便。

（4）风雨大时，脸部淋雨使人睁不开眼，影响出行安全。

（5）雨衣下摆贴身，雨水顺此流下易弄湿裤腿与鞋。

（6）胶布色彩太单调，无装饰感等。

针对这些缺点，可提出许多改进方案。例如，采用新材料使塑料雨衣不脆不硬；在雨帽上加一副防雨眼镜或眼罩；设计男、女、老、少不同式样和颜色的雨衣；设计可防弄湿裤腿及穿着方便的雨衣；等等。

（二）希望点列举法

希望点列举法是指通过提出种种希望，通过分类、归纳、整理以确定发明目标的创造方法。这是一种积极的、主动型的创造技法，它根据有需要、有愿望就会有创造的原理，主动去发现需要，寻找愿望，通过列举各方面的希望点来开展创造活动。

1. 实施方法

与缺点列举法类似，希望点列举法的实施形式灵活多样，常用的有：

（1）书面搜集法。按事先拟定的目标，设计一种卡片，发动用户和本单位的职工，请他们提供各种想法。

（2）会议法。召开 5 ~ 10 人的小型会议，时间为 1 ~ 2 小时，由主持人就革新项目或产品开发征集意见，激励与会者开动脑筋，互相启发，畅所欲言。

（3）访问谈话法。派人直接走访用户或商店等，倾听各类希望性的建议与设想。

2. 实施步骤

对采用以上方法收集到的各种意见和希望进行分析、研究，并制订可行方案。具体程序为：

（1）对现有的某个事物提出希望。希望一般来自两个方面：或事物本身存在不足，希望改进；或人们的需求变更，有新的要求。

（2）评价所产生的希望，找出可行的设想。

（3）对可行性希望作具体研究，以制订方案，实施创造。

3. 应用示例

有人提出，希望发明一种“定时安眠药”，在疲劳时可以让你安稳地休息片刻，然后定时醒来，继续工作，而且经常服用无副作用。这种设想是基于现有产品所不具备的效用，所以它常用于新产品的开发上。

五、原型启发法

原型启发法就是通过与假设的事物具有相似性的东西，来启发人们找到解决新问题的途径的方法。能够起启发作用的事物叫作原型。原型可以来源于生活、生产和实验。鱼的体形是创造船体的原型，飞鸟是世界上第一架飞机的原型，而中国古代的巧匠鲁班受到带齿小草伤人的原型启发发明了锯子，瓦特通过观察到水蒸气掀动壶盖的原型发明了蒸汽机，等等。很多原型都可能有启发作用，如自然现象、日常用品、机器、示意图、文字描述、口头描述等都是常见的原型。

（一）资料的启发

美国发明家乔治·威斯汀豪斯（George Westinghouse）发明能控制整列火车的制动装置，就是从一本杂志上得到的启示。有篇文章介绍挖隧道时写道，驱动风钻的压缩空气是用橡皮管从900米以外的空气压缩机送来的，他受此启发，创造了气动刹车的装置。

（二）技术的启发

在修补沥青路面时，常常需要将原有的沥青烤软，但用红外线加热或烘烤方法均只对沥青路面表面有效，难以使内部软化。有人想到家用微波炉可将食品内部迅速加热，于是将此技术应用于筑路机上，取得了很好的效果。

（三）生物的启发

瑞士发明家乔治·梅斯特拉尔（George Maestral）喜欢带着狗外出散步，有一次散步回家，发现自己裤腿上和狗身上都沾满了一种草籽。草籽粘在狗毛上很牢，要花一定功夫才能把草籽拉下来。乔治感到很奇怪，他运用了敏锐的观察力，用放大镜仔细观察这种草籽。终于发现，草籽的纤维与狗毛是交叉在一起的。他想，如果采用这两种形状的结构不就可以发明一个搭扣吗？从此，人们的生活中多了一个好帮手——乔治发明的尼龙搭扣。今天，我们穿的鞋有的就是用尼龙搭扣扣上的，背的书包有的也是用尼龙搭扣扣上的。

（四）常识的启发

骡马常患一种病，叫结症，主要是由骡马吃进去的草料不消化，在肠子里结成块而引起的，其致死率很高，这是困扰兽医的一大难题。解放军兽医李留栓有一次在家看见夫人打蛋，受到了启发：鸡蛋很难握破但极易击碎。由此，他创造了一种奇特的“撞击术”——用一只手深入肠道按住结粪，另一只手在腹腔外对准突然一击，使粪破碎。几年中，他们用这种方法治疗了两千多匹病马，无一死亡。

（五）生活的启发

美国工程师杜里埃（Duryea）认为，为保证内燃机有效地工作，必须使汽油和空气能够混合均匀，但如何做到却总是无解。有一天，他在家看到妻子喷洒香水，突然灵光一闪，终于创造出了发动机的汽化器。

（六）现象的启发

一天，年轻的法国医生勒内·雷奈克（René Laennec）偶尔观看几个小孩子玩跷跷板。他们一上一下地玩腻了，此时有一个孩子把耳朵贴近木板的一端，另一个孩子就用钉子刮擦木板的另一端，这时木板的这一端传来清晰的刮擦声。勒内·雷奈克对这种传声现象感到很惊奇，于是牢牢记在心上，由此促使他以后发明了一种最重要的医学仪器——听诊器。

（七）原理的启发

有人研究了西瓜皮能滑倒人的原理，发现这是西瓜皮受到脚踩后压出了水分，摩擦力减少所致，由此弄清了冰刀式滑冰鞋只能在冰上滑而不能在光滑的玻璃上滑的道理；又有人分析了香蕉皮滑倒人的原理，发现香蕉皮由几百个薄层构成，层与层之间可相对滑动，由此找到与香蕉皮有类似结构的二硫化钼，它具有良好的耐热性，为机械转动、滑动的润滑开创了一片新天地。

六、仿生法

仿生法就是模仿生物的“形”“色”“音”“功能”“结构”等，从而发明创造出新事物的方法。

自古以来，自然界就是人类各种科学技术原理及重大发明的源泉。生物界有着种类繁多的动植物存在，它们在漫长的进化过程中，为了求得生存与发展，逐渐具备了适应自然界变化的本领。人类生活在自然界中，与周围的生物做“邻居”，这些生物具备的各种各样的奇异本领，一直吸引着人们去想象和模仿，人类也坚持不懈地向生物吸取着技术原理。

仿生法建立在仿生学的基础上，其研究范围主要包括：信息仿生、控制仿生、力学仿生、化学仿生、能量仿生、原理仿生等。

（一）信息仿生

信息仿生是指通过研究并模拟生物的感觉（包括视觉、听觉、嗅觉、触觉）、智能，以及信息贮存、提取、传输等方面的机理，来构思和研制新的信息系统。

仿生学家根据苍蝇嗅觉器的结构和功能，仿制成功一种十分奇特的小型气体分析仪。这种仪器的探头不是金属，而是活的苍蝇。把非常纤细的微电极插到苍蝇的嗅觉神经上，将引导出来的神经电信号经电子线路放大后，送给分析器；分析器一旦发现某种气味物质的信号，便发出警报。这种仪器已经被安装在宇宙飞船的座舱里，用来检测舱内气体的成分。

仿生学家仿照水母耳朵的结构和功能，相当精确地模拟了水母感受次声波的器官，设计了水母耳风暴预测仪。把这种仪器安装在舰船的前甲板上，当接收到风暴的次声波时，可令旋转的喇叭自行停止旋转，它所指的方向就是风暴前进的方向；指示器上的读数即可告知风暴的强度。这种预测仪能提前 15 小时对风暴作出预报，对航海和渔业的安全都有重要意义。

（二）控制仿生

控制仿生主要通过研究并模拟生物的体内稳态（反馈调节）、运动控制、动物的定向与导航、生态系统的涨落及人机系统的功能原理，来构思和研制新的控制系统。例如，人们根据蜜蜂的复眼能利用偏振光的原理导航，发明了用于航空和航海的非磁性“偏光天文罗盘”。这种罗盘对于不能使用磁罗盘的高纬度地区，显示出极大的优越性。

（三）力学仿生

力学仿生主要通过研究并模仿生物体大体结构与精细结构的静力学性质，以及生物体各组成部分在体内相对运动和生物体在环境中运动的动力学性质，来构思和研制新的物体结构。例如，建筑上模仿贝壳修造的大跨度薄壳建筑，模仿股骨结构建造的支柱，既能消除应力特别集中的区域，又可用最少的建材满足最大的载荷。军事上模仿海豚皮肤的沟槽结构，把人工海豚皮包敷在船舰外壳上，可减少航行湍流，提高航速。

（四）化学仿生

化学仿生主要通过研究并模拟生物酶的催化作用、生物的化学合成、能量转换等，来构思高效催化剂等化学产品、化学工艺，以及新材料、新能源等。

早在 20 世纪 40 年代，人们根据对萤火虫的研究，创造了日光灯，使人类的照明光源发生了很大变化。近年来，科学家先是从萤火虫的发光器中分离出了纯荧光素，后来又分离出了荧光酶，接着又用化学方法人工合成了荧光素。由荧光素、荧光酶、ATP（三磷酸腺苷）和水混合而成的生物光源，可在充满爆炸性瓦斯的矿井中当闪光灯。由于这种光没有电源，不会产生磁场，因而可以在生物光源的照明下，从事清除磁性水雷等工作。

在搞清森林害虫舞毒蛾性引诱激素的化学结构后，产生了一种类似有机化合物，在田间捕虫笼中用千万分之一微克的这种有机化合物，便可诱杀雄虫。

（五）能量仿生

能量仿生主要通过研究并模仿生物电器官生物发光、肌肉直接把化学能转换成机械能等生物体中的能量转换过程，来构思和研究新的能量转换系统。

仿生学家们经过对电鱼的解剖研究，发现在电鱼体内有一种奇特的发电器。这些发电器是由许多叫电板或电盘的半透明的盘形细胞构成的。由于电鱼的种类不同，所以发电器的形状、位置、电板数都不一样。电鳗的发电器位于尾部脊椎两侧的肌肉中；电鳐的发电器形似扁平的肾脏，排列在身体中线两侧，共有200万块电板；电鲶的发电器起源于某种腺体，位于皮肤与肌肉之间，约有500万块电板。单个电板产生的电压虽很微弱，但由于电板很多，产生的电压就很大了。电鱼这种非凡的本领引起了人们极大的兴趣。19世纪初，意大利物理学家伏特，以电鱼发电器为模型，设计出世界上最早的伏特电池。因为这种电池是根据电鱼的天然发电器设计的，所以人们把它叫作“人造电器官”。

（六）原理仿生

苏联科学院动物研究所研究了地球上许多动物的运动原理后，模仿其运动原理设计研制了各种新颖的交通工具：按蜘蛛的爬行原理设计了军用越野车；根据蛇的爬行原理设计并改善了履带车的噪声；利用企鹅奔跑的原理设计了雪地汽车；甚至还准备参照袋鼠的运动方式来设计一种可以超越障碍的越野车。

训练活动

你和你的同学试图在购物中心开设一家饭店。困扰你们的问题是，这个城市已经有很多饭店，这些饭店能够提供各种价位的不同种类的餐饮服务。你们拥有开设任何一种类型饭店的足够资源。你们所面对的问题是“开什么样的饭店是最成功的”。

请以10人为一组，用头脑风暴法解决以上问题。

第三节　大学生创新创业

【任务】　搜索并阅读10个以上的大学生创新创业的案例，总结他们创业成功或失败的关键因素。

【目的】　通过大学生创新创业的案例，形成正确的创新创业认知。

【要求】　创业既有成功，也有失败，故在创业时既不盲目追风，也不茫然无措。

故事案例

成功的求职

一个非常著名的公司要招聘一名业务经理，丰厚的薪水和各项福利待遇吸引了数百名求职者前来应聘，经过一番初试和复试，剩下了10名求职者。主考官对这10名求职者说："你们回去好好准备一下，一个星期之后，本公司的总裁将亲自面试你们。"

一个星期之后，10名做了准备的求职者如约而至。结果，一个其貌不扬的求职者被留用，总裁问这名求职者："知道你为什么会被留用吗？"这名求职者老实地回答："不清楚。"总裁说："其实，你不是这10名求职者中最优秀的。他们做了充分的准备，比如时尚的服装、娴熟的面试技巧，但都不像你所做的准备这样务实。你用了一种超常规的方式，对本公司产品的市场情况及别家公司同类产品的情况做了深入的调查与分析，并提交了一份市场调查报告。你被本公司聘用之前，就做了这么多工作，不录用你又录用谁呢？"

世上的事情有时就这么简单得让人难以置信，如果你墨守成规，等待你的只有失败；相反，如果你稍微动一下脑筋，对传统的思维方式进行一番创新，就能获得成功。

哈佛大学教授西奥多·莱维特（Theodore Levitt）认为：创造力是指想象出新事物的能力，而创新是指把新想法付诸行动。

迈克·泰森（Mike Tyson）打擂咬对手耳朵的丑闻，传遍了全世界。但大多数人只把他当成茶余饭后的谈资，只有一个美国巧克力商人在"咬耳丑闻"发生以后，就赶紧推出了一种形状像耳朵的巧克力，上面缺了一个角，象征着被泰森咬伤的著名的伊万德·霍利菲尔德（Evander Holyfield）的那只耳朵。这种巧克力很快在诸多品牌巧克力中突颖而出，巧克力商人也因此一举发了大财。全世界十几亿甚至几十亿人都知道，但是能够把这条信息变成财富的只有这个美国商人。

在我们周围，不乏创造力活跃的人士，思想的火花不断迸发出新的想法，点子一个接着一个，但往往缺乏去实现它们的毅力和能力，或者没有人愿意承担把它们付诸行动的责任。创新人士的价值在于不仅能够发挥创造力，而且能把想象变成现实。

无数成功的例子告诉我们，人们不可能做的事，往往不是由于缺乏力量和金钱，而是由于缺乏想象力和创造力。有一句话说得好："只有想不到，没有做不到！"在以创新为基础的知识经济社会里，人类的创造力是最主要的价值源泉。思维的想象力和创造力，是每个人的财富，是每个人在这个世界上唯一能够绝对控制的东西。

世界上因创新而获得成功的人不胜枚举。这些勇于创新的人首先勇于告别自己原来熟知的领域，乐于到新的天地里寻求发展（表 2-1）。在这里有他们的兴趣与快乐，而不懈地努力也使他们获得了更大的成功！

表 2-1　发明家与原来职业

发明家	原来从事的职业
柯达彩色胶卷的发明者 L. 戈德斯基（L. Godowshy）和 L. 曼内斯（L. Mannes）	音乐家
柯达公司的创始人 乔治·伊斯曼（George Eastman）	银行记账员
圆珠笔的发明者 拉迪斯洛·比罗（Ladislao Biro）	雕刻家、画家和记者
安全剃刀的发明者 金·坎普·吉列（King C. Gillette）	酒厂的推销员
充气橡胶轮胎的发明者 约翰·博伊德·邓禄普（John Boyd Dunlop）	兽医

一、大学生创新创业的意义

当代大学生肩负着继承和发展民族大业的重要使命，大学生的创新创业能力培养关乎时代发展和社会走向。我国高等教育正逐步走向"大众创业、万众创新"的趋势，这既是社会发展的潮流趋势，也是国家政策的导向。当代大学生是中国最具活力的群体，如果失去了创新精神及能力，那么整个民族将失去发展的动力。正如梁启超先生在《少年中国说》中所说的"少年智则国智，少年富则国富；少年强则国强，少年独立则国独立；少年自由则国自由，少年进步则国进步。"高校作为培养社会主义建设者的摇篮，除了需对大学生提供创业指导之外，更需注重对大学生创业精神的培养。

（一）培养大学生创新创业能力是缓解不断扩大的社会就业压力的需要

据教育部统计，2023 届全国普通高校毕业生规模预计将达到 1 158 万人，比 2022

届增加 82 万，再一次刷新“史上最难就业季”的纪录（图 2-1）。虽然毕业生数量增幅较大，但社会整体就业岗位并没有明显增加的趋势。在毕业生数量年年大幅度增长的同时，高校毕业生待业的现象开始出现，数量逐年上升。面对日趋严峻的就业形势，在大学生中开展创业教育，帮助大学生树立正确的职业理想和择业观念，开发创造性思维，提高综合素质和创业能力，对于大学生参与社会竞争具有很强的现实意义。

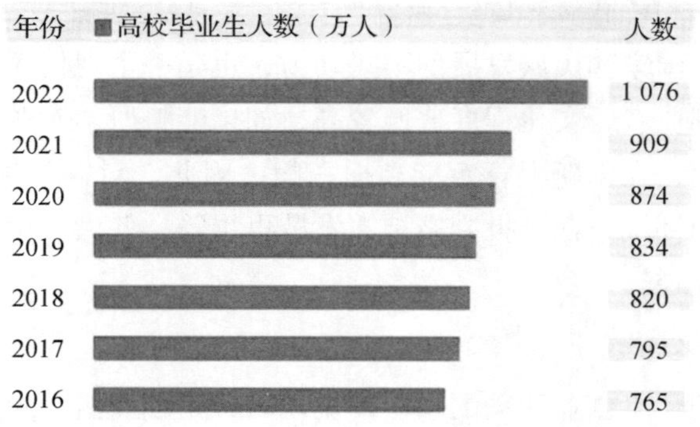

图 2-1　历年高校毕业生人数

（二）培养大学生创新创业能力是适应社会主义市场经济发展的需要

随着市场经济的发展，城乡产业结构将依据市场的不断变化进行相应的调整，从而带来劳动力的转移和职业岗位的转换，这就要求未来的劳动者不仅要具备从业能力，而且要具备创新创业能力。因此，不断加强创新创业能力的培养正是适应了社会主义市场经济对人才培养的诸多要求，同时也能促进高等教育自身的改革与发展。

（三）培养大学生创新创业能力是推动创新型国家建设的需要

创新是一个民族进步的灵魂，是一个国家兴旺发达的不竭动力。一个拥有创新能力和大量高素质人力资源的国家，将具备发展知识经济的巨大潜力；一个缺少雄厚科学储备和创新能力的国家，将失去知识经济带来的机遇。21 世纪的竞争是经济和综合国力的竞争，实际是科技和教育的竞争，归根到底是高素质人才的竞争。高校是人才培养的摇篮，培养和造就基础知识宽厚、富有创新精神、能够应付未来社会就业发展和挑战的人才，是各类高校在创新教育中担负的首要任务。大力培养大学生创新创业能力，建立高校创新体系，能有效地支持和推动国家创新体系的建立，对建设创新型国家也会起到积极的作用。

二、影响大学生创新创业品质的内在要素

大学生创新创业品质是指大学生在创新创业的行为和作风中表现出来的品质，包括思想、品性、认识等方面的内容。大学生创新创业品质体现的是大学生的一种综合素

质，需要根据大学生对所学的理论与所处的实际环境相结合的程度进行量化衡量，其核心要素表现在创新精神、创新意识、创新能力三个方面。

（一）创新精神

创新精神要求学生具有能够综合运用已有的知识、信息、技能和方法，在学习创造的过程中拥有提出新方法、新观点的思维能力，同时在进行发明创造、革新中具有不折的意志、信心、勇气和智慧。

创新精神是一个国家和民族发展的不竭动力，也是一个现代人应该具备的素质。大学生作为新时代的创业者，文化程度普遍较高，如果能将所学专业技术与创业活动紧密结合，做到学以致用，在创新上肯定能独树一帜。因此，对大学生进行创新创业教育，要着重培养大学生的怀疑意识、批判精神、发散思维等，使大学生在创新创业道路上可以如鱼得水，另辟蹊径。

（二）创新意识

创新意识是人们从事创业活动的强大内驱动力，是创业活动中起动力作用的个性因素，是创业者素质系统中的驱动系统。它包括创业的需要、动机、兴趣、理想、信念和世界观等心理成分。

创新意识对创业者的创业活动在态度和行为方式上占主宰地位，同时也是大学生应该具有的基本素质。它不仅要求大学生有敢于开拓、勤于思考、勇于承担的精神，同时要求大学生具有强烈的责任感与事业心，并能够用创新意识对待工作，做到以创业作风和创业品质要求自己，把握创新时代的新机会，迎接就业新形势的挑战。为此，我们要强化大学生的创新意识，做好创业实践指导工作，引导大学生积极进取。

（三）创新能力

创新能力是指能运用各种方法去发现或创造一个新的领域，致力于理解、创造新事物（新产品、新市场、新生产过程或原材料、组织现有技术的新方法）的能力。所以，要提升创新能力，不仅要有丰富的知识经验，还需要有敏锐的观察力、精确的记忆力，同时还需要具备一定的创造性思维，甚至对一个人的心理品质、情感、意志特征等都有着严格要求。

大学生更善于运用侧向思维及求异思维，在事物的发展过程中具有敏锐的预见性，因此，加强对大学生创新创业意识的培养，引导大学生在探索发展的过程中注重把主观意识和客观实际相结合，做到有的放矢、有所发现，具有重要意义。

三、大学生提高创新创业能力的着力点

（一）营造创新环境

很多成功的组织得益于对创新的重视，对人才的激励，创建鼓励创新的制度和文

化，营造适宜创新的土壤，为创新人才的成长提供了良好的发展空间。在职场上没有创新思维是非常悲哀的事情，职业人缺乏创新就意味着职业价值的降低和职业生涯的终结。

对于任何个人和组织而言，永远不变的真理是“一切都在改变”。具有创新意识的组织是创新的孵化器，是新生事物的催化剂，是破旧立新的倡导者，是追求创新的先驱者。美国国家科学基金会研究表明，就每单位的研究经费而言，每投入一美元，小型机构发明的新产品数量，大约是中型公司的四倍，是大型公司的二十四倍。

3M 公司是世界上以创新而闻名的公司，他们的“创新产品小组”是创新支持系统最重要的形式。这种创新产品小组有三个显著的特征：由各种专门人才全力参与，任务无限期；全是志愿者；具有相当的自主权。最令 3M 公司感到欣慰的是，每个成员在开发新产品时，都将产品研发当作自己的事业来对待，而且公司的领导会放手全力支持他们这样做。

这些企业的成功，来自永不满足、持续创新的精神，同时也注定了必须永远持续创新的命运。任何组织都没有任何理由拒绝创新，没有理由不接纳具有创新精神的现代职业人，要为他们营造适合发挥创新的优质环境，因为这是所有组织成功的基础。

故事案例

王兴的创业之路

一提到王兴，很多人脑海里想到的就是连环创业者，因为他是校内网、饭否网、美团网这三个大名鼎鼎网站的联合创始人。除此之外，他还有另外一个身份——大学生创业者，在毕业之后，没有丰富的职业履历就开始创业的人。他是一名人们口中的天才少年，高中没有参加高考就被保送到清华大学，毕业后拿到全额奖学金去了美国特拉华大学，师从第一位获得麻省理工学院计算机科学博士学位的大陆学者高光荣，随后归国创业。在前一两次不算成功的创业项目之后，王兴创立了中国版 facebook 校内网，并很快风靡大学校园圈。校内网于 2006 年 10 月被千橡以 200 万美元收购。2007 年 5 月 12 日，王兴创办饭否网。这也是中国第一个类 twitter 的项目。但就在饭否网发展势头一片良好之际，饭否网被关闭，让王兴事业受到挫折。之后连环创业客王兴于 2010 年 3 月上线新项目——美团网，在千团大战之中脱颖而出，稳居行业前三，并先后获得红杉和阿里巴巴的两轮数千万美元的融资，这个连环创业客的事业正逐渐走上正轨。

（二）克服创新障碍

机制问题有时也会成为创新的障碍，虽然创新是所有个人和组织都应该追求的，但实际上很多组织内部的因素难以容忍创新的存在。因为对于组织和团队而言，创新人士大多数以自我为中心，激情多于理性，往往无视规矩，破坏秩序。许多领导不重视这样的创新者，他们也因此很少受到鼓励和提升。另外，嫉妒和排斥经常也会使创新人士受到打击。就像放在桶里的螃蟹，每当有一只螃蟹努力向上攀爬，总有其他的螃蟹蜂拥而上一起使劲将它拉下来，而不是为它搭梯子先让它爬出去。虽然螃蟹并不是有意识地这样做，但是人类社会这种意识根深蒂固，所谓“木秀于林，风必摧之”，就是这种现象的真实写照。当有些人在某个地方有突出特长或取得瞩目成就的时候，人们普遍的心理是担心会给自己带来不利的威胁，不是赞赏并支持他的创新，而是把他拉回跟自己一样的地步，以求得心理平衡。创新的障碍更多来自人们的主观方面，创造力受阻碍的原因主要有以下几种：

（1）用判断或经验过早下结论，对于周围的意见忧虑重重。

（2）限于习惯性思维，过分拘泥于先例或根深蒂固的偏见。

（3）由于强烈的外在因素而引起的障碍。

（4）创造动机只停留在想象之中。

（5）怯懦退缩，害怕失败。

（6）不相信自我评价，希望找到快速解决问题的办法。

（7）知识面过窄，陷入单一的研究领域。

（8）担心与现实或假设的对手发生冲突。

（9）信奉存在绝对真理，过分迷信权威，不敢越雷池半步。

（三）保持积极心态

在创新过程中，遭受挫折、失败是常有的事，就像职业球员也会经常输球一样。职业球员不会因为输一两个球而放弃整场比赛或者结束自己的运动生涯。现代职业人也不应有因为一两次的失败而改变自己对事业的态度。

容忍失败是创新的重要思想准备，埃默生电气公司的查尔斯·奈特（Charles Knight）强调说：“要有承担失败的能力，除非你肯接受错误，否则，你不可能有任何创新和突破。”

优秀的组织都应该具有容忍失败的胸怀。一个成熟的现代职业人应该以坦然、平和、永不言败的心态去对待挫折和失败。当挫折来自团队内部的时候，应坚信依靠时间和努力可以改变自己的处境；当挫折来自团队外部的时候，则应以勇敢、坚定、乐观的态度去战胜它。现代职业人在创新过程中要有“屡败屡战”的精神，虽然历经失败，但不能容许放弃努力，失败只表明尝试的可能性减少，同时也意味着离成功越来越近。如果因为失败而放弃努力，也许就会因此放弃了成功。一个成功者只会改变方法而不会改变目标，一个失败者总是改变目标而不懂得改变方法。

一个人在前进与创新的过程中，必然会遇到各种各样的困难与阻力，其个人的心态将直接影响团队的整体士气。如果大家都有强烈的成功欲望，能积极进取，其所在的团队也必然是蓬勃向上、充满生机和活力的。当遇到困难的时候，要以积极的心态去面对，把困难看作机遇和挑战，最终定能获得创新的成功。

故事案例

校园“财经快递”

“很多快递只能送到校门口，从校门口跑到宿舍至少也得20分钟，有些快递员就会不高兴。”浙江财经学院东方学院学生小孙告诉记者。好在，该校学生小陈在校内开办了一家“财经快递”。据小陈的合作伙伴、杭州电子科技大学大四学生小景介绍，这是一家专门为同学取快递而设的学生公司，他们与杭州一家规模较大的快递公司达成协议，专门负责校内快递的揽发和派送，而学校则专门给他们配备了一间仓库。

有了这家快递公司，学生们的快递到了，公司会有专人打电话通知学生，学生则随时可以到公司的仓库去取货，一下子方便了许多。“现在基本上一天会有500 ~600份包裹，”景棋告诉记者，“公司已经取得了可观的经济效益，基本‘爬’上了6位数。”

（四）学会应对变化

Intel公司的创始人之一戈登·摩尔（Gordon Moore）在1975年曾预言，计算机芯片的处理速度每18个月就会增加一倍，这就是著名的“摩尔定律”。“淘汰自己的产品”这个口号对于微软的产品规划者、策略制定者、产品开发者、产品工程师和产品经理是十分清楚的使命和目标。而《谁动了我的奶酪?》这本曾经的全球第一畅销书，又告诉了大家一些简明而又深刻的道理——变化是永恒的，学会如何应对变化才是根本。以下是写在奶酪墙上的话：

变化总是在发生——他们总是不断地拿走你的奶酪。

预见变化——随时做好奶酪被拿走的准备。

追踪变化——经常闻一闻你的奶酪，你就会知道，它什么时候开始变质。

尽快适应变化——越早放弃旧的奶酪，你就会越早发现新的奶酪。

改变——随着奶酪的变化而变化。

享受变化——尝试冒险，去享受新的奶酪的美味。

做好迅速变化的准备，不断享受变化，记住，他们仍然会不断地拿走你的奶酪。

因为变化是永恒的主题，所以才要求不断创新。具备创新精神，首要的是一定要具备创造性学习的潜质。某全球著名会计师事务所在北京大学招聘员工时，这家专业性极强的事务所招聘条件并不要求会计专业出身或者有会计实务的经验，而只要求英语能力或者计算机能力出众。负责招聘工作的人解释说："这并不是因为我们需要英语和计算机人才，而是因为这两项能力出众就意味着你已经具备了很好的学习能力。"在他们看来，能熟练运用英语和计算机，在很大程度上并非老师教出来的，而是自己学出来的。要学好这两项，必须具有较强的学习能力，所以他们把这两项作为选才的标准，这就说明，最重要的不是你现在拥有什么，而是你有没有学习能力。

只有学习能力强，才能轻松应对变化。因此，拥有创造性的学习能力，才是最根本的应变之道。创造性学习能力在任何时代都不会过时，无论时代怎样变化，一个人一旦拥有了这种能力，不仅能永远立于不败之地，还能成为适应时代变化大潮的弄潮儿。

四、大学生创新创业的模式

大学生进行创新创业，也是解决大学生就业问题的重要途径之一。然而，大学生有其自身的特点和优势，在创业模式的选择上，如何才能体现出这些优势呢？以下几种大学生创业模式值得提倡。

（一）知识型创业

知识型创业是指大学生凭借自己的知识，把知识作为资本，从而获得一定经济收入的创新创业模式。这种模式在大学生创业群体中的可行性比较高。一是大学生本身有较高的知识水平和文化素质；二是风险性比较小，基本不用投入太多的成本和资金。对于文化素质较高的大学生来说，利用自己的知识在智力服务领域内进行创业是大学生创业的首选之道，比如：家教、广告设计、翻译等。

（二）兴趣型创业

兴趣型创业是指大学生将自己的兴趣爱好转化为商业行为，从而获得经济收入的一种创新创业模式。一些人的兴趣爱好恰有市场的需求，那么追求这些兴趣爱好的行为可能会带来经济上的效益。每个人都有自己的兴趣，无论兴趣是广泛还是单一，都有可能帮助你创业，将兴趣融入创业路途中，可以激发你最大的潜能和激情。因此，凭借兴趣创业，带来的不仅是物质上的利益，更重要的是精神上的享受，满足了自我实现的需要。比如：宠物店、美容店、手工店、咖吧书店等。

（三）学习服务型创业

学习服务型创业是指大学生在创业过程中，把大学生的学习用品作为主要的经营商品，从中获取经济收入的一种创新创业模式，其主要特点是把学习用品作为主要的服务内容。在校园中，大学生通过经营学习用品而获得经济收入的有很多，比如：推销考试复习资料、开复印室等。

（四）生活服务型创业

生活服务型创业是指大学生在创业过程中，把大学生的生活所需作为主要的经营对象，从中获取经济收入的一种创新创业模式。类似于从事卖衣服这种生活服务型创业活动的案例很多，比如：从事美甲服务、提供外卖送餐服务、开花店、开文创用品店等。

（五）季节型创业

季节型创业是指大学生利用某个特殊的季节，根据消费者的需求进行的创新创业活动。这种模式要求创业者必须善于发现商机、把握商机，并对市场动态有一定的了解。在大学生这个创业群体中，这种创业模式更多地体现在创业者利用新生入学之际、情人节、圣诞节、母亲节等一些特殊的日子进行的创业活动。

（六）产品代理

直接拿人家的产品做代理，可以注册一个个人独资公司，把东西卖出去了，赚的钱就是自己的，这也是一种创业模式。在网上创业，把图片传到网上，消费者上网看到你所售的物品，满意后订购，你通过物流发货。网上开店，成本比较低。对于初次创业或者小本创业来说，这是一个很好的尝试。

通过什么途径、方法走上创业这条路，大学生可以首先设计一个项目，独立自创。比如有一个意向中的产品、服务，觉得产品、服务有市场，也有能力做好，就可以开始撰写商业计划书、做好规划、做好市场调研，把所有相关要素摸清楚以后，办理营业执照，选好地址，再招聘人员，正式开张。

五、大学生创新创业的注意事项

（一）要提高自身的创业素质

一些大学生创业者对公司运作的认识过于简单，他们不清楚如何融资，如何筹谋商业上的事务活动，如何塑造管理团队，等等，甚至连基本的财务、管理方面的常识都很欠缺。因此，在创业前，应该进行相对系统的理论培训。各地人力资源和社会保障局都有免费的创业者培训班，有心创业的大学生可以前往咨询，报名学习。

（二）要进行充分的市场调研

既然是在市场经济环境下进行创业，那创业就必须符合市场规律，不经过市场调研，盲目投资，成功的可能性就很小。因此，在创业之前，应该冷静地思考，选择什么行业来做能更容易成功。建议先到相关行业去实习、打工，熟悉一些行业的运作规律和流程，在实习培训中选择创业方向。

（三）要全方面了解政策

大学生毕业后选择自主创业，各地都有不少相关的优惠政策。对于这些政策，大学生创业者应该要充分了解可以减免哪些费用，可以申请哪些优惠，做到胸中有数，这样才能在创业之初，节约资金，更好地发展。

（四）要有坚韧不拔的精神

心理脆弱是大学生创业者的通病，遇到一点挫折和困难就轻言放弃，是不会取得终极成功的。创业的道路不可能一帆风顺，所以大学生在心理上也要做好充分的准备。

训练活动

1. 审视自己在创新上有哪些优势与不足，根据自身实际，制订提升创新能力的计划表，并付诸行动。

2. 以6人为一小组，请结合所学内容，每组构思一个有价值的创新创意思路，需阐明运用了哪种创新方法。要对之进一步包装，可积极参加各类创新创业类和专业类竞赛。

思考题

1. 日常生活中哪件物品是可以优化的？如何优化？

2. 运用原型启发法创造一种新的产品。

本章总结

著名教育学家陶行知说过：“处处是创造之地，天天是创造之时，人人是创造之人。”大学生必须树立创新意识，掌握创新方法，培养创新精神，逐步提高创新能力。大学生创新能力的提高是一件任重而道远的任务，但它对于提高我国自主创新能力、振兴民族科技和发展民族经济起着重大作用，也是提高大学生自身综合素质，担负建设中国和谐社会重任的必然要求。作为大学生，更应该刻苦学习，深入钻研，积极主动地成为创新活动的重要角色，为成功推进自主创新战略的实施做出自己应有的贡献。

第三章 创业者与创业团队

学习目标

通过本章的学习和训练，你将能够：

- 深刻理解创业的含义和类型。
- 了解创业者应该具备哪些创业精神和素质。
- 认识创业团队的类型，掌握正确的项目团队的组建方法。
- 组建合适的团队，培养团队合作的能力。

案例导入

大学生创业案例与启示

有一句话说：今天很残酷，明天更残酷，后天很美好，但是大多数人死在了明天晚上，看不到后天的太阳。大学生创业也一样，听起来很美好，但是真正行动起来的人并不多，而行动起来并坚持下去的人更少，取得成功的人更是微乎其微。可是，我觉得做任何一件事，首先要对自己有信心，然后只要行动，坚持下去，总有一天会成功的。

——丘兆瀚

2009 年珠港澳青年创业大赛总决赛在珠海市电视台落幕，由中山大学 2006 级本科生丘兆瀚、周健强、黄腾达等同学组成的创业团队——“印客传媒”勇夺冠军，同时获得了 5 万元奖金和最佳创意奖。2010 年，印客传媒的影响覆盖了广州大学城，而丘兆瀚 2011 年的计划是“广州加珠海”，他希望能走遍珠三角，2012 年走出广东省。

有人做过统计，90%以上的大学生的创业尝试以失败告终，而剩余10%的成功案例里又有一半会中途放弃。但是丘兆瀚不这么想，创业大赛冠军在他看来只是一个阶段性的成果，是对自己团队之前的艰辛努力做出的肯定，而未来对他而言是无限广阔的，他会勇往直前。

创意是必然与偶然的结合

外表白净斯文的丘兆瀚从小学开始，就一直担任班长。考入中山大学政治与公共事务管理学院以后，也曾经参加过学生会和其他社团活动，但是不同于别人的是，丘兆瀚的父母需要供养他们姐弟俩就读中山大学，同时还要赡养家里的两位老人。为了给家庭减轻负担，丘兆瀚刚上大一时就申请了学校的助学金，每年1 000元至30 000元不等。他还做过书籍团购，上门推销过电热棒，与人合作创办过工作室。虽然大多数只能维持一时，但他淡然地说："盈利不是最重要的，积累经验才是我的目的。"

他想要创业的理由简单而真诚："第一个动力就是我比较喜欢创新，不想长大之后给人打工；第二个动力来自我的父母，他们为我付出了很多，我想让他们在晚年的时候享有更好的生活。"

大二时丘兆瀚在一堂专业课上找到了自己的创意。那是一堂由聂静红副教授讲的传播学理论，课上老师讲了"免费DM报纸"的起源和成因："由广告客户支付报纸的出版费用，并免费提供给读者。读者通过阅读报纸，获取广告信息。"这个在别人看来无甚重要，只是应付考试的知识点，在丘兆瀚心里却点燃了火花。"既然报纸可以免费，校园里数量巨大的打印复印可不可以免费呢？如果采取第三方支付的方式就能实现！"

丘兆瀚与几个好友分享自己的想法后，大家一拍即合，决定以此创业。经过一个寒假的筹备、组队、扩充设备、联络赞助商、写商业计划书等，他们的创意得到不少人的支持，还邀请到一位市场营销专业的老师做顾问。"机会从来就是留给有准备的人的。"从广告的第一个客户的"咕噜"饮品店开始，"印客传媒"的前身"福瑞印务"被越来越多的同学所熟知，并在校内受到了热烈欢迎。

在学校赚到人生"第一桶金"

2009年3月初，"福瑞印务"参加第二届"赢在中大"创业技能及策划大赛，荣获四校区总决赛季军；2009年8月，"福瑞印务"入驻中山大学科技园，成立了广州福印广告有限公司。公司旗下的子品牌，以免费打印为主要业务的"印客传媒"已经成功进驻广州大学城中山大学、广东外语外贸大学、广州中医药大学、广州药学院等多所高校。以"搭建一个全新的传播平台，打造一支高效的工作队伍，树立一个令人尊敬的传媒品牌"为宗旨，"印客传媒"在不断发展的过程中形成了独具特色的"融洽、高效、担当"的团队文化。而丘兆瀚再也不用申请学校的助学金了。

“除了父母始终如一的信任和支持，没有什么比一支好的团队更重要，”丘兆瀚说，“我们的队员来自不同院系，能力、思维方式等方面互补，让我们面临实际问题时更全面、客观。”他还强调了一点：“预见性也很重要。这一点是我一直坚持的。这让我们在创业过程中紧跟时代潮流，避免了栽大跟头。”大的挫折没有，但是小困难是不可避免的。“印客传媒”团队在创业之初，有过一段资金缺乏的时期，商家们觉得大学生创业没有经验，担心投资风险太大，因此大部分资金是丘兆瀚的朋友们慷慨解囊相助的。

当记者问道：“有没有想过万一项目失败了怎么办呢?”丘兆瀚爽朗一笑：“哈哈，这个问题还真没有想过呢。创业一直是我的理想，我是永远不会放弃的。”

参加比赛让他们更了解自己

两次参加创业大赛都获得大奖，丘兆瀚表示自己和团队只是将最真实的自己展现在评委面前。丘兆瀚说，比赛期间最辛苦的是三天两头地要在广州与珠海之间跑。“打比赛的这一个月，我几乎有大半个月是在珠海度过的。”

但是比起比赛的辛苦，丘兆瀚认为得到的意外收获比付出的要多得多。“我们通过参赛再一次确定了项目的价值，还认识了很多朋友，从选手、评委的意见中学到了更多不同领域的知识，也更加清楚自己的不足与优势在哪里。”

在创业时期，中山大学软件学院的黄明龙同学曾经为了这个项目放弃了保研到华南理工大学的机会，而另一位队员黄腾达同学则面临着出国与否的选择，这两个队友经过与父母的协商最终都选择了留在丘兆瀚的团队里。他们对于这个团队的责任感，让丘兆瀚非常感动。他笑着说：“我们经常一起出去唱歌、烧烤、郊游等，队员之间有时候会调侃地称我为‘老板’，叫周健强是‘副总’，还有黄明龙则被戏称为‘黄工程师’……”

评委评价：高效优质　行胜于言

评委会对“印客传媒”的印象大多是“他们有一支高效、优质的团队”。而丘兆瀚选择队友秉承的一贯原则就是“不选最优秀的，只选最合适的”。事实也证明，经过此原则选出的“印客传媒”团队的队员们，经过了短暂的磨合期之后，一直相亲相敬。相较于其他团队遇到挫折时的“严重内耗”，他们彼此合作，相处得非常愉快。

丘兆瀚印象最深刻的是比赛进行到“8 进 6”的阶段时，评委杨乾坤对他说的两句话：一句是“行胜于言”，一句是“出了问题照镜子，有了功劳望窗外”。“这是在告诉我们创业初期，需要踏实勤恳，用行动去实现梦想。同时，也需要处理好团队中每个成员的关系，处理好与外部环境的关系。”

案例讨论

- 丘兆瀚创业成功的案例给我们什么启示?
- 从他的经历里我们能找到创业成功的大学生必备的哪几个基本素质?

案例分析

丘兆瀚创业成功的案例给了我们很大的感触，从他的经历里我们看到了创业成功的大学生必备的几个基本素质：

(1) 良好的心理素质。不能因为暂时的成功或失败而影响自己前进的脚步。成功了不能骄傲自满，要更加努力，才能有更丰硕的收获；暂时失败了，也不气馁而放弃大好前程。一旦决定了就要坚持下去，说不定下一刻就能成功。

(2) 正确地识别和把握机会。创业成功靠的不仅仅是运气，更多的是个人的努力和正确地识别和把握机会。机会从来就是留给有准备的人，不能放过任何一个可能的机会，细心观察，从周围的事物发现问题，看到机会进行评估，客观地判断其价值。

(3) 创新精神。无论什么时候都要保持自己独立的想法和独立的思维，多思考，勤思考。

(4) 高效优质的团队。一个好的团队是创业的根本保障，集体的智慧是成功的法宝。为此，一个团队要有自己的核心文化，通过核心文化创造一种团结协作的创业氛围，充分发挥集体的智慧。

(5) “1 + 1 = 11”的智慧。每个成功的大学生创业者都是一个成功的资源整合者。除了魄力外，他还必须拥有一双慧眼，于缝隙处发现机会之所在，然后把外部资源、别人掌控的资源等有效地整合起来，实现资源的最大价值，从而实现自己的创业理想。这些资源中有人力、物力、财力等一切可以利用的资源。所谓“1 + 1 = 11”，也就是说，一种资源加上另一种资源，其结果不是两种资源，而是两类资源的无数种组合和无数种衍生资源。

(6) 详细的创业规划。有创业梦想是一件好事，敢于尝试创业的人是值得敬佩的，但是如果只是有想法、有激情而不深思熟虑后去干是不行的。创业前一定要做好市场调研，运用 SWOT 分析法，对成本—收益进行核算，进行可行性分析，等等，然后通过自己所识别的机会整合资源，进而围绕创业机会设计出清晰的商业模式、创业规划，向潜在的资源提供者陈述清晰的有吸引力的盈利模式，解决创业融资难、资源匮乏等问题，从而提高成功的可能性。

第一节　创业及创业者

【任务】　了解当前大学生创业的环境和政策。
【目的】　培养发现商机、寻找商机的能力。
【要求】　能够正确认识当前大学生创业的机会与压力。

故事案例

某职业技术学院机电一体化专业毕业的张某，一心想要自己当老板。于是毕业后盲目创业，学着别人贩卖蔬菜、水果、服装甚至女孩饰品，几经波折，不仅没有干成一件事，反而把父母给他的启动资金全给折腾完了。后来在学长的点拨下，他请上创业课的老师做了一个创业资源分析。经过分析，他发现自己最大的长处还是所学的专业。于是，他开了一家小型的汽车修理店，一下子感到有了光明的前景。

创业并不是一件容易的事，除了付出艰辛和努力外，还需要对自己的优势和不足有一个正确的评价，只有这样，才能走向成功。张某的专业是机电一体化，汽车修理和他的专业非常相关，在认识到自己的长处后，他及时调整了方向，最终获得了成功。

案例讨论

- 大学生创业需要具备哪些能力素质？
- 大学生选择创业项目适合从哪些方向入手？

时至今日，大学生创业不再是一个遥不可及的梦想，它确确实实存在于我们周围，我们不能漠然下去，要努力地寻找机会，适时地去抓住机会，因为有时候成败就在我们犹豫的那一瞬间。

一、关于创业及创业者

创业是创业者及创业搭档对他们拥有的资源或通过努力对能够拥有的资源进行优化整合，从而创造出更大经济或社会价值的过程。创业是一种需要创业者及创业搭档组织经营管理，运用服务、技术、器物作业进行思考、推理和判断的行为。

创业者（entrepreneur）是一种主导企业的领导人，是一种需要具有使命、荣誉、责任能力的人，是一种组织和运用服务、技术、器物作业的人，是一种具有思考、推理、判断的人，是一种能使人追随并在追随的过程中获得利益的人，是一种具有完全权利能力和行为能力的人。这是香港创业学院院长张世平的最新定义。

二、关于大学生创业者

“作为大学生，我们没有工作经验，没有社会资源，真的适合创业么?”“大学生创业的方向应该怎么把握，走偏了怎么办?”“创业刚刚起步，资金和精力应该着重放在哪一块儿呢?”……

对于大学生们的创业困惑，高校非常关注，经常会组织相关活动来帮助大学生们答疑解惑。活动现场，即将走出校门的大学生们展现出强烈的创业欲望，他们眼中理想的就业道路已经不再局限于挤进竞争激烈的部委机关和大型跨国公司。

2022 年 6 月 13 日，《2022 年中国大学生就业报告》（《就业蓝皮书：2022 年中国本科生就业报告》和《就业蓝皮书：2022 年中国高职生就业报告》）正式发布。据悉，报告自 2009 年首度发布以来，至 2022 年已是第 14 次年度报告。

麦可思研究院发布的《2022 年中国大学生就业报告》显示，2022 届大学生毕业半年后的就业率为 92.1%，比 2021 届的 91.4% 略有上升。其中，自主创业的毕业生比例从 2021 届的 2.3% 上升到了 2.9%。其中，2022 届高职高专毕业生自主创业的比例（3.9%）高于本科毕业生（2.1%）。江苏省 2022 届大学毕业生自主创业的比例为 3.0%，与全国平均水平持平。高职高专毕业生自主创业的比例为 3.9%，本科生自主创业的比例为 2.1%，主要动机是“理想就是成为创业者”，其比例占了创业者总人数的 46%，“有好的创业项目”占比为 25%，“未找到合适的工作”占比为 11%。

调查结果还显示，自主创业比例持续上升。这份就业蓝皮书称，2018 届毕业后选择创业的本科毕业生中，三年内仍坚持创业的比例达 41.5%，创业的离职毕业生，三年内仍在坚守的比例为 39.5%，报告认为，从近几届的趋势可以看出，大学毕业生自主创业的比例呈现上升趋势。

大学生创业者是一批对收入有更高期待的人群，而通过创业他们的收入确实高于受雇的同届毕业生。总体而言，年轻的创业者们更多是以一种积极的心态开始创业，他们做出这样的选择往往是出于遵循自己的理想或把握身边的机遇，自主创业的毕业生们有着强大的内在动力。其实，创业者强大的内在动力，并不是任何人都具有的，创业是一个异常艰苦的过程，需要付出更多的努力和汗水，强大的信念更是创业者必不可少的精神支撑。因此，在决定是否创业之前，你必须了解自己的能力素质是否真的适合创业，切不可仅凭一时兴起盲目地加入创业的潮流中。

第二节　创业者的素养要求

【任务】　了解创业者素养的内涵及要求。
【目的】　提升高职学生的综合素养。
【要求】　能够明确高职学生的创业优势和劣势。

故事案例

创业者素质的综合案例：路在脚下

他没有上《福布斯》中国富豪榜，他也没有什么轰轰烈烈的传奇故事，他和大多数中的我们是一样的，唯独不一样的是他有和我们不一样的经历。

我们且叫他小张吧，小张今年24岁，是一家不大不小的电子配件外贸销售的总经理，这家公司是他自己经营的。小张平时很忙，经常不停地出差。我打电话预约了好几次，才有机会听他的“故事”。谈起他的创业史，他很谦虚地说：“我实在是太平凡了，没有什么特别之处。”

小张高中毕业后考上了一所外语翻译学院。当很多同学还在享受大学的美好时光之时，小张则整天穿梭在图书馆和自习室之间。他酷爱学习，成绩很优异。但是每年一万的高昂学费让他有些犹豫。他家境不是很好，父母几年前做生意赔了不少的钱，还欠了很多外债。小张考虑学费和家里的条件，做了一个异乎常人的决定：放弃学业，自己去挣钱给家里减轻点负担。虽然父母不同意，老师、同学也惋惜，但是2006年，还在上大二的他退学只身去了深圳。

深圳是一个充满机遇和挑战的地方，没有毕业证、没有学位证，只凭一张嘴跟别人说自己是个大学生，小张起初遭到了不少白眼，但最终有一家公司录用了他。工作了大半年，小张觉得再待在这家公司，没有太大发展前途，就想自己单干。一次无意间，小张和朋友透露了这种想法，没有想到朋友也有这种想法。于是几个人不谋而合，说干就干，辞去了工作，租来了房子，2007年5月，属于他们自己的公司成立了。起初几个人的干劲都十分大，可是什么都不懂却自以为是，又什么都不怕，几个月过去了，困难重重，2007年年底，公司宣告破产。失败了的小张没有气馁，又继续找工作，磨炼自己，在这期间他不断地学习，学习到了很多以前自己不会的东西和经验，也结识了很多新的客户。

尽管现在的待遇比较好，但是小张创业的念头一直没有打消。他给自己几天的考虑时间，其间他理性分析了放弃此份工作的利与弊，最终决定辞职自己创业。

经过一段时间的筹备，2008 年下半年，小张创立了自己的公司。因是新手，信誉度不高，客户不愿意和他合作。他努力改善自己，不断地创新，最终做成了第一笔生意。恰逢当时又遇到了经济危机，生存下来更不容易，他不断地学习，不断地创新，当时很多公司倒闭了，但是他在风雨中坚持下来了。

现在，他的公司已经小有规模，生意越做越大。他最大的遗憾就是没有读完大学，他一有时间就买各种各样的书籍不断地提高自己。他说：“以后有机会了，我要把我的大学给读完。”谈到公司的前景，他没有夸夸其谈，只说：“路在脚下，我会一步一步脚踏实地地走下去且走好。”我们祝愿他的公司越办越好。

一、创业者的素养要求

创业者的素养是指在创业者的主观世界中那些具有开创性的思想、观念、个性、意志、作风和品质等。其显性表征是许多人都会流露出想要创业的意愿。在互联网上，以“创业”为关键词，就能搜索出数千万条信息。据媒体调查显示，在北京、上海、广州、成都、西安 5 座城市中，18 ~ 34 岁城市青年中有 16.6% 已经有过或正在进行自主创业，48.3% 的青年有自主创业想法，正在等待合适的机会，两者合计高达 60% 以上。具体来说，大学生创业素养的内涵主要包括以下几方面。

（一）远大的理想——兴奋源泉

每一个成功的创业者都是一个绝对的梦想家。比尔·盖茨在创业之初的梦想就是让每个人都拥有一台电脑，并且都用上微软公司开发的 Windows 操作系统；飞机的发明源于莱特兄弟“人类也能在天空中像鸟一样飞翔”的梦想……历史上每一个伟大的企业都是起源于创业者的一个伟大的梦想。如果你想创业，就一定要先给自己确定一个具有强烈吸引力的大梦想、大目标，这个梦想一定要能让你兴奋。

20 岁时，戴比·菲尔兹（Debbi Fields）几乎一无所有。作为一个年轻的家庭主妇，她毫无经验，但她拥有绝佳的巧克力甜饼配方，并梦想全世界的人都能得到分享。1977 年，菲尔兹开设了自己的第一家店（Mrs. Field's），尽管当时有很多人认为她仅靠卖甜饼无法将业务维持下去，然而，菲尔兹的果断决定和雄心壮志使得小小甜饼店变成了一家大公司，600 多个销售点遍布美国和其他 10 个国家。

（二）坚强的意志——成功保障

坚强的意志包括坚持、专注及抵制诱惑的能力。很多实例证明，创业者不断坚持的精神能够解决任何问题。在管理学中有这样一句名言：“创业途中如果有今天、明天、后天，大多数人往往都死在了明天晚上，而后天，太阳才会出来。”这是一种不幸和悲哀，因此，只要创业者坚持的方向是符合历史发展规律的、对人类有益的方向，坚持下去就一定会有不错的结果。拥有坚强的意志，是创业者获得成功的有力保障。

软件银行集团的创始人孙正义在一次获奖的时候哭着说道："我突然想起小时候，坐在两轮拖车上，车上黏答答的，令人觉得很难受。如今已经去世的祖母当时经常拉着车，在我们家附近搜集残羹剩饭作为家畜的饲料，因此车上总是滑滑的。她一路辛苦过来……我也辛苦过来了……但我不会因此而自满，我会继续努力挑战世界！"

（三）积极的心态——发现机会

积极的心态是创业成功者必须具备的精神品质。毫无疑问，创业是一个机遇和挑战并存的过程，只有拥有积极的思维模式和人生态度，才能从事物的两面中取正弃负，发现更多机会。

亚马逊公司创始人杰夫·贝索斯（Jeff Bezos）非常清楚积极思考的能量。他以"每个挑战都是一次机会"为座右铭，把一家很小的创业公司发展成全球最大的书店。亚马逊公司于1995年7月正式启动，两个月内就轻松实现每周2万美元的销售额。20世纪90年代末，互联网公司纷纷倒闭，亚马逊公司股价也从100美元降至6美元。雪上加霜的是，一些评论家预测，美国最大的书店巴诺（Barnes & Nobles）启动在线业务，这将彻底击垮亚马逊公司。紧要关头，贝索斯挺身而出，向外界表达了乐观和信心，针对批评言论，他一一列举了公司的积极因素，包括已经完成的和准备实施的。贝索斯带领亚马逊公司不断壮大，出售从图书扩大到衣服、玩具等各种商品。今天，亚马逊公司年度营收已超过百亿美元，这很大程度上要得益于贝索斯的积极思考。

（四）敢为的气魄——必备品质

虽然创业的过程对于很多人来说是一个充满激情与喜悦的过程，但它同样也是一个充满风险、艰辛与坎坷的过程。从风险的角度来说，创业的过程实际就是一种不断挑战风险的过程，是一种风险与收益博弈的过程。真正的创业者不是要万无一失地去做事情，而是要去尽量规避风险，获得高回报。所以，拥有敢为的气魄，是创业者必须具备的精神品质。

没有人能比维京集团（Virgin Group）创始人理查德·布兰森（Richard Branson）更理解"激情"一词的含义。布兰森的激情，从他对创建公司的强烈欲望中可窥一斑。始建于1970年的维京集团，旗下拥有超过200家公司，业务范围涵盖音乐、出版、移动电话，甚至太空旅行。布兰森曾打过一个比方："生意就好像公共汽车，总会有下一班车过来。"

（五）诚信的态度——精神基石

诚信是创业者精神的基石，也是创业者的立身之本。在创业者修炼领导艺术的所有原则中，诚信是绝对不能妥协的原则。市场经济是法治经济，更是信用经济、诚信经济。没有诚信的商业社会，将充满极大的道德风险，会显著抬高交易成本，造成社会资源的巨大浪费。

1985 年，海尔公司从德国引进了世界一流的冰箱生产线。一年后，有用户反映海尔冰箱存在质量问题。海尔公司在给用户换货后，对全厂冰箱进行了检查，发现库存的 76 台冰箱虽然不影响冰箱的制冷功能，但外观有划痕。时任厂长的张瑞敏决定将这些冰箱当众砸毁，并提出“有缺陷的产品就是不合格产品”的观点，在社会上引起极大的震动。

（六）精诚的合作——精华所在

小富靠个人，大富靠团队。合作是创业者精神的精华。正如艾伯特·赫希曼（Albert Hirschman）所言：创业者在重大决策中实行集体行为而非个人行为。尽管伟大的创业者表面上常常是一个人的表演，但真正的创业者其实是擅长合作的，而且这种合作精神需要扩展到企业的每一位员工。

京东商城董事局主席刘强东如是说：“如果你企业失败了，一定是团队的失败。如果你企业成功了，也一定是拥有一支优秀的团队。柯达为什么失败了？那是柯达的管理团队没有跟上时代变化，不是显像的技术落后了。世界上发明第一台数码相机的是柯达，只是它不敢变化，团队出了问题，导致了它现在倒闭的惨状。今天我相信几乎所有的民营企业，没有官二代，没有富二代，没有特殊技术的企业，团队成为你成功唯一的理由，如果失败的话，也一定是因为你的团队，不要找任何借口。”

（七）崇高的责任——甘于奉献

伟大的创业者不只是完全为了实现个人的财富梦想而创业的，而是为了帮助普通人实现梦想而努力的人，创业精神中也包括创业者必须承担的社会责任并且拥有甘于奉献的精神。一个创业者所做的事业，应该把实现社会价值和赚取阳光财富结合起来，成功的创业者应该是一个有社会责任感的人。

玫琳凯·艾施（Mary Kay Ash）很早以前为一个家用产品公司做销售，虽然 25 年间她的销售业绩一直名列前茅，但是由于性别歧视，艾施始终无法在晋升和加薪时获得和男同事一样的待遇。玫琳凯·艾施发誓要改变这样的状况，于是 1963 年她用 5 000 美元创办了玫琳凯公司。她创建的 Mary Kay Cosmetics 品牌，帮助了超过 50 万名女性开创自己的事业。玫琳凯·艾施以具有强大驱动力和富于灵感的领导风格闻名，她创办公司的态度是“你能做到！”，她甚至将凯迪拉克轿车奖给顶尖的销售者。由于其强大的领导能力，玫琳凯·艾施被认为是近 35 年来最具影响力的 25 位商业领袖之一，而玫琳凯公司也被评为美国最适合工作的企业之一。

（八）超强的适应——精神力量

成功的创业者一定要有超强的适应性，不但能够适应艰苦的生活，同样也能够适应成功与富足，特别是在暂时取得阶段性成功的时候，一定不能被胜利冲昏头脑。只有迅速适应新的环境，将自己及企业的状态调整到符合新情况的状态，才能使企业一直走在正确的道路上，这是一个成功创业者必须具备的精神力量。

谷歌公司创办人谢尔盖·布林（Sergey Brin）和拉里·佩奇（Larry Page）则更进一步，他们不仅能对变化及时反应，还能引领发展方向。凭借众多新创意，谷歌公司不断引领互联网发展，将人们的所见所为提升到一个前所未有的新境界。拥有这种先锋精神，也无怪乎谷歌公司能跻身最强大的网络公司行列。

二、创业者素养提升途径

“如果你问我有没有创业的黄金年龄的话，从那些最吸引我们的申请来看，我认为很可能是25岁左右。”保罗·格雷厄姆（Paul Graham）在2006年10月的一篇文章中这样写道。不过，如果等得太久，那么本来前途光明的创业者也会变得束手束脚。那些有创业潜力的人很可能在30岁出头时就有了孩子和贷款，因此，相比25岁的时候，他们的创业能力早已大不如前。“等到32岁，他们或许会成为更优秀的程序员，但也要承担更高的生活成本。”保罗·格雷厄姆写道。25岁的人可以说占尽了最大的优势，他们拥有名为“精力、贫穷、无根、同窗和无知”的武器。许多成功的创业者在回望自己的成功之路时也往往感叹：一无所有的时候往往是创业能力的奠基之时。随着时间的推移，创业者不仅要注意防止自身能力素质的衰退，还要注意不断地提升自己的能力素质。

（一）创业技术的更新

对大学生而言，创业技术主要来源于大学的专业背景，那么进入社会以后呢？有没有持续学习、自我完善和提升的习惯和能力呢？如果要做一名成功的创业者，持续的学习显然是必要的，而且需要拿出像科学家钻研技术一般的专注和坚持。首先，你可以从工作中学习专业知识。实际上，大多数实用技术来自工作，不论任何人，获得专业知识的最好办法就是去工作。其次，就是偷经学义。很多创业者站稳脚跟之后，还在不断地接受培训，也就是直接跟提供专业技术的机构或人来学习，MBA、EMBA由此应运而生。最后，你还可以和有技术的人合伙。是不是像一个科学家那样对自己所从事的专业拥有足够的掌控力，那就看你是否能够跟得上时代的技术更迭了。

其实，只要大家在工作过程中肯动脑子，注意并时刻把握工作经历中的各个细节，敢于将市场需求和大胆设想结合起来，这就是一个技术的更新过程。相伴相生的就是商机。实际上，在创业过程中遇到的各种问题，往往就是一个新机会的前奏，解决了这个问题，就会向前迈进一大步。

（二）创业经验的积累

很多行业都有这样一种现象，就是行业里的创业者们有很多都是在原来企业工作了多年，然后跳槽出来单干的，这个行业的负责人原来都是上下级或者同事。还有一种显而易见的商业现象是，一条街上往往聚集着一个行当，而家家户户的生意都还过得去，并不会因为竞争过于激烈而生意很差。为什么他们没有进入别的行业去创业？为什么同一行业的人喜欢聚集在一起做生意？原因就在于创业经验的积累，他们已经掌握了本行业的资源，无论是原料、渠道还是客户，不必舍近求远。

创业经验的积累主要来自三个方面：没有经验，有人教最好；没有人教，自己学；学不到，花钱请有经验的人。

投入所要从事的行业中去是学习经验最好的办法，而学习某个行业的经验的捷径就是做销售，就是从业务员干起。有的人怕吃苦，怕拒绝，抹不下脸做销售。而销售包括行业的所有环节，包括沟通技巧、产品特性介绍、客户关系管理等。很多创业家都是销售出身就是这个道理。

另外，经验一定是积累得来的，现实商业环境也是如此，很多学历不高的人恰恰成了商业上的佼佼者。这就是说，经商是一种最艰苦、最实用的教育。对“一穷二白”的年轻人而言，经验更加重要。因为每一个创业的环节都很可能成为“短板”，限制公司发展壮大。

对于大学生而言，学校虽是教授技能和专业的地方，但教给大家的只是基础的技能知识。读大学是让你能在社会上生存，有一技之长，读大学并不能改变人的命运。大学生从学校走出来，刚开始踏上真正的社会大学。读大学最重要的是学会学习。但是很多人大学毕业后，不再学习，这怎么能跟得上社会前进的脚步呢？此时需要学习的东西更多！创业亦是如此。

第三节　创业者的三种关键能力

故事案例

案例一：21 岁的萨缪尔·科恩、23 岁的杰里米·克劳斯和 22 岁的托马斯·希尔顿，这三位宾夕法尼亚大学的学生有一个共同点，讨厌一成不变的生活，喜欢在创新中发现乐趣。他们用可乐、色拉等原料混合而成的怪味冰激凌，在宿舍楼里大受欢迎，于是，三人凑了 6 万美元合伙开了杰里米冰激凌公司。经过市场调查，他们发现，冰激凌的口味已经 20 年没有变化了，这为其创业提供了一个很好的空间。他们采纳了啤酒商的建议，使用啤酒酿造技术制作口味奇特的冰激凌，新产品上市后供不应求，当年销售额就达到 100 万美元。这家小公司也因此很快吸引到了风险投资，如今年销售额已达到 500 万美元。

案例二：加拿大多伦多 spinmaster 玩具公司的创始人是 3 位年轻人，拉比 28 岁，哈拉里 27 岁，瓦拉迪 29 岁。学绘画艺术专业的哈拉里和拉比，在招贴画创作上非常有创意。一次校园活动中，他俩的一张招贴画卖了 5 美元。数目虽小，却让他俩意识到，自己除了有艺术创作能力外，还具有一定的商业能力。大学毕业后，他俩用卖招贴画所挣的 1 万美元开了家玩具公司，推出一种独特的玻璃头饰，该头饰上市后即大受欢迎，一个月的销售额就达数十万美元。后来，学国际商贸的瓦拉迪的加盟，使玩具公司如虎添翼，接连推出魔棍橡胶水玩具、空压动力玩具飞机等产品，风靡欧美。如今，这家靠 1 万美元起步的小公司，年销售额达到 420 万美元。

案例三：28 岁的朱莉娅和 29 岁的克莱格是美国 willowbee & kent 旅行公司的创始人。大学毕业后，他俩花了 3 年时间研究旅游市场，最后决定开一家独一无二的“旅游超市”，为游客提供包括旅游咨询、旅游路线设计、机票（图片 - 新闻 - 网页）和酒店预订、旅游用品配置等在内的全方位服务。为能在短时间内一炮打响，他们请著名的形象策划公司 retall 设计了极富个性的店面：门口处是一个两层楼高的多媒体中心，连续播放世界各地的秀丽美景；商店里陈列着数以百计的旅游手册，顾客可以随意翻阅，并可通过高科技电视参加虚拟旅行；极富耐心的咨询顾问还会帮助顾客挑选合适的旅游项目……这种多功能的“旅游超市”很快风靡美国，成立第二年便获得了年销售额 100 万美元的好成绩，并成为各旅游公司效仿的对象。

一、创业者的三种关键能力

（一）人脉经营能力

如果你家族里有经商、做企业的，你就能体会到，很多时候办事成功的关键不在于利益，而在于资源。

1. 人脉的类型

经常看真人秀节目的人就会发现，被淘汰者或即将离开节目的选手在离开舞台前通常感言：“在 × × 节目的这段时间真的很愉快，在这里我认识了许多朋友。”当然，他们不一定都非常清楚认识这些人意味着什么，然而认识许多朋友显然意味着更多的可能性。

（1）血缘、亲属关系。血缘关系可以说是人际关系的根据地。在中国的传统伦理中，这种社会关系的帮助甚至是义务的和不可推卸的。在创业过程中，来自父母的帮助往往是最大的，其次是爱人。他们不仅能给予你资金支持，而且能与你共渡难关。但是，你要在血缘关系中谨记两条原则：第一，平时就要多走动，即使亲戚之间的帮忙也是要互相给予的，不要总是单方面的；第二，亲兄弟明算账，不要强人所难。绝不能把亲戚的帮助看作理所当然，一旦被拒就恼羞成怒，因为金钱而毁了亲情，得不偿失。

（2）同学关系。同学关系在社会关系中的重要性是伴随着同学数量、层次、丰富度等的增长而变化的。同学关系的一大特点是其形成过程大多纯洁、真挚，带有理想主义的色彩。那时大家生活在一起，没有权力和金钱的斗争，彼此间也不会有什么隔阂，特别是同桌、同寝室的同学的感情更浓烈。不管任何人，都有着或多或少的对学生时代的怀念。也正因为如此，毕业后同学们会更珍惜那段情谊，同学有困难或者需要帮助时往往义不容辞。同学关系在创业中的作用就在于在资源上给予帮助和互补，在信息上及时沟通和交流，困难时还可以获得感情支持。

（3）业务、同事关系。这类关系是在工作过程中形成的人际关系。在同一个单位里，可以是你们的上级、平级，也可能是下级。业务关系则可能是客户、供应商、竞争对手等。这两种人际关系有着共同的特点：他们和你身处同一行业，且活跃于商业第一线，本身就有许多资源优势，如客户、产品、信息、销售渠道、市场机会等。这些资源在你创业时能够提供有效的帮助。

2. 人脉的评估

不是每个创业者都有可以帮助自己的所谓的“人脉”，但是没有人脉和不知道有没有人脉完全是两码事。一般成功的创业者都会在创业前仔细评估自己有哪些优势及劣势，即使“人脉”是其劣势，他们也会仔细评估。以朋友关系为例，现在来试着做一个人脉评估，请回答以下问题：

（1）你有几个你认为最好的朋友？分别叫什么名字？

（2）他们都分别从事什么行业？

（3）有在商业上成功的吗？

（4）有在行政机关工作的吗？

（5）有在银行工作的吗？

（6）如果你创业，他们能帮上你的忙吗？

（7）已经成功的朋友，能够辅导你创业吗？

可能你会说，自己还是个学生，来自普通家庭，去哪找那么多优势关系呢？可以自己去建立人脉，这就跟存钱一样。否则你就要将创业技术、经验发挥到极致，不然，总是会需要人脉的帮助的。

3. 人脉的拓展

人脉其实是可以设计出来的。当然，在设计人脉之前，大家要在心里埋下一个拓展人脉的种子，而且人格魅力永远是拓展一切人际关系的前提。

（1）社交活动。

① 聚会活动类。同学聚会、老乡聚会、欢迎新同事聚会、专业俱乐部，甚至打麻将、玩网络游戏等，这些都是非常重要的聚会，而“你在做什么”是这类聚会的中心议题。大家会发现，人们因为各种各样的原因聚集在一起，如果你也是其中一员，那你

和其他人就有共同点，就有发展关系的基础。参加此类聚会前，你可以准备自己的名片，拿好手机做好互留电话、互相关注对方微博、加微信好友的准备。

② 会议考察类。行业会议、部门间会议、外出考察、年会等，这些是拓展行业内人脉的重要途径。在一些品牌代理年会上，就经常有人参加完一个会议，就增加一个贸易产品的代理，可以说，此类社交活动蕴藏着大量直接而有效的商机。

③ 仪式庆典类。很多中国人为繁琐的婚礼、寿宴、葬礼、开业典礼、店庆、节庆等中式礼节而烦恼，可这些令人恼火的仪式庆典是商业人士大显身手的机会，中国人烦过节，但也喜欢过节。参加此类社交活动，首先在尊重庆典礼仪和主办方要求的前提下，要多和陌生人接触，当然，更要具备和陌生人打开话题的技巧与能力。此外，还要想好自己能为对方提供什么，让对方明白自己的价值，毕竟关系都是双方面的。还要注意，在各种社交场合中认识的人，事后都要适时地联系，如果一聊就算，那等于没聊。

（2）培训深造。

① 商学院。饭统网的启动资金就是臧力在中欧国际工商学院就读期间获得的，还没毕业，他就得到了数名同学的支持，一毕业就开始了创业的历程。可以说，继续深造是提升人脉质量的一条捷径。

② 培训。将来我们工作了就会发现，不同企业对人员培训的重视程度和系统性虽然有所不同，但几乎都会对员工进行短期或长期的培训。外出培训是一种主要方式，广袤的培训市场也就是这样形成的。这种培训班往往会通过各种活动为大家创造认识彼此的机会，如随机打乱座位、承办茶话会等。

（3）偶然机遇。

① 乘坐交通工具或在公共场所偶遇。乘坐飞机、高铁、火车、汽车，甚至在公园木凳上的偶然一坐，都难以预料这样的行为会让我们遇到谁，谁又能帮助我们什么。总之，不要刻意经营偶遇，但也不用拒绝巧合。

② 演出比赛。音乐会、体育赛事、电影、演唱会、话剧，在长达数小时的观赏过程中，说不定你就能通过一个不期而遇的感动或震撼与某人产生共鸣，一个同道中人可能就此出现。

③ 网络。无论自己的兴趣爱好多么稀奇古怪，都能在网上找到一群和自己兴趣相似的人。许多人都会加入一两个以兴趣爱好作为连接点的群。以户外运动为例，很多户外运动爱好者都是通过网络认识，然后去共同完成对某一路线的挑战。这种同甘共苦的经历对我们与陌生人建立稳固的关系大有裨益。

（二）财务管理能力

创业路艰难，谁都知道。但是有多少创业者认真思考过，什么是创业者要跨出的最重要的一步。可以肯定地告诉大家，如果不懂财务知识，首先就在起点上落后了。创业过程中，肯定要与税务、工商、基金等打交道，说不定还要抵押、贷款。当企业发展到一定阶段，不可避免地要与股票、扩张、上市等产生联系。需要掌握的财务管理能力主要包括以下五个方面的内容：一是筹集资金，为此要预测好资金的需要量并保证企业生产经营对资金的需求；二是投资管理，即负责企业投资并选择合适的投资项目；三是分配利润，即处理好利润分配问题，满足扩大再生产的要求；四是资产管理，即对企业现金收入和支出、有价证券的买卖及其财务交易事项进行管理；五是信用和收款，包括制定信用政策，催收企业的应收账款，等等。

1. 财务预测

做财务预测的过程很简单：第一，估算各种费用和支出。员工多少？每个月费用多少？房租、水电费每月多少？电脑、网络、办公设备费用多少？广告推广费用多少？第二，要做收入预测表，越具体越容易，可以按月或年来做。第三，做现金流表。把第一步中的成本费用（人员工资、房租、基础设备等）都按月计算出来，减掉第二步中的收入预测，预算就做完了。

做完预算后的数字一定会令你触目惊心，也许真的让你找到了一棵摇钱树，也许你会汗颜，这个项目根本就没法做！有些创业者做财务预测做着做着就“恼羞成怒”了：“做这些预算有什么意义啊？我要赶紧行动起来！”然而，合理的财务预测是帮助我们制订和运行各种计划的最好工具。

2. 资金筹措

创业失败的主要原因永远不会是资金，所谓资金链断裂、房租上涨等因素，完全要归咎于经营不善。所以，如果你努力创业，却始终在资金筹措环节屡屡失败，那只能说明你还需要好好磨炼自己的资金筹措能力。资本从来都是“嫌贫爱富”的主儿，在你最困难的时候，它不会出现，等你成功了，它们就蜂拥而至了。创业初期的财务风险只能自己承担。

3. 现金管理

要把钱袋管好的关键在于“人”和“制度”，这一部分内容是测试我们真正成为创业者的关键指标，假创业者看到这里会头晕脑涨，真创业者则会醍醐灌顶。

（三）策划营销能力

营销大师菲利普·科特勒（Philip Kotler）说：“每一种品牌都应该在其选择的利益方面成为‘第一名’。‘第一名’的定位包括‘最好的质量、最佳的服务、最好的设计、最安全的、最快的、最人性化的、最创新的、最可靠的或者最著名的、价格最低的、价值最高的’。如果一家公司坚持不懈地反复强调某一定位，并且令人信服地进行传播，它就可能出名，并取得优势。”从这段话可以看出，产品品牌的建立过程是先定位再传播，传播的形式和方法是“反复强调某一定位”。

1. 市场定位

在市场分化的今天，任何一家商店和任何一种产品的目标客户都不可能是所有人，同时也不是每位顾客都能为大家带来价值的。因此，没有必要也不用在不会带来价值的顾客身上浪费太多的资金和人力。因此，一定要确定与筛选好目标顾客，裁减顾客就是裁减成本。下面以开一家服饰店为例，看一看市场定位的过程。

（1）产品。

决定所卖服饰是男装还是女装？若是女装，是知名品牌还是杂牌？若是杂牌，是少妇装、淑女装还是少女装？若是少女装，是嘻哈、甜美、通勤风格还是街拍风格？一直追问下去，直至自己再也答不上来为止。到那时，再仔细想想，自己真的要做这种产品吗？自己了解它吗？你确定你了解本地该产品的销售现状吗？你掌握它的流行趋势吗？

（2）价格。

恰当的价格策略是项目成功的关键，特别是对市场已相对成熟的产品而言。产品价格应制定得低到公众会购买，同时又能使你赚到钱。可以通过访问亲朋好友、邻居搜集市场数据。下面几个问题，完全可以用在自己的产品或服务上：

A. 你打算买这种产品或服务吗？

B. 你愿意付多少钱？

C. 你想从哪里购买？

除了市场数据外，从竞争对手处调研也是一个制定价格策略的重要手段，这也是市场定位前期必须要采集的数据。两类竞争者是要重点注意的对象。一是市场领导者，同一品类的领导品牌不管是其市场地位，还是它的市场策略与成功经验，都值得我们关注；二是直接竞争者，这是指在同一个品类内处在同一个细分市场的品牌间的竞争对手，了解直接竞争者的主要目的是扬长避短，这样才有利于采取更有效的甚至是有针对性的竞争策略。

（3）渠道。

一旦制定了价格策略，渠道策略也就相对成形了。这里的渠道有两层含义：一是进货渠道，二是销售渠道。地点是极为重要的，应在有需求且顾客容易找到的地方出售。当然，为了达到差异化竞争的目的，你可以在这两种渠道上做文章。

以外贸服饰店为例，目前，世界上很多知名品牌，尤其是服饰、鞋类等，都在我国贴牌生产或来料加工，合作方式多种多样，在合作过程中产生了大量的计划外产品，也就是人们常说的出口转内销产品。这些出口转内销服饰款式新、质量好、价格低，在市场上极受欢迎。许多大城市出现了一种专门销售出口转内销服饰的“品牌服饰折扣店”，其鲜明的特色和诱人的价格引起了消费者的追捧。那么，外贸服饰店的进货和销售渠道如何呢？

首先看进货渠道。稍加了解就会发现，广州的火车站附近是外贸服装批发比较集中的地方，有数十家外贸服装批发城。另外，也可以和专业加工外贸服装的工厂建立长久的供货关系。如果由于进货量小，无法直接从厂家进货，也可通过一些中间批发商或电子商务平台进货，如“阿里巴巴”等国内较大型的网站。

销售渠道则包括两层含义：经营模式和店址选择。外贸服饰店一般会有折扣店经营和区域代理批发两种经营模式。店址则一般选择在以下三个区域：第一，人流密集的繁华街道；第二，成熟的居民区；第三，学校周边。

2. 营销定位

在确定满足目标顾客的需求之后，需要设计一个营销组合方案并实施，使定位到位，这也就是产品价格、渠道策略和沟通策略有机组合的过程。如今，完全意义上的产品差异化已经很难实现，必须通过营销的差异化来定位。目前市场上同质化的产品很多，但营销的差异化要比产品模仿难得多。对大学生而言，自己就是负责产品营销的关键环节，一定要充分发挥创造性，年轻最不害怕失败。

现有产品在顾客心目中都有一定的位置。例如，人们认为可口可乐是世界上最大的饮料生产商，格兰仕是中国最大的微波炉生产商，上海东方肝胆医院是中国最著名的肝胆专科医院等，这些产品和服务的提供者在消费者心中的地位是其与消费者长期的交易中建立的，这是其他提供者很难取代的。因此，定位的基本原则不是去创造某种新奇的或与众不同的东西，而是去操纵人们心中原本的想法，去打开联想之结。

成功的品牌营销就是抓住消费者的心，而在此之前，必须了解他们的思考模式，这是进行定位的前提。仍以熟知的外贸服饰店为例，常见的营销方法有：印制传单、优惠券、各种特卖、促销活动、微信营销等。上述营销手段其实看起来更像是促销手段，而商家的目标不仅止于销售，品牌营销才会长期带动销售，不然就会陷入以利润换销量的泥淖之中。实际上，小小的外贸服饰店的品牌营销大有可为。

首先，建立品牌。在前面讲述了产品定位，此时，拿出定位结果——比如它就是某品牌外贸女装。接着，你就可以开始搜罗关于它的渊源和历史，然后建立自己的品牌故事。自己的品牌故事可以体现在购物小票、购物袋、产品外包装、橱窗、店内墙面等客户目之所及的地方。最好还能加入你对该品牌风格的个人理解，将其变成一种独特的风格，而自己则是这种风格的引领者。店面装饰、产品促销上，要尽力结合有关它的重要地点、关键季节。总之，该系列外贸女装的文化、历史、潮流背景都要挖掘出来，而不仅仅限于服饰方面。

其次，把自己融入品牌。一个相对完善的品牌情境建立以后，就要从该类型服饰的消费者的心理出发，开始建立具体的品牌形象。作为店主，如果你亲自看店，毫无疑问，你自己首先要变成该品牌的一位名副其实的代言人，从妆发、服饰、鞋靴到饰品，最好都是自己店里的产品。另外，频繁展示并更换自己的穿搭，这一切都是为了向顾客展现你自己不仅懂得这种风格，而且还能完美驾驭这种风格的服饰。实际上，就是把自己变成品牌的一部分，这对于一家外贸服饰店而言非常重要，让顾客看到你对自己产品的热情、投入和自信。

最后，让顾客为你传播品牌。“她家的衣服好有特色，老板很有型，你们去看看吧。”其实每个创业者所能期望顾客对其朋友说的话也不过如此。那么，顾客为什么会有为你传播品牌的热情呢？折扣、赠品等是常见的吸引客户的手段，辅以恰当的会员制会更有效果。适时地举办一些结合服饰推介的会员活动，有条件的话，还可以组织与该品牌相关的主题活动，把自己的店作为该品牌该风格的俱乐部，接下来甚至可以接洽或组织一些商业活动，将自己的服饰品牌推向更加广阔的市场。

总之，当人们在“微博”“微信圈”“QQ 空间”上以展示使用我们的产品为荣时，那就是品牌营销极大的成功。

3. 效果控制

著名广告大师约翰·沃纳梅克（John Wanamaker）提出：“我知道我的广告费有一半浪费了，但遗憾的是，我不知道是哪一半被浪费了。”营销效果控制的功能就是确保上述三个步骤中的定位都能准确到位。到位过程其实就是一个再定位的过程。

一般来说，业绩目标的可量化程度是评价营销效果的两个重要指标，也是营销效果控制的基础条件。业绩目标的可量化程度是指用具体量化的值来测度目标的程度。例如，销售额、销售量等指标的可量化程度比较高，市场信息清晰度、客户满意度等指标的可量化程度则比较低。

以外贸服饰店为例，一个最简单、初级的营销效果控制应该包括以下数据的前后对比（表 3-1）。

表 3-1　服饰店营销效果数据对照表

参数	营销前	营销后
日客户数量		
销售额		
订单数		
新增客户数		
投资回报率		

营销可能带来人流量，不一定带来销量，却可能带来利润；营销可能不会带来人流量，但可能带来销量，也可能不会带来利润……营销带来的影响具有很多的可能性，究竟是营销的哪个环节出了问题或是起到积极的作用，如果不做上述系统的数据分析，是不可能清楚的。现实生活中，大学生所能承担的创业项目，可能很多项目都类似于外贸服饰店这样的规模，这就要求大家更加注重精细化管理。如果在这一阶段，对营销管理能细致而有的放矢，这无疑可为未来扩大企业规模、迎接更大的挑战积累大量、有益的经验。

训练活动

您是否适合创业?

以下问题答“是”得1分，答“否”则不计分，请如实回答，完成后统计您所得的分数。

1. 您是否曾经为了某个理想而设下两年以上的长期计划，并且按计划进行，直到完成?

2. 在学校和家庭生活中，您是否能在没有师长及父母的督促下，就可以自动地完成分派的任务?

3. 您是否喜欢独自完成自己的工作，并且做得很好?

4. 当您与朋友们在一起时，您的朋友是否常寻求您的指引和建议，您是否曾被推举为领导者?

5. 求学时期，您有没有赚钱的经验?您喜欢储蓄吗?

6. 您是否能够专注地投入个人兴趣连续10小时以上?

7. 您是否有习惯保存重要资料，并且井井有条地整理，以备需要时可以随时提取查阅?

8. 在平时生活中，您是否热衷于社区服务工作?您关心别人的需要吗?

9. 不论成绩如何，您是否喜欢音乐、艺术、体育及课外活动课程?

10. 在求学期间，您是否曾经带动同学，完成一项由您领导的大型活动，如运动会、歌唱比赛、画海报宣传活动等?

11. 您喜欢在竞赛中看到自己表现良好吗?

12. 当您为别人工作时，发现其管理方式不当，您是否会想出适当的管理方式并建议其改进?

13. 当您需要别人资助时，是否能充满自信地要求，并且能说服别人来帮助您?

14. 当您需要经济支援，是否能说服别人掏钱帮助您?您在募款或义卖时，是不是充满自信而不害羞?

15. 当您要完成一项重要的工作时，能否给自己足够时间仔细完成，而绝不会让时间虚度，在匆忙中草率完成?

16. 参加重要聚会时，您是否准时赴约?在平时生活中，您有时间观念吗?您是否能充分利用时间?

17. 您是否有能力安排一个恰当的环境，使您在工作时能不受干扰，有效率地专心工作?

18. 您交往的朋友中，是否有许多有成就、有智慧、有眼光、有远见、老成稳重型的人物?

19. 您在社区或学校社团等团体中，被认为是受欢迎的人物吗？

20. 您自认是个好的理财人物吗？当储蓄到一定数额时，您是否能想出好的生财计划，钱滚钱，赚出更多的利润来？

21. 您愿意为钱辛苦工作吗？钱对您重要吗？您是否可以为了赚钱而牺牲个人娱乐？

22. 您有足够的责任感为自己完成的工作负起责任吗？您是否总是独自挑起责任的担子，彻底了解工作目标并认真执行工作？

23. 您在工作时，是否有足够的耐心与耐力？

24. 您是否能在很短的时间内结交许多新朋友？您是否能使新朋友对您留下深刻的印象？

测试分析：您的创业潜质

0~5 分：您目前并不适合自行创业，还应在工作中学习更多技能，积累更多经验。

6~10 分：您需要在旁人的指导下去创业，才有创业成功的机会。

11~15 分：您非常适合自己创业，但在所有"否"的答案中，您必须分析出自己的问题并加以纠正。

16~20 分：您个性中的特质，足以使您从小事业慢慢开始，并从妥善管理中获得经验，成为成功的创业者。

21~24 分：您有无限的潜能，只要懂得掌握时机和运气，您将是未来的商业巨子。祝您成功！

在这些对自我的探索与发现中，若您真的拥有一颗不安于平凡的心、一些开拓者的胆识和为梦想打拼的热情，那么自主创业或许真的是一个不错的选择。

第四节　组建创业团队

故事案例

四大名著之一《西游记》想必大家都很熟悉。如果把唐僧师徒四人看成一个创业团队，那么这个团队的创业目标就是去西天取经，如此一来，他们成功完成既定目标的经验之路，对于大学生初创企业团队建设来说，具有借鉴作用。

案例讨论

- 你喜欢《西游记》中的哪个人物？为什么？
- 自我评价，你比较符合《西游记》中哪个人物的性格特征？你认为自己在创业团队中比较胜任哪个岗位？

一、创业团队的概念

创业团队是指在创业初期（包括企业成立前和成立早期），由一群才能互补（分工）、责任共担、愿为共同的创业目标而奋斗，并能做到利益让渡的人所组成的特殊群体。

创业团队的构成要素包括目标（purpose）、人（people）、定位（place）、权限（power）、计划（plan）。

如何理解这五个要素之间的相互影响呢？创业团队有共同的价值观、统一的目标和标准；创业团队成员负有共同的责任；创业团队成员的才能互补；创业团队成员愿为共同的目标做出贡献。

二、创业团队的组建

每一位创业者都希望少走从前的弯路，而从一开始就走规范化的管理道路，因此，创业者在注册公司时就应该组建好的创业团队。一个好的创业团队对新创科技型企业的成功起着举足轻重的作用。新型风险企业的发展潜力（以及其打破创始人的自有资源制，从私人投资者和风险资本者手中吸引资本的能力）与企业管理团队的素质之间有着十分紧密的联系。一个喜欢独立奋斗的创业者固然可以谋生，然而一个团队的营造者能够创建出一个组织或一个公司，而且是一个能够创造重要价值并有收益选择权的公司。创业团队的凝聚力、合作精神、立足长远目标的敬业精神会帮助新创企业渡过危难时刻，加快成长步伐。另外，团队成员之间的互补、协调及与创业者之间的补充和平衡，对新创科技型企业起了降低管理风险、提高管理水平的作用。

一项针对104家高科技企业的研究报告指出，在年销售额达到500万美元以上的高成长企业中，有83.3%是以团队形式建立的，而在73家停止经营的企业中，仅有53.8%有数位创始人。这一模式在一项关于“128公路一百强”的研究中表现得更为明显：100家创立时间较短，销售额高于平均数几倍的企业中70%有多位创始人。

（一）大学生创业团队成员的寻找

1. 寻找自己身边志同道合的朋友或同学

无论是大学生创业，还是社会人士创业，身边非常熟悉的朋友或同学永远都是创业团队的最佳人选。这是因为，大家之前都非常熟悉彼此的做事风格、沟通风格、为人处世的人品和底线等，这就使得大家在一起创业时，知道彼此的底线，不容易产生不必要的猜忌；因彼此熟悉，早就建立了足够的信任，会减少很多团队磨合成本。

2. 结识导师或者身边朋友介绍的伙伴

如果从朋友或同学中找不到比较合适的创业团队伙伴，可以请导师或同学介绍他们认识的能够跟自己一起创业的伙伴。

3. 在一些创业项目或比赛中主动认识有创业意愿和兴趣的朋友

大学里有创新创业项目及各类相关的比赛，如果有意创业，多参加类似的活动，不仅可以得到锻炼，更重要的是可以在这些项目和比赛里认识很多跟自己一样有创业热情的同类人，这些伙伴很可能成为自己创业团队的合伙人和重要伙伴。

（二）大学生创业团队成员的搭配

从创业团队各成员擅长的方向和职能来说，创业团队成员最核心的合伙人团队，最好能够在能力上构成一个“铁三角”：有对客户和市场这一块儿特别擅长和熟悉的人，就主要负责市场和业务相关工作；有对产品和技术方面特别感兴趣且是相关专业出身的人，就主要负责产品和技术方面的打磨；而剩下的，就需要一个对于公司内部管理、各种公关、对外关系等有比较强的处理能力的团队成员，负责公司整体运作的方方面面。

而从创业团队人员的性格来说，最好在性格上也有一定的互补。首先，必须有一个乐于接受任何新生事物、充满好奇心和冒险精神的“冒险家”，因为对于大学生的初创企业来说，敢想敢做、能够抓住新趋势非常重要；其次，要有一个有大局观和善规划的“战略家”，思考问题能够比较深入透彻而不是浮在表面，成为团队的主心骨，确保团队能够在大方向上不走偏；最后，需要有一个踏实稳重的“实干家”，无论是多么天马行空的点子，一旦决定做，这个人就有办法让它变成现实。

（三）大学生创业团队需要在一开始就约定的事项

在实践中，很多公司发展到一定的阶段就分崩离析，最初主要的创业团队成员甚至从创业伙伴变成仇人，这是因为一开始没有做一些明确的约定，结果到最后每个人都不满。

一个良好的、能够走得更远的创业团队，应该从一开始就要考虑好很多问题，并提前就约定清楚，这样每个人就不会产生多余的期待，会减少很多矛盾。需要约定清楚的至少应该包括以下这两大项：

第一，公司的股权分配问题如何设置。不要认为公司刚起步，只花钱还不见赚钱，考虑这一步太早，事实上在刚组建团队时就要明确股权分配，这决定了每个人在付出时对回报的期待，每个团队成员的合理期待是团队持续和谐的根本。

第二，公司的决策权归谁。投资人最讨厌的初创公司的股权结构就是 3 个创始人每人都持 33.33% 的这种结构。因为这样的股权结构，一般在重大决策上也会采取所有人的意见权重都一样的方式，这看起来很民主，实际上在企业的现实运作上会产生很多问题。因此，最好在一开始就要明确拥有最终决策权的人，只有这样，才能避免很多不必要的内耗，公司才能更快发展。

训练活动

1. 结合以上案例，谈谈你觉得创业者应该培养和锻炼哪些素质、能力、精神?
2. 组建创业团队，确定创业团队成员、分工、团队目标等。

思考题

1. 结合自身条件，描述你的创业梦想，设立一个明确的创业目标。
2. 用 SWOT 分析法分析你的创业环境。

本章总结

21 世纪，创业成了一个神奇的字眼，令大学校园里的青年学子意气风发、跃跃欲试。但一旦“下海”，很少有人能够成功“畅游”，所以长时间以来，谈论其概念者多，付之行动者少。创业可以说是每个大学毕业生的梦想，只是有的敢于行动并且已经出发在路上，而有的只停留在口头的计划上而没有进行实施。创业，没有想象中那么复杂，也没有预想中那么简单，只要了解清楚创业，正确认识创业，做好创业的各种准备，大学生的创业梦想是完全可以顺利实现的。

第四章　创业机会与识别

学习目标

通过本章的学习和训练，你将能够：

- 掌握什么是创业机会。
- 了解创业机会的来源。
- 掌握如何识别和评价创业机会。
- 掌握市场调研的内容和方法。

案例导入

梁伯强的指甲钳

在 1998 年之前，虽然梁伯强的人造首饰生意做得很火，但圈外鲜有人知。此时报纸上一篇《话说指甲钳》的文章让梁伯强的命运从此改变。文中提到朱镕基总理在接见全国轻工业企业代表时说，要盯紧市场找缺口找活路，比如指甲钳子，我没用过一个好用的指甲钳子，我们生产的指甲钳剪了两天就剪不动指甲了，使大劲也剪不断。他以小小指甲钳为例，要求轻工业企业努力提高产品质量，开发新产品。

凭着在五金行业摸爬滚打十多年的行业敏感，梁伯强意识到了其中的商机。说干就干，他开始了环球考察指甲刀的艰辛历程，创立“非常小器”系列指甲钳，通过不断努力，他的圣雅伦公司将一个不受关注的“小不点”产品做成了中国第一、世界第三的“巨无霸”。

案例讨论

- 梁伯强发现商业机会的过程对你有什么启示？
- 怎样才能发现商业机会？如何评价商业机会的价值？

第一节　创业机会的概念及本质

【任务】　掌握创业机会的挖掘途径。

【目的】　学会识别、甄选创业机会。

【要求】　能够根据自己所学专业、特长、优势等因素，搜集相关的创业机会信息，并合理利用这些信息寻找创业机会。

故事案例

贫困生创业从“倒爷”开始

2000 年，钱俊冬考上了长安大学。在报到处，攥着全家人东拼西凑来的 2 000 元现金，钱俊冬在报名的长队里一次又一次退到最后面。最后，他鼓起勇气找到学院的辅导员，争取到了缓交学费的机会。

开学第 3 天的下午，钱俊冬正独自在寝室里翻阅新教材，一位师哥进来向他推销随身听。正在这时，几位室友回到了寝室。结果，这位师兄没费多少口舌，书包里的 4 部随身听以每部 80 元的价钱留在了他们宿舍。这件事情触动了钱俊冬，他隐约感觉到身旁有一个比较大的消费群。当天晚上，钱俊冬一直在谋划着这件事。

通过打听，钱俊冬很快知道了西安东郊有两处小商品批发城。周末，钱俊冬走遍了两个市场，仔细对比了很多随身听的性能、质量和价格，他用 15 元的批发价拿到那位师兄推销的随身听。钱俊冬动用了仅有的存款，批发了 6 部随身听，拿到学生宿舍做了第一笔生意，净赚了 300 元。这是他的第一桶金，他尝到了挣钱的快乐。

之后，钱俊冬一发不可收。课余时间，他特别注意观察同学们在使用什么样的消费品，大家习惯用卡式电话时，他就找到了 IC 卡经销商，把更低廉的话卡介绍给同学，自己小赚一点辛苦费；后来，游泳衣、考研资料、英语磁带，都成了他倒卖过的商品。2002 年，钱俊冬受同学的邀请去了重庆大学。在夜市摊位上，他发现经营米线生意的竟然是几位重庆大学在读研究生。钱俊冬问他们为什么会出来卖米线时，几位研究生告诉钱俊冬：以后的社会竞争将非常激烈，我们必须做好相应的准备。听了这些，钱俊冬的心里燃起了一段冲动，酝酿很久的想法开始在脑海中逐渐清晰起来。回到西安，钱俊冬找来同学崔蕾和马光伟。当谈到对校园市场开发的时候，3 个人一拍即合，决定成立一个校园信息服务中心，并命名为“三人行”，开展家教介绍、校园活动策划、产品展示、市场调查及小网站建设等业务。

2002 年 9 月，在迎接新生的时候，钱俊冬发现新生宿舍里的电话接线上都没有配电话机，很多新生打电话都涌到电话亭和 IC 电话处。他立即召集“三人行”的成员商量给学生宿舍里安装电话机，由钱俊冬和学校联系沟通，这个想法得到了学校的允许和支持。崔蕾和马光伟负责购买电话机，在很短的时间内给所有大一学生宿舍都装上了电话机，他们也小赚了一笔。接下来的几天，他们把业务扩展到了周围的几所大学。他们每人分一两所大学，结果，没几天的工夫，周围十几所大学的新生宿舍全部装上了电话，最多的一天达 2 000 门，一天收入竟有 5 万元。“三人行”里的“倒爷”们成了同学们羡慕的小富翁。

渐渐地，钱俊冬开始不满足于在校园里的小打小闹了。一个偶然的机会，钱俊冬看到上海 APEC 峰会上各国元首都穿着唐装，西安是盛唐古都，他断定今后这里会首先流行起唐装，于是召集了大家商议：做唐装。但大家都有一点担心：和社会上的人做生意，会不会受骗？钱俊冬认为只要眼力准，考虑周到，就一定能赚到钱。最后，大家被说服了。钱俊冬带着大家走访西安大大小小的服装厂和服装批发点，以便得到更准确的市场信息。丝绸是唐装的主要材料，考虑成熟后，钱俊冬到无锡、常州购进了一批丝绸，没想到货还在路上，订单就已经被抢光了，这一笔他们稳赚了近十万元。

2003 年，钱俊冬的“三人行”相继代理了移动校园卡、诺基亚手机等推广业务。学生消费的日益扩大化和时尚化的趋势，加上中国移动和诺基亚等大型企业运营商的投资，为钱俊冬“三人行”创业团队的迅速壮大注入了活力。2003 年上半年，钱俊冬共计办理大户卡、校园卡等业务达 13 万张，直接收益接近 30 万元。2003 年 8 月，“三人行”已经拥有了 50 余万元，准备正式注册成立自己的公司。由于都是在校大学生，不符合注册企业的相关规定，公司一直不能顺利注册，后在西安高新技术开发区管委会负责人的支持下，在西安高新技术开发区注册成立了第一家在校本科生全资创业公司——西安三人行信息通讯有限公司，注册资金为 50 万，钱俊冬任董事长兼总经理。

钱俊冬每一本日记的扉页上都有几个显赫的大字：“没有鸟飞的天空我飞过。”“那些当初看来是困境的日子，只是一些小坎，没有迈过去时它很大、很可怕，但一经迈过去，它便是一生历久弥新的永恒财富。”

案例讨论

- 钱俊冬在创业过程中，几次发现了创业机会，他是如何发现创业机会的？请你列举一个校园创业机会并简要分析其可行性。
- 请你总结钱俊冬创业成功的要素，说明创业成功应该具备哪些要素。

一、创业机会的概念

从字面上理解，创业机会一般是指适合于创业的商业机会，指具有吸引力的、较为持久的、有利于创业的商业活动空间，创业者可以基于此为客户提供有价值的产品或服务，并同时使创业者自身获益。

从专业的角度讲，创业机会是将资源创造性地结合起来，迎合市场需求并传递价值的可能性。创业机会是一种新的“目的—手段”关系，它能为经济活动引入新产品、新服务、新原材料、新市场或新组织方式。创业的目的是计划服务的市场或需要满足的需求，表现为最终的产品或服务。创业的手段是服务市场或满足需求的方式，表现为用来提供最终产品或服务的价值创造活动的流程和体系。

二、创业机会的本质

从宏观角度来看，创业机会可能是一个新政策、新技术；从微观角度来看，创业机会则可能是学校附近的一个商户退租或退出。总而言之，在希望发现创业机会的眼光里，什么都可能是创业机会。

（一）总是基于创新的创业机会

如果花些时间去逐个审视那些“成功的创业者”，如李彦宏、任正非等，他们没有一个不是在创新基础上不断耕耘，从而实现了对创业机会的把握。

创业机会的本质是创新，而在某些情况下，一些创新也只有通过创业才可能实现。换句话说，创业实际上是创新的实现方式。以苹果公司与乔布斯的故事为例，如果乔布斯没有创业，苹果的产品就不可能实现一轮又一轮的创新，苹果产品也就无法以创新立足于世，实际上，乔布斯的全部创新都是基于苹果公司这个平台才得以实现的。

（二）大量未被满足的具体需求

例如，想去一个咖啡馆之前，是没法让苹果的 Siri 说出某家咖啡馆是否拥挤的。这事以前有一些所谓 LBS（Location Based Service）问答的模式想解决过，似乎解决得也不好。如果在这家咖啡馆外看车的一个大爷有个微信账号，他就趁看车间隙去看一眼告诉你，你给他一块钱，这个微商业模式看起来还算是可以的吧？

通过对成功案例的分析和梳理，不难发现，创业机会首先是大量未被满足的具体需求，当然，具体的要求很可能不是一蹴而就的，是在创业者提供多个创意，并通过数次乃至数十次试验后才能得到的。在这一过程中，创业机会将时隐时现，最终的结果是与特定的商机匹配或不匹配。

创业者要能够找到并获得将自己的创意转化为客户所需要的价值的相关资源；否则，创业就成为无米之炊，特别是要能够获得实现价值创造所需的替代性低的资源。

创业者要能发现并吸引到愿意与自己一起为目标客户创造并传递价值的有整体行动力的团队；否则，创业者无法将美好的创意变为客户乐于接受的价值。细分市场出现商机或潜在的商机，而且开发这种商机所对应的市场需求在起步之初只需要“轻资产、小团队”。需要“重资产、大团队”的商机，既不是创业者所能做的，这样的商机多数会引来大企业与创业者争食，最后败下阵来的只会是新创企业。而且，创业者最好在细分市场的机会窗口敞开时起步创业，这才有可能增加创业成功的可能性。因为机会窗口敞开时，市场才可能给予新创企业以较大的成长空间。

（三）机遇诱发或创意推动

创业具有相当的不确定性，但对创业进行适当分类，有利于强化创业者对创业过程的把握，创业者一开始就了解自己的创业活动属于哪类创业，这是非常必要的。

创业是一项高度动态性的商业活动。从创业过程来把握创业分类，是最有助于提高创业者动态能力的。因此，可以基于创业的逻辑起点，将创业分为“机会诱发型创业”和“创意推动型创业”。这两类创业的内涵有着较大的差异。当然，这两种创业的分类方法还存在交叉性联系。

理性地看，“机会诱发型创业”的基本逻辑是“细分市场出现商机，创业者构思并选择可与之匹配的相关创意，寻获资源并实施创意，开发市场并获得市场回应”。“创意推动型创业”的基本逻辑是“创业者构思相关创意，在细分市场发现可与之匹配的商机，寻获资源并实施创意，开发市场并获得市场回应”。

“机会诱发型创业”和“创意推动型创业”的逻辑环节是高度相似的，二者都要经历商机、创意、实施、市场四个环节。二者的差异，首先在于前者是“商机创意”，后者是“创意商机”。其次是在“机会诱发型创业”中，“商机”是单一的，是创业的逻辑起点，创业者需要开发多个创意，仅当其中存在能与特定商机相匹配的创意时，创业者的努力才可能继续下去；而在“创意推动型创业”之中，“创意”是单一的，是创业的逻辑起点，创业者需要寻找多个细分市场，仅当存在能与特定的创意相匹配的商机时，创业者的努力才可能持续下去。

既然“机会诱发型创业”和“创意推动型创业”都要经历商机、创意、实施、市场四个环节，则创业者就需要致力于分析细分市场之商机，构思能够为目标客户创造价值的创意，以有效的商业模式将创意转化为客户愿意接受的价值开发市场并根据市场回应程度对创业做出调整。

（四）缺少创新的创业难以存续与成长

中国早已从改革开放初期的“短缺经济”转变为“过剩经济”，创业者所进入的市场都会有一定程度的竞争。而且一个创业团队能够想到的，其他创业者甚至现有企业的经理人也会想到，因此，创业者遇到竞争是必然的。在市场竞争中，缺少创新的创业，是难以存续与成长的。

谈到创新，不少人仅仅理解为产品和工艺创新。实际上，在创业中，产品、工艺、商业模式、组织架构、激励机制、客户关系管理、企业成长模式等方面的创新都是十分重要的。创业者根据自己的创业特点，为创业注入创新因素，就有可能产生有别于他人的特点，从而可能在同行中鹤立鸡群，进而赢得某些方面的竞争优势。

其中，商业模式创新极为重要，因为它关系到创业者能否有效地将自己的创意转变为客户所需要的价值。所谓创业的商业模式，是指将创业者创意转变为目标客户愿意接受的价值的逻辑化的商业方式与方法。不同的商业模式体现着特定商业交易中利益相关者相异的交易关系，既决定着目标客户从创业者手中得到什么，也决定着创业者从特定的创业活动中可以得到什么。正如管理大师彼得·德鲁克所言：“当今企业之间的竞争，不是产品之间的竞争，而是商业模式之间的竞争。”尽管德鲁克这一观点有些偏执，但由此可见商业模式对于创业成败的重要性。

创业的商业模式通常涉及创业者的创意价值、内部结构、外部关系、营销战略、盈利途径、利润屏障六个方面。创业者能否通过自己的创意为客户创造并提供有价值的商品和服务，最为根本地决定着创业的成败，而其他五个方面则是支撑并服务于创意价值的支撑性因素。

在创业的商业循环中，“市场回应”也至关重要，它关系到创新、创意和创业是否被市场接受。以“机会诱发型创业”为例，新创企业给市场推出自认为有客户价值和竞争力的产品之后，通常市场可能给出三种不同的回应：

（1）市场回应达到创业者所期望的程度。在这种情况下，创业者只需沿既有路径往前走。

（2）市场有一定程度的回应，但没有达到创业者所期望的程度。在这种状况下，创业者可能需要调整创业的商业模式甚至产品。

（3）市场全然没有回应。在这种情况下，创业者需要调整自己的产品，甚至需要寻找新的细分市场机会。

当然，新创企业借创新而创业，还需要重视市场利益的自我保护机制，即重视通过以下途径来保护自己可能形成的市场利益：产品和业务的独特性；技术专利或软件版权的基础性；对核心资源的控制能力；提高新技术的研发门槛；迅速降低制造成本、扩大产销；尽可能地锁定目标客户。

创业是当今社会广泛热议的话题。有人说，创业是不拘泥于当前资源约束条件下的机会，追求并进而实现价值创造的过程。也就是说，创业是将细分市场的商业机会与特定的创意进行匹配，进而组合相关资源及要素，创立新的事业，以期获得商业利润的过程或活动。

每当谈论创业，不少人会自觉或不自觉地谈到创新。按照美国经济学家约瑟夫·熊彼特的说法，创新即构建一个新的生产函数。其实，创业也是构建一个新的函数，在这个函数里，“建立新组织”这一变量的作用，不可轻视，甚至可能更大。因此，创业的本质是创新。甚至在某些时候，一些创新唯有以创业的形式来实施才可能实现。因此，创业是创新的实现方式之一。在某些时候，如果没有创业，就不可能有后续一轮又一轮的创新。

第二节　创业机会的来源及识别方法

【任务】　了解创业机会的来源。

【目的】　学会从日常生活中发现创业机会。

【要求】　能够分析创业机会的可靠性和执行力。

故事案例

娃哈哈儿童营养口服液的诞生

1988 年春，娃哈哈的掌门人宗庆后决定进军营养口服液。但调查发现，当时的“太阳神”“脑黄金”等全国 38 种营养口服液瓜分了市场，宗庆后和员工们都担心当时还很弱小的娃哈哈可能经不起风浪就被淹没了。有一天看到一则新闻后，宗庆后的眼睛一亮，看到了金光闪闪的商机。1988 年 5 月，《杭州日报》刊登了一条新闻：“中国学生营养促进会会长、著名营养学家于若木在一次研讨会上透露，全国儿童和中小学生中约有 1/3 的人营养不良，仅浙江省 8 ~12 岁的儿童中就有 47%的人营养不良……”看到这里，宗庆后兴奋不已，因为他看到浙江省有一半的儿童需要补充营养，为何不生产一种儿童专用的营养液呢？全国儿童市场有几亿消费者，10%就是几千万，这是一个多么庞大的市场。很快，宗庆后就找到时任国际营养学会会长、浙江省营养学会理事长、浙江医科大学营养系朱寿民教授，合作研发了日后畅销国内市场的娃哈哈儿童营养口服液。

一、创业机会的来源

（一）问题

寻找创业机会的一个重要途径是善于去发现和体会自己和他人在需求方面的问题或生活中的难处。

（二）变化

创业的机会大多产生于不断变化的市场环境，环境变化了，市场需求、市场结构必然发生变化。这种变化主要来自产业结构的变动，消费结构的升级，城市化的加速，人口思想观念的变化，人口结构的变化，居民收入水平的提高，全球化趋势等诸多方面。著名管理大师彼得·德鲁克将创业者定义为那些能“寻找变化，并积极反应，把它当作机会充分利用起来的人”。

（三）创造发明

创造发明提供了新产品、新服务，更好地满足顾客需求，同时也带来了创业机会。

（四）竞争

如果你能弥补竞争对手的缺陷和不足，这也将成为你的创业机会。

（五）新知识、新技术的产生

知识的普及和技术的进步，也带来了许多创业机会。只要好好地把握，就能走上创业之路。

故事案例

季琦如何发现机会

携程网创始人、华住酒店集团创办人季琦是从网友的一句评论中发现创业机会的。

1999 年，当全球互联网热潮已经达到极点，也就是互联网行业创业的机会之窗完全被打开之后，季琦同其他创业伙伴才果断地冲了进来，创办了携程旅行网。经过精心挑选合作伙伴、先后 3 次成功融资、转型专做订房业务、收购知名订房公司、采取有效的促销手段，携程旅行网成了旅游网站这个行业的老大。这说明了，携程团队是在恰当的时期，进入了恰当的行业，做对了一件恰当的事情。

后来，一件可以忽略不计、不值一提的小事情，也就是一位网友在网上留言，抱怨携程旅行网上所预定的宾馆价格都偏贵这一事实，又让季琦发现了一个新的市场机会。他认为便捷酒店的前景绝对无可估量。于是，携程团队的第二个创业项目启动了。他毫不犹豫地投身于新的创业项目中。从他跟建国客栈董事长梅蕴新谈收购的那段对话中，可以看出他对这个新市场的理解程度。季琦对梅蕴新说："梅总，不用多讲，两个就够了。第一，如果我们不合作的话，双方都不能很快地脱颖而出。错过了这两年的发展机会，别人马上就快速发展了。第二，如果不由我们控股的话，这个发展就碰到了两大问题，体制和资金都不能解决。因为一家国企控制的公司，不可能连续不断地吸纳风险投资和私募基金的。"

多年来，季琦在接受《财富人生》栏目采访时，提起这段经历，他说："根据后来市场的发展，当时那段话是非常正确的。"如果没有对市场超前的觉察力和解析力，创业是很难成功的，不是做不大就是做不强。

二、识别创业机会的方法

获取别人难以接触到的有价值信息与具备优越的信息处理能力，共同构成创业者发现创业机会的前提条件。掌握这两个前提条件之后，我们还需要掌握识别创业的方法，常见的方法有新眼光调查法、系统分析法、基于问题分析和顾客建议发现机会、通过创造获得机会等。

（一）新眼光调查法

新眼光调查法是通过与顾客、供应商、销售商交谈，开展初级调查，了解目前市场状况和市场未来需求，可利用互联网等渠道搜索相关数据和信息，进行二级调查，最后总结众多的想法和验证信息，识别创业机会。开展初级调查是直接与这个世界互动，了解正在发生什么和将要发生什么。同时要注重二级调查，并及时记录你的想法。瑞士最大的音像书籍公司的创始人说他就有一本这样的笔记本，当记录到第200个想法时，他坐了下来，仔细回顾所有想法并充分调查后，他创办了自己的公司。

（二）系统分析法

实际上，绝大多数的机会都可以通过系统分析发现。人们可以从企业的宏观环境（如政治、法律、技术、人口等）和微观环境（如顾客、竞争对手、供应商等）的变化中发现机会。借助市场调研，从环境变化中发现机会，是机会发现的一般规律。

（三）基于问题分析和顾客建议发现机会

问题分析从一开始就要找出个人或组织的需求和他们面临的问题，这些需求和问题可能很明确，也可能很含蓄。一个有效并有回报的解决方法对创业者来说是识别机会的基础。这个分析需要全面了解顾客的需求，以及可能用来满足这些需求的手段。

从顾客那里征求想法。一个新的机会可能会由顾客识别出来，因为他们知道自己究竟需要什么，就会为创业者提供机会。顾客建议多种多样，最简单的，他们会提出一些诸如“如果那样的话不是会很棒吗”这样的非正式建议，留意这些，有助于你发现创业机会。

（四）通过创造获得机会

这种方法在新技术行业中最为常见，它可能始于明确拟满足的市场需求，从而积极探索相应的新技术和新知识；也可能始于一项新技术发明，进而积极探索新技术的商业价值。通过创造获得机会比其他任何方式的难度都大，风险也更高。当然，如果能够成功，其回报也更大。这种情况下所产生的创新在人类所具有重大影响的创新中居于压倒性的主导地位。

索尼公司开发随身听（Walkman）就是一个很好的例子。索尼公司觉察到人们希望随身携带一个听音乐的设备，并利用公司微缩技术，从事项目研究，最终开发出划时代的产品——随身听，取得了巨大的成功。

训练活动

创业机会在哪里？其实就在你的身边，就在你的脚下，只要你处处留心，就会发现适合你的创业项目。请结合你和家人、朋友、同学的体验经历和需求，找寻下面这些领域的商机：健康行业商机、饮食行业商机、信息行业商机、生活时尚行业商机、女性的商机、儿童的商机、老人的商机。

对每个行业都认真探索之后，列出表格，看着这些答案，你有什么发现？对你认识创业机会有什么启发？

第三节　创业机会的评价

【任务】　了解创业机会评估的方法。
【目的】　提升评估创业机会的能力。
【要求】　能够准确公正地评估创业机会。

故事案例

倒下的共享单车

2015 年 6 月，戴威的 ofo 收到了第一辆学生共享出来的单车，这标志着共享经济正式到来。随后，伴随摩拜的入场，共享单车作为新的商业物种引得无数媒体轮番报道，共享单车持续升温。资本追捧也刺激着其他创业企业跃跃欲试，一时间，大街上出现了赤橙黄绿青蓝紫等各色共享单车，竞争激烈，ofo、摩拜的口水仗也使行业话题十足。

2017 年下半年，腾讯及阿里的加入使整个行业梯队分得更加明显，摩拜全面接入微信，ofo 入驻支付宝，共享单车已不再单纯是“彩虹车”之间的较量，摩拜、ofo 双寡头之下，留给其他平台的机会越来越少。于是，倒闭潮开始来袭。

2017 年 6 月 21 日，3Vbike 发布公告称，由于大量单车被盗，即日起停运，这距离其上线运营不过 4 个月；2017 年 8 月 2 日，町町单车因非法集资、资金链断裂，被栖霞区工商局纳入异常企业经营名录，从“富二代”到“负二代”，前后不过 8 个月。2017 年 9 月底，酷骑单车曝出资金链断裂、押金难退，多地运营单位与工商局失去联系，部分地区开始对酷骑单车进行清理；2017 年 11 月，供应商和用户围堵了小蓝单车北京办公点要账、要押金，其中还有公司的调度维修员等员工讨要工资，这种现象距离其上线运营不足一年。

大量共享单车倒闭的现象背后，除了有共享经济用户规模和扩张速度的影响外，很大一部分原因还是盲目跟风，错过了创业之窗的最佳时期。

案例讨论

倒下的 3Vbike、町町单车、酷骑单车、小蓝单车带给我们什么样的启示？

案例分析

这个案例说明了评估创业机会的重要性，创业机会的评估要充分考虑机会的大小、投资的规模、回报和风向、机会窗口期、实现机会的资源等多个方面。对创业者来说，关键在于如何能够从众多机会中寻找出有价值的创业机会，并采取快速行动来把握机会。

有的创业者认为自己有很好的想法和点子，对创业充满信心。有想法、有点子固然重要，但是并不是每个大胆的想法和新异的点子都能转化为创业机会的。许多创业者因为仅仅凭想法去创业而失败了。那么如何判断一个好的创业机会呢？好的创业机会还需要具有以下六个特征：

第一，它能够吸引顾客，在前景市场中，前五年的市场需求会稳步增长。

第二，创业者能够获得利用该机会所需的关键资源。

第三，必须在“机会之窗”存在的期间被实施。机会之窗指商业想法推广到市场上去所花的时间，若竞争者已经有了同样的思想，并把产品推向市场，机会之窗也就关闭了。

第四，创业者有可能创造新的市场需求。

第五，创业者不会被锁定在“刚性的创业路径”（刚性创业路径是指把握住最刚性的市场需求）上，而是可以中途调整创业的“技术路径”。

第六，商业风险是相对明朗的，而且至少有部分创业者能够承担相应风险。

经过观察和探索，可以发现我们身边的创业机会很多，特别是经济社会转型带来了更多的创业机会，创业者必须从市场容量和获利性等多个角度进行认真的比较和科学的评估。

一、创业环境分析

创业初期，除了找技术人员开发产品、招聘团队成员外，做好市场调研和分析是第一步。无论从事哪个行业，都必须对自己所处的市场环境有一个清晰的认知，知己知彼才能百战不殆。消费者需求、竞争环境政策、市场规模等这些内容都是和企业未来盈利状况息息相关的，审时度势是企业发展最好的指南针。

市场规模决定了创业空间的天花板。市场规模大，意味着竞争也比较激烈，留给后来创业者的生存空间反而小了；市场规模小，若你有信心做到该细分领域的龙头，创业成功的机会或许更大。归根结底还是看开发的产品能不能切实解决消费者的痛点，小众需求如果能做到高黏性，那你就已经成功了一半。

对市场规模进行调研，可以从目标市场和现有市场着手，通过研究分析这两者市场的不同，对开发出吸引用户的产品大有裨益。

判断市场规模的大小首先要定义市场的发展阶段，早期目标市场的竞争对手状况如何，然后根据现有产品和服务的整体市场来预估行业实际的市场份额，用整体行业消费总额减去现有市场巨头份额，得到行业整体剩余的市场规模。

然后根据所处大行业的细分市场领域开始思考，开发的产品面向的区域是哪里，这些地方该细分领域市场是否成熟，市场上在售的产品有哪些，竞争程度怎么样，依照现有的资金状况是先扎根某个地区把品牌做起来，还是挑选竞争最小的几个地区同时进行。对这些信息进行客观的分析、判断，探讨如何在几年内尽可能占据更多的市场份额。

那么如何去发现新的细分领域机会呢？除了在平日培养侦测环境变化的敏锐观察力外，还要能够先知先觉，形成创意构想。有的时候市场发生的特殊事件及矛盾现象能够给创业者带来一些灵感，比如近期大热的共享单车，服务人群主要面向上班族这样的年轻人，但是中国婴幼儿及老年人也很多，这就产生了矛盾，为啥不能开发特殊人群的共享物品呢？

另外，分析产业与市场结构变迁的趋势，消费者价值观和新知识带来的认知变化，也有助于创业者寻找新的机会，比如政府大力扶持的新能源行业，市场革新技术人工智能产业，消费升级带来的饮食需求改变，购物习惯从单一走向多样化，新零售带来的崭新认知，无人超市，无人餐饮，等等。机会无处不在，选择细分领域最关键还是来自创业者的长期观察与生活体验。

故事案例

海尔集团在美国成功的奥妙

1999 年 4 月 30 日，在美国南卡罗来纳州中的一个人口为 8 000 人的小镇坎姆登，举行了海尔集团投资 3 000 万美元的海尔生产中心的奠基仪式。一年多以后，第一台带有“美国制造”标签的海尔冰箱从漂亮的生产线上走下来，海尔从此开始了在美国制造冰箱的历史。海尔集团成为中国第一家在美国制造和销售产品的公司。

一、下棋找高手

在海尔集团首席执行官张瑞敏眼中，海尔集团国际化就像一盘棋，而要提高棋艺，最好的办法就是找高手下棋，张瑞敏找的高手是欧洲和美国。海尔集团决定用自己的品牌进军欧美市场，学习日本索尼新产品首先投放欧美地区的做法。

二、美国市场调研

1．需求能力

1998 年、1999 年，中国出口美国的冰箱分别为 4 718 万美元、6 081 万美元，其中海尔冰箱分别占 1 700 多万美元、3 100 多万美元。据统计，在美国建一个冰箱厂的盈亏平衡点是 28 万台，当时海尔集团冰箱出口数已经远远超过这个数字。

2．消费者的需求结构

目前，在美国 200 升以上的大型冰箱被 GE、惠尔浦等企业所垄断；160 升以下的冰箱销量较少，GE 厂商认为这是一个需求量不大的产品，没有投入多少精力去开发市场。然而，海尔发现美国的家庭人口正在变少，小型冰箱将会越来越受到欢迎，独身者和留学生就很喜欢小型冰箱。

美国营销专家菲利普·科特勒说过：海尔战略的另一个部分是对消费者群体的定位，它很正确，它针对的是年轻人。老一代习惯于像GE这样的老品牌，年轻人对家电还没有形成任何习惯性的购买行为，因为他们刚有自己的公寓或者正在建立自己的第一个家，买自己的第一个电冰箱。所以，海尔认为定位于年轻人是明智的决策。

根据以上调查分析，海尔集团决定在美国市场开发从60升到160升的各种类型的小型冰箱。

从海尔集团最初向美国出口冰箱到现在的短短几年时间里，海尔冰箱已成功在美国市场建立了自己的品牌。海尔集团在美国最受欢迎的产品是学生宿舍和办公场所使用的小型电冰箱。此外，海尔集团在卧室冷柜方面也取得了成功。2003年，零售巨人沃尔玛连锁店开始销售海尔集团生产的两种小型电冰箱和两种小型冷柜，并同海尔集团签订了再购买100 000台冰箱的协议。

案例讨论

请你分析一下海尔集团在美国成功的奥妙是什么。

营销大师菲利普·科特勒曾说过，要管理好一个企业，必须管理它的未来，而管理未来就是管理信息。

在现代市场营销观念的指引下，企业要想在市场中获得竞争优势，取得合理的利润，发现企业产品的不足及营销中的缺点，便于企业及时加以纠正，修改企业的经营策略，使企业在竞争中保持清醒的头脑，永远立于不败之地，就必须研究市场，掌握及时、准确、可靠的市场信息，而要得到可靠的市场信息就必须进行全方位、多侧面的市场调研。

根据以上案例，总结海尔集团在美国成功的奥妙，主要有以下几点：

（1）海尔集团在调研过程中有明确的目标消费群，充分了解该地区的人口结构和消费习惯，具有较高的针对性。

（2）有明确的市场定位，充分考虑竞争者的优劣点，不断提升自我，采用以优制胜的方式将产品成功地推向市场，在电器行业站稳脚跟。

（3）通过市场调研，发现新的机会和新的需求，并开发新的产品去满足这些需求。例如，小型冰箱的开发。

（4）海尔集团不断提高企业的经营能力，增强竞争能力，这是克敌制胜的重要手段。

二、市场调研分析的三种方法

（一）波特五力模型分析

根据行业的厂商数量和产品性质，市场类型大致可以分为完全竞争、垄断竞争、寡头垄断和完全垄断四种市场类型。除去完全竞争和完全垄断外，进一步列出垄断竞争和寡头垄断市场环境的五种竞争力量，分别是供应商的讨价还价能力、购买者的讨价还价能力、潜在竞争者进入的能力、替代品的替代能力、行业内竞争者现在的竞争能力。行业现有竞争者处于力量矩阵的中心。波特五力模型主要用于竞争战略的分析，可以有效地分析客户的竞争环境，对企业战略制定产生全球性的深远影响（图 4-1）。

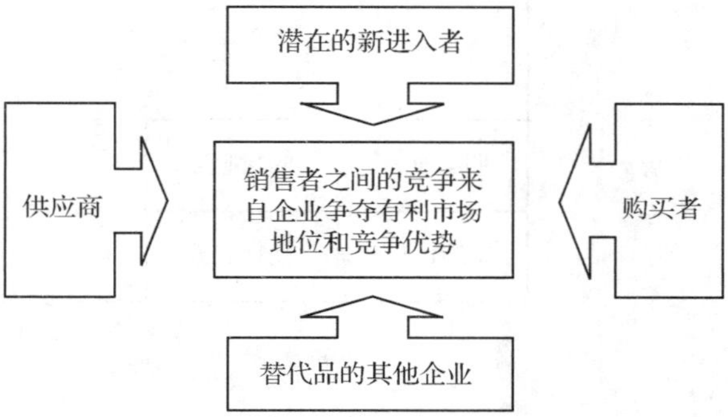

图 4-1　波特五力模型示意图

供应商的讨价还价力量会影响产业的竞争程度，尤其是当供应商垄断程度比较高、原材料替代品比较少，或者改用其他原材料的转换成本比较高时，更是如此。决定供应商力量的因素有：投入的差异、产业中供方和企业的转换成本、替代品投入的现状、供方的集中程度、批量大小对供方的重要性、与产业总购买量的相关成本、投入对成本和特色的影响、产业中企业前向整合相对于后向整合的威胁等。瑞幸是咖啡的下游企业，需要和咖啡豆、咖啡机等上游供应商打交道，此时企业的议价能力十分关键。瑞幸采取的方式是与世界第三大粮食输出商路易达孚公司达成合作。

（二）波士顿矩阵分析

波士顿矩阵分析又称市场增长率－相对市场份额矩阵，由美国著名的管理学家、波士顿咨询公司创始人布鲁斯·亨德森（Bruce Henderson）于 1970 年首创，它是通过销售增长率（反映市场吸引力的指标）和市场占有率（反映企业实力的指标）来分析、决定企业的产品结构。

市场吸引力包括企业销售增长率、目标市场容量、竞争对手强弱、利润高低等。其中最重要的是反映市场引力的综合指标——销售增长率，这是决定企业产品结构合理的外在因素。

企业实力包括市场占有率、技术、设备、资金利用能力等，其中市场占有率是决定企业产品结构的内在因素，它直接显示出企业的竞争实力。

波士顿矩阵将产品类型分为四种（图 4-2）。

（1）明星类产品：高增长且高市场占有率，发展前景好，竞争力强，需加大投资以支持其发展。

（2）问题类产品：高增长但低市场占有率，发展前景好但市场开拓不足，需谨慎投资。

（3）现金牛产品：低增长但高市场占有率，成熟市场的领导者，应降低投资，维持市场占有率并延缓衰退。

（4）瘦狗类产品：低增长且低市场占有率，利润率低甚至亏损，应采取撤退战略。

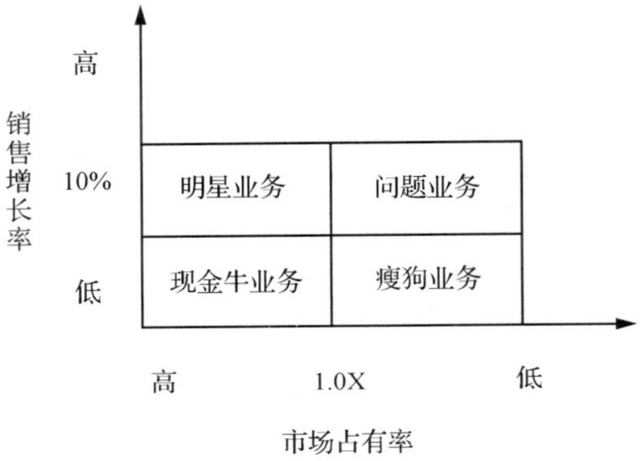

图 4-2　波士顿矩阵示意图

（三）SWOT 分析法

SWOT 分析法主要从四个维度客观分析企业自身的优势（strengths）、劣势（weakness）、机会（opportunities）和威胁（threats），它常常用于大集团公司制定发展战略和研究竞争对手，用在创业公司上有点大材小用了，整体的思路是：分析环境因素—构造 SWOT 矩阵—制订行动计划。

三、进行市场调研具体的调查步骤

进行市场调研具体的调查步骤，首先要了解清楚市场调研的目的。简单来说，就是要解决这个市场的问题：市场痛点是否真的存在，潜在市场规模有多大，现有的竞争对手状况怎样。

（一）调查问卷

根据自身状况想好调查问卷的问题，着重思考几个关键的问题，根据这些选项来验证你的想法是否可行，对这样的产品假设，用户是否可以接受。一般采用随机抽样调查法，在200～300份调查问卷中挑出至少一半的有效回答。

（二）实地采访

随机挑选10个左右的调查对象，样本尽可能多样化或者针对产品的潜在人群，基本上也可以得到一些收获。

（三）引导测试

引导测试简单来说就是招募测试志愿者，在产品开发出来之前，通过思维导图或者初步产品原型的方式展现构思的产品，观察用户的反映，看产品是否真的能够解决存在的问题，这也是获得产品开发建议的方式之一。

故事案例

小夏的软装创业

小夏是美术学院环境艺术设计专业的毕业生，用了不到两年的时间，从一名通过贷款来完成学业的“特困生”成为一位拥有十多名员工、两百多平方米办公场地的装饰公司老板。

自己创业做老板，小夏干得得心应手。刚刚踏出校门的大学生既没有经验，也没有资金，怎样才能获得成功？小夏的故事也许能让我们获得一些灵感。

由于所学专业，小夏很早就接触到了软装。“环境艺术设计专业包含很多方面，然而我唯独对软装感兴趣，现在想起来可以追溯到大学时期。”那时候，小夏经常翻阅相关杂志，发现目前装修行业硬装比较广泛，而软装行业并不普及，突然就萌生了想要创业的念头。为了更多地了解这方面的信息，小夏还大量地查阅了软装方面的资料。要创业，光靠书本是没用的。小夏告诉记者，在创业前，她还曾经做过相关的市场调查。“软装的消费对象是什么人？在哪些地区比较受欢迎？软装的供货渠道有哪些？各类装饰品的价格区间怎样？对每一个问题，我们都进行了仔细的调查。”

软装作为刚刚兴起的行业，它的利润空间很大。然而，怎样来赚取利润，小夏自有一番见解：杭州刚兴起的一些软装行业其实在设计上并不强，他们只是简单地做一些软装品牌的销售，根本谈不上整体设计。杭州的消费者选择软装的产品基本上都是先看款式，再看质量，最后才谈价格。相对地，他们对软装的品牌要求并不太高。“软装不是简单地安装窗帘、灯具、装饰品，软装是要烘托出整体设计的气氛和美感。”小夏说。利用自己的专业优势，小夏把软装从装修的功能性提升到了美学层面。“学艺术的人对设计类的东西非常敏感。壁画、墙绘、青瓷是我当初的专业方向，根据顾客具体的要求，我常常把这些元素放进软装设计里，这样设计出来的产品更有情调，更有气氛，客人们非常喜欢。”

案例讨论

- 小夏做了哪些方面的市场调研？
- 如果你也用这个项目创业，还打算做哪些调查？

训练活动

1. 请观察校园周边，你认为有什么创业机会，试列举出来。

2. 当前我国农村经济结构正发生哪些变化？针对这种变化，你通过查找资料或实地走访，探寻有什么创业机会？以小组为单位，列举出来并在课堂上分享。

思考题

1. 创业机会的来源有哪些？
2. 如何分析创业环境？

本章总结

创业需要机会，机会要靠发现。创业难，发掘创业机会更难。要想寻找到合适的创业机会，创业者要学会识别和辨别创业机会，区分市场机会的类型，减少盲目性，增加成果的可能性。创业者不仅要善于发现机会，更需要正确把握并果敢行动，将机会变成现实的成果。

第五章　创业资源与商业模式

学习目标

通过本章的学习和训练，你将能够：

- 了解创业资源的概念和类型。
- 掌握获取创业资源的途径与技巧。
- 了解创业资源整合的内容和过程。
- 掌握应用创业资源整合的方法。
- 理解商业模式与竞争的方法。

案例导入

市场就是“钱”

一名毕业了两年的大学生到银行借贷创业资金，但他说不清产品的市场在哪里，也未曾接触任何可能的潜在客户。这位同学认为做市场调查没必要，只要产品功能优异，顾客自然会找上门。结果，尽管他有自感了不起的创意与诸多专利，借贷并未成功。

孤芳自赏是许多创业者的通病，不知道市场在哪里是创业者的最大缺陷。一个创业者如果不能从市场需求来客观地审视自己的成果和创意，如果不能客观地论证自己将遇到的风险要素，想到的只是成功，那么等待他的只能是市场的惩罚。如果你想创业，首先要注意的是：想到和遇到的一定会有距离。

案例讨论

- 在创业过程中，有哪些方面是需要我们去关注的？
- 你认为创业资源是什么？

第一节 创业资源概述

【任务】 掌握创业资源的概念。
【目的】 能将创业资源应用到创业实践中去。
【要求】 能够正确获取创业资源。

故事案例

普通包子店“月入百万”

有一家包子店，他们制作的包子比较特别，该店把包子做成各种动物的形状或者其他物体的形状，包子不仅好看，吃起来味道也很不错，这家包子店“月入百万”。那么，这家包子店是怎么做到的呢?

该店设计了一种透明的玻璃烤箱，找食品器械生产厂家帮它生产，然后找餐饮店或者小超市合作，并免费提供玻璃烤箱。这家包子店是怎么赚钱的呢?包子不用自己做，直接找食品厂批量加工，餐饮店为什么会跟他合作呢?

很简单，烤箱免费送，包子放在你这里卖，卖不完我回收，卖完了第二天再跟你结清前一天的钱。对于餐饮店来说一分钱都不用出，早上花点时间卖包子增加收入，什么事情都不用操心，所以很多餐饮店就会选择合作。因为没有任何风险，包子卖不出去还可以回收，第二天才结算，不用投资一分钱就为店面增加了收入，毕竟租金已经付过了。

对于消费者来说，你的包子很特别，而且味道还可以，消费者在吃之前还会帮你分享到朋友圈，免费帮你做宣传。对于拥有这个项目的人来说，不用自己生产，不用配送，不用开店面，不用请员工，虽然是卖包子，但是干的都是与包子无关的活，只需要去跟更多的商家洽谈合作好了。按一个合作伙伴一个月给他带来 3 000 元的收入，只要开发 300 个合作伙伴，一个月就是上百万元的收入。他要做的事就是不断地跟更多的商家去谈，合作数量一定要大。当然这个包子必须注册并享有专利，只有做成品牌，才有利于推广。

高手就是懂得利用杠杆接力设计一个共赢的生态圈，大家都有钱赚。很多赚大钱的高手都是做一个平台，做资源整合，实现轻松赚大钱！

一、创业资源的概念

创业资源是指新创企业在创造价值的过程中需要的特定的资产，包括有形资产与无形资产，它是新创企业创立和运营的必要条件，主要包括创业人才、创业资本、创业机会、创业技术和创业管理等。

二、创业资源的分类

（一）要素资源

要素资源是指直接参与企业日常生产、经营活动的资源，可以直接促进新创企业的成长。

1. 场地资源

场地内部的基础设施建设，便捷的计算机通信系统，良好的物业管理和商务中心，以及周边方便的交通和生活配套设施，等等。

2. 资金资源

及时的银行贷款和风险投资，各种政策性的低息或无偿扶持基金，以及写字楼或者孵化器所提供的便宜的租金，等等。

3. 人才资源

高级科技人才和管理人才的引进，高水平专家顾问队伍的建设，合格员工的聘用，等等。

4. 管理资源

企业诊断，市场营销策划，制度化和正规化企业管理的咨询，等等。

5. 科技资源

对口的研究所和高校科研力量的帮助，与企业产品相关的科技成果及进行产品开发时所需要用到的专业化的科技试验平台，等等。

（二）环境资源

环境资源未直接参与企业生产，但可以影响要素资源，极大地提高企业运营的有效性，并间接促进新创企业的成长。

1. 政策资源

允许个人从事科技创业活动，允许技术入股，支持海外与国内的高科技合作，为留学生回国创业解决户口、子女入学等后顾之忧，简化政府的办事手续，等等。

2. 信息资源

及时的展览会宣传和推介信息，丰富的中介合作信息，良好的采购和销售渠道信息，等等。

3. 文化资源

高科技企业之间相互学习和交流的文化氛围，相互合作和支持的文化氛围，以及相互追赶和超越的文化氛围，等等。

4. 品牌资源

借助大学或优秀企业的品牌，借助科技园或孵化器的品牌，以及借助社会上有影响力的人士对企业的认可，等等。

无论是要素资源还是环境资源，无论它们是否直接参与企业的生产，它们的存在都会对创业绩效产生积极的影响。

三、创业资源管理

企业的创业资源主要有资金、时间、人才、市场等方面，而其管理包括这些资源的获取、分配和组织等方面的内容。

（一）资金管理：是否有足够的启动资金和周转资金

从创业开始到盈利阶段，足够的资本是关键一步，如果每天因筹措资金四处奔跑，可能会改变创业初衷。另外，行业经验也比较重要，行业经验不足意味着创业者要付出代价，这是因为企业创业在内部发生，一般新业务由旧业务的收入来支撑，所以资金来源得有保障。在这种资金获取办法下，由于新业务本身不但没有收益，反而必须投入大量的资金而导致“新业务招损”，因此，可能打击旧业务员工的积极性，对企业发展不利，特别是当企业从专业化向多元化转变时更是如此。解决这个问题的办法是：对新项目使用种子资助资金，采取内部风险投资的方式，或其他有偿使用资金的办法。

（二）人才管理：是否专业和专注

企业创业的另一个问题是人才支持。当项目处于种子阶段时，主要由少数几个人在运作和管理；一旦进入孵化发展阶段，就必须有得力的人才来进行规划管理。因此，这里也存在一个新、旧项目争夺人才的问题。为了使新、旧项目的发展不受人才问题的影响，企业必须注意在发展过程中培养新的人才，稀释各部门的人才密度，给人才施加压力。

（三）时间管理：是否合理和足够

企业在创业初期，一个大问题是创业者的工作时间和精力难有保障。一般来说，企业内部的创业者既要完成当前的工作，又要进行开发工作，因此，工作时间分配经常顾此失彼。为了保障员工有充足的时间来孵化创新性的想法，公司应该从制度上保障他们，同时调整他们的工作压力，避免对员工各方面施加过大的时间压力，允许他们有充裕时间解决创新问题。

（四）营销资源管理：市场能否得到充分开发

营销资源管理主要是指营销资源的分配和新市场的开拓。企业创业是一种以市场为导向的活动，市场对新产品的接受程度直接关系到创业的成败。开始时，新产品在市场中几乎不为人所知，因此，企业必须集中销售资源，致力于新产品的市场开拓。这里也存在新、旧项目营销资源竞争的问题。为了解决这个问题，企业必须加大营销投入。

训练活动

测一测你创业的资源

知识与技能

1. 以年龄来看，四周的人对你的专业知识（能力）评价如何？
2. 你曾经参与过成功的计划吗？或你有亲自执行的经验吗？
3. 你曾为上司提过好的建议，或针对企业难题提出解决方案而在业界受到瞩目吗？
4. 你认为上司（若已是一把手可选业界）对你的专业知识（技能）信赖度如何？
5. 你的部属对你的信赖度如何？
6. 你在公司与业界的知名度是否受到猎头的注意？猎头是否联系过你？
7. 你曾将专业知识或技能对外以演讲、报刊文章等形式发表过吗？

人脉

1. 以你的年龄来看，业界对你在工作上的交往与人缘有何评价？
2. 每年你要寄出多少张贺年片？
3. 你每年收集的名片数有多少？
4. 你拿起电话马上就可以谈心的朋友有多少？

资产

1. 当你没有了收入，你的家庭储蓄可以维持同样的生活水平多久？
2. 除了自有房屋外，你还有哪些不动产？市值多少？
3. 你一年的非工作所得占工作收入的比例是多少？
4. 一旦发生资金周转不灵，你可以凭自己的信誉借得多少资金？（包括认识与不认识者）

测评过程中，测试者可自行将答案从非常高（多）到非常低（少）分为6个等级（譬如非常多、多、一般、较少、非常少、无，分数依次为5，4，3，2，1，0），总分以每10分为一级，3级以上的才有创业资格。

第二节　创业资源的开发、整合与应用

【任务】　掌握创业资源开发、整合与应用的方法。

【目的】　了解企业资源开发与整合的方法并应用到创业过程中。

【要求】　能够开发、整合与应用创业资源。

故事案例

“80后”在校大学生餐饮创业，还没毕业已是百万富翁

在郑州大学新校区，共有十多个大型食堂餐馆、咖啡店，但很多人不知道，其中有三家店的老板是该校一名在读的学生。熟悉他的人笑言他是校园“餐霸”，大四的时候，当室友们都在忙着找工作时，尚未毕业的他就已靠自主创业赚了上百万。

他叫向锐，1987年出生，是郑州大学研二学生。他经营的两家餐馆、一家咖啡店总经营面积约3 000平方米，拥有20多个包间、50多张散桌，三家店每年的营业额达300多万元，手下员工（包括大学生兼职）已达百余人。下面讲述这位“80后”在校生的餐饮创业故事。

初衷：开咖啡店不单是为了赚钱

说话不紧不慢，逻辑性强，自信满满，是向锐给别人的第一印象。

2014年6月14日中午，在郑州大学新校区的大学生活动中心2楼，一间装饰很低调的咖啡店里，不时有大学生情侣携手来此就餐。这间咖啡店是向锐在2013年10月份开办的。

前来就餐的药学院研一学生小陈说：“一杯咖啡十多元钱，一份意大利面也不到20元钱，对学生来说很实惠，比到校外的咖啡店划算多了。”

向锐说，当初开这个咖啡店的目的并不是单纯赚钱，而是给校园里有同样创业梦想的人提供一个交流的地方。在这里，会不定期举办各种小型的学术讲座、艺术沙龙，为鼓励在校大学生创业，校方也对该店提供了很多帮助。

成绩：三家店年营业额达300多万元

除了咖啡店外，向锐还在郑州大学的荷园食堂、柳园食堂楼上开了两家大型餐馆。

在荷园食堂的三楼，有一家名为“校园美味工厂”的餐馆，这是向锐2012年在郑州大学校园开创餐饮生意的第一家店。这个面积1 000多平方米的餐馆，虽然装修普通，但有十多个包间，菜价便宜，成为很多大学生生日聚会、毕业聚会的首选之地。为了吸引更多顾客，向锐还在一家网站上开通了团购业务，经常有不少校外顾客来该店吃饭。

位于柳园食堂三楼的“同和昌”餐馆是他开的第二家餐馆。向锐介绍说，这家餐馆平时主要接待老师及社会人员就餐，所以装修档次高一些。

在友人的再三追问下，向锐透露了他开办的两家餐馆和一家咖啡店的年收益：三家店每年的营业额达300多万元，创业至今，除去给合伙人的分红外，他已赚了上百万元。

低谷：之前创业曾失败，赔了十多万

谈起自己的创业经历，向锐说，他也曾遭遇过失败，并为此交了学费。

2008年，他开始到河南工业大学读大一，发传单、当保安、做促销，各类兼职工作他都有所尝试，随后又开始摆地摊卖牛津词典，因为不好意思在自己学校当众卖书，他就跑到邻校摆书摊。大四那年，他在一家教育培训机构做代课老师，并用积攒的几万块钱入股，这家培训机构的学员由最初的几个学生发展到了几百名学生，一年干下来赚了十多万元，这也是他做生意捞到的第一桶金。

随后，他与一名社会人员合伙在河南工业大学校门口做餐饮生意，因为多种原因，最后不但没赚到钱，反而赔进去了十多万元。但家里人没有埋怨他，反而资助了他几万元，鼓励他把生意做下去。

在做生意的同时，他还认真准备考研，并最终考上了郑州大学马克思主义学院的研究生。

虽然创业几年赚了不少钱，但向锐在校园还是很低调，没买车也没买房，因为他想用这些钱去投资更多的创业项目。现在，他正准备在信阳老家再开一家餐馆。

向锐的室友说，在老师和同学们的眼中，向锐是个执行力很强的人。他曾经在本科期间担任过校辩论队的领队，故说话很有条理和逻辑性，也很清楚地知道自己想要什么，平时同学们都喊他“向总”。

“他的饭店每次出新菜品，经常会喊室友去试吃、提意见。”室友说，他们一间宿舍住着4个人，向锐跟大家聊的都是一些白手起家的名人奋斗故事。向锐经常给室友谈起他的创业梦想：做出一个在全国知名的连锁餐饮品牌。

他的合伙人黄璐说，虽然向锐现在已是老板，但是碰到餐馆的下水道堵了、餐桌垃圾该收了等脏活累活，向锐还会亲自去干。“对朋友也很讲义气，乐于助人。”

2013 年，向锐从百余名竞争者中脱颖而出，被评为郑州大学年度“创业之星”。

向锐给有志创业的师弟、师妹们的 8 条建议：

（1）选择你所关心的，选择你所喜欢的。

（2）创业是个体力活，一个健康的身体比什么都重要。

（3）创业初期，坚持下去是最重要的品质。

（4）建议选择自己喜欢并且能够把握的项目，不能看到什么挣钱就干什么，那样有些盲目，结果也未必会好。

（5）大学生创业，尽量运用科技降低成本，尽量充分利用校园资源，这样能够减少创业成本。

（6）一个好的合伙人比一个好的项目还重要。

（7）合伙创业中，合伙人之间要简单一点，财务一定清楚，关系要好，执行力要强，这样才能成为一个好团队，而不是团伙。

（8）永远不要相信神话、暴富这样的成功学，踏踏实实做事，才会有好结果。

一、创业资源的获取途径

（一）通过市场途径获取创业资源

通过市场获取创业资源，可以细分为购买、联盟两种方式。购买是指运用资金从市场购入所需的外部资源，购买物品包括厂房、生产设施、办公设备、专利技术、人力资源等。购买是创业资源集聚的主要方式，原因在于通过市场购买方便快捷，建立在交易双方达成意向的基础上，杜绝隐患。对于某些隐形资源难以进行购买的创业者，采取联盟的方式进行资源集聚。创业公司对自己尚不能独立开发的资源，可以与其他组织有机联合，共同开发。联盟双方各有所职，相互支撑，对于利益分配达成共识。对于高科技创新公司而言，选择和科研机构、高校联盟，不仅能够获取前沿的技术信息，而且可以减少设备场所等开支，是获取技术资源的较好路径。

（二）通过非市场方式集聚资源

创业资源获取有助于初创企业克服“小”和“新”，减轻制度压力及合法性缺失的弱点，是新创企业得以生存、成长并持续获得竞争优势的重要战略选择。资源本位论也认为，企业在创立过程中，率先占有的各种资源会对企业发展形成优势壁垒。现实中一些创业者和企业，如百度、京东、饿了么等通过创业成功取得了骄人业绩，无不是首先通过各种方式获得了所需的创业资源。

二、创业资源的整合

创业资源整合是指创业者对不同来源、不同层次、不同结构、不同内容的创业资源进行识别与选择、汲取与配置、激活与有机融合，使其具有较强的柔性、条理性、系统性和价值性，并创造出新的资源的一个复杂的动态过程。

资源整合，是企业战略调整的手段，也是企业经营管理的日常工作。整合就是要优化资源配置，获得整体的最优。

创业需要资源整合，资源整合就是一种交换、共享，目的就是创造与合作者的共同利益，产生 $1+1>2$ 的结果，一句话叫“共赢”。创业初期依靠个人能力去打开市场，力量是有限的，只有通过资源交换和合作，才能创造出新的竞争优势，弥补各自企业的短板，相互放大各自的价值，做到共生与共赢。

1. 资源整合需要稳扎稳打

根据创业者所处的境地，有限的资源在每个阶段都必须做到极致的利用。很多创业者都过于依赖外部资源。在资源有限的情况下，更要自力更生、稳扎稳打，拓展更多的客户资源。

2. 资源整合需要发挥杠杆效应

创业企业遇到关键资源时，要发挥杠杆效应，扩大成果。关键资源大多数来自与他人的合作，这种合作往往会产生更高的复合价值。通过与他人合作，把自己的优势进行嫁接，迅速扩大市场份额，增加其价值，这就是加杠杆。

3. 资源整合需要连接

通常人们积累的资源主要从以下两方面获得：一是过去学习、生活、工作的经历所形成的固定人脉；二是向外连接结交的人脉资源。资源往往是越用越熟，特别是人力资源。关键性人力资本的出现往往在企业发展中起决定性的作用，互动是建立连接最有效的方法。

资源整合重在合作，合作的前提是各方面利益兼顾，并得到保证，这样才能找到共赢共存的融合点，这就需要创业者的智慧与情商。当我们愿意为所有的利益分配退一步的时候，让别人赢就成了让自己赢最好的方式。合作也不是无底线地退让，而是在利益上表现出我愿意多给你一点点。

所以，资源整合就在于设计一个共赢的机制，不仅帮助对方扩大利益，更重在降低双方的风险，风险降低本身就有利于扩大收益。有格局、有胸怀的人，更愿意分享。而更愿意分享的人，才能真正与合作者建立一种稳定的关系，把资源整合的能量发挥到最大。

三、创业资源的利用

创业者成功地开发出机会，进而推动创业活动向前发展，通常取决于他们掌握和整合到的资源，以及对资源的利用能力。许多创业者早期所能获取与利用的资源都相当匮乏，而优秀的创业者在创业过程中所表现出的卓越创业技能之一，就是创造性地整合和运用资源，尤其是那种能够创造竞争优势，并带来持续竞争优势的战略资源。

虽然与已进入成熟发展期的大公司相比，新创企业资源比较匮乏，但实际上创业者所拥有的创业精神、独特创意及社会关系等资源，同样具有战略性。因此，对创业者而言，一方面，要借助自身的创造性，用有限的资源创造尽可能大的价值；另一方面，更要设法获取和整合各类战略资源。

（一）善用资源整合技巧

创业总是和创新、创造及创富联系在一起。一位创业者结合自身创业经历提出了这样的观点：缺少资金、设备、雇员等资源，实际上是一个巨大的优势，因为这会迫使创业者把有限的资源集中于销售，进而为企业带来现金。为了确保公司持续发展，创业者在每个阶段都要问自己，怎样才能用有限的资源创造更多的价值。

1. 学会拼凑

很多创业者都是拼凑高手，通过加入一些新元素，与已有的元素重新组合，形成在资源利用方面的创新行为，进而可能带来意想不到的惊喜。创业者通常利用身边能够找到的一切资源进行创业活动，有些资源对他人来说也许是无用的、废弃的，但创业者可以通过自己的独有经验和技巧，加以整合创造。例如，很多高新技术企业的创业者并不是科班出身，可能是出于兴趣或其他原因，对某个领域的技术略知一二，却敏锐地发现了机会，并迅速实现了相关资源的整合。

2. 整合已有资源

整合已有的资源，快速应对新情况，是创业的利器之一。拼凑者善于用发现的眼光，洞悉身边各种资源的属性，将它们创造性地整合起来。这种整合很多时候甚至不是事前仔细计划好的，而往往是具体情况具体分析、“摸着石头过河”的产物。而这正体现了创业的不确定性，并考验创业者的资源整合能力。

3. 步步为营

创业者分多个阶段投入资源并在每个阶段投入最有限的资源，这种做法被称为“步步为营”。步步为营的策略首先表现为节俭，设法降低资源的使用量，降低管理成本。但过分强调降低成本，会影响产品和服务质量，甚至会制约企业发展。比如：为了求生存和发展，有的创业者不注重环境保护，或者盗用别人的知识产权，甚至以次充好。这样的创业活动尽管短期可能赚取利润，但长期而言，不仅发展潜力有限，而且容易遭到各种风险。所以，需要“有原则地保持节俭”。

步步为营策略表现为自力更生，减少对外部资源的依赖，目的是降低经营风险，加强对所创企业的控制。很多时候，步步为营不仅是一种做事最经济的方法，也是创业者在资源受限的情况下寻找实现企业理想、目的和目标的途径，更是在有限资源的约束下获取满意收益的方法。习惯于步步为营的创业者会形成一种审慎控制和管理的价值理念，这对创业型企业的成长与其向稳健成熟发展期过渡尤其重要。

（二）发挥资源杠杆效应

尽管存在资源约束，但创业者并不会被当前控制或支配的资源所限制，成功的创业者善于利用关键资源的杠杆效应，利用他人或者别的企业的资源来达成自己创业的目的：用一种资源补足另一种资源，产生更高的复合价值；或者利用一种资源撬动和获得其他资源。其实，大公司也不只是一味地积累资源，他们更擅长资源互换，进行资源结构更新和调整，积累战略性资源，这是创业者需要学习的经验。

对创业者来说，容易产生杠杆效应的资源，主要包括人力资本和社会资本等非物质资源。创业者的人力资本由一般人力资本与特殊人力资本构成。一般人力资本包括受教育背景、以往的工作经验及个性品质特征等。特殊人力资本包括产业人力资本（与特定产业相关的知识、技能和经验）与创业人力资本（如先前的创业经验或创业背景）。调查显示，特殊人力资本会直接作用于资源获取，有产业相关经验和先前创业经验的创业者能够更快地整合资源，更快地实施市场交易行为。而一般人力资本使创业者具有知识、技能、资格认证、名誉等资源，也提供了同窗、校友、老师及其他连带的社会资本。

相比之下，社会资本有别于物质资本、人力资本，是社会成员从各种不同的社会结构中获得的利益，是一种根植于社会关系网络的优势。在个体分析层面，社会资本是嵌入、来自并浮现在个体关系网络之中的真实或潜在的资源的总和，它有助于个体开展目的性行动，并为个体带来行为优势。社会交往频繁的创业者所获取的相关商业信息更加丰裕，从而有助于深化创业者对特定商业活动的认识和理解，使创业者更容易识别出常规商业活动中难以被其他人发现的顾客需求，进而获得财务和物质资源——这正是其杠杆作用所在。

（三）设置合理的利益机制

资源通常与利益相关。创业者之所以能够从家庭成员那里获得支持，是因为家庭成员之间不仅是利益相关者，更是利益整体。既然资源与利益相关，创业者在整合资源时，就一定要设计好有助于资源整合的利益机制，借助利益机制把潜在的和非直接的资源提供者整合起来，借力发展。因此，整合资源需要关注有利益关系的组织或个人，要尽可能多地找到利益相关者。同时，分析清楚这些组织或个体同自己及自己想做事情的利益关系，利益关系越强、越直接，整合到资源的可能性就越大。

利益关系者之间的利益关系有时是直接的，有时是间接的，有时是显性的，有时是隐性的，有时甚至还需要在没有的情况下创造出来。另外，有利益关系也并不意味着能够实现资源整合，还需要找到或发展共同的利益或利益共同点。为此，识别到利益相关者后，逐一认真分析每一个利益相关者所关注的利益非常重要，多数情况下，将相对弱的利益关系变强，更有利于资源整合。

然而，有了共同的利益或利益共同点，并不意味着就可以顺利实现资源整合。资源整合是多方面的合作，切实的合作需要有各方面能够真正实现的预期利益来加以保证，这就要求寻找和设计出多方共赢的机制。对于在长期合作中获益、彼此建立起信任关系的合作，双赢和共赢的机制已经形成，进一步的合作并不很难。但对于首次合作，建立共赢机制尤其需要智慧，要让对方看到潜在的收益，为了获取收益而愿意投入资源。因此，创业者在设计共赢机制时，既要帮助对方扩大收益，也要帮助对方降低风险，降低风险本身也是扩大收益。在此基础上，创业者还需要考虑如何建立稳定的信任关系，并加以维护。

训练活动

分组讨论：假如你准备创办企业，你将如何开发、整合与应用创业资源？

第三节　商业模式与竞争

【任务】　掌握商业模式的概念。
【目的】　对商业模式有深入的了解，便于接下来在创业过程中运用。
【要求】　了解成功的商业模式。

故事案例

谭木匠：小木梳，大文章

谭木匠无疑是中国一家卓越的企业，它高度专注于木梳等小木制品行业，从一个小作坊发展成为年零售过亿元的明星企业，遥遥领先于同行，在小木梳里做出了大文章。

谭木匠的成功得益于对中国市场独特的敏锐把握，通过对产品、文化、理念的突破创新，在以木梳为主打的木制工艺品市场中获得了惊人发展，更重要的是在这个市场中的地位固若金汤，几乎没有挑战和威胁力量，我们把这样一片市场称为“蓝海”。谭木匠是靠什么从激烈的价格战中全身而退？是如何提升了小梳子的单品利润率？又是如何将小东西做成大市场的呢？

第一，木梳实用功能的飞跃。20 世纪 60 年代塑料工业在我国兴起，塑料发梳充斥市场，大多制造简单、成本低廉；而传统木梳厂家生产的木梳、牛羊角梳的做工技术落后，梳齿有棱角，梳头时比塑料梳子容易挂断头发，致使木梳行业逐渐走向没落，失去市场。

谭木匠产品以木为定位，这就面临了挑战。但谭木匠突破了传统的技术，将现代制造技术与传统手工艺技术相结合，将现代流行时尚与中国传统工艺文化相结合，将产品的艺术性、工艺性、观赏性、收藏性与实用性相结合，秉承中国传统手工艺精华，奉行“我善治木”“好木沉香”的产品理念，将传统工艺与现代抛光技术、插齿技术结合起来，使梳齿圆滑、手感舒适，而且用料考究，具有防静电、保健、顺发等基本功能。更进一步的是，它将实用和艺术很好地结合了起来，创造了多样的梳体造型，赋予其艺术美的品位，适应了人们的审美观。凭借着木梳的高质量、好美感，谭木匠已经在量上取得了跨越式的进步，拉开了和竞争对手的距离，企业步入了优秀行列。

第二，文化营销，把木梳从日常用品提升为工艺艺术品。中国人使用木梳已经有了几千年的历史，从古至今，梳子能够细致地体现主人的品位和气质，通过历史的积淀，已经形成了一个源远流长的梳文化，人对用久了的梳子会产生感情，主人会很好地爱护和珍藏它。

廉价塑料梳和普通木梳大行其道，梳子失去了其文化传统，沦为了一种没有底蕴和技术含量的日常用品，它的功能局限于梳头顺发。对于人们需求方向的转移，谭木匠把握得很准确。木梳这一传统小商品，赋予其传统古典文化是其增值的关键。具有古典气息的“谭木匠”品牌，消费者可能以为它是个百年老字号，其实它是个只有十多年历史的年轻品牌，扑面而来的文化气息、古朴的购物环境、造型精致而独特的小梳、精心设计的包装袋，这些都是消费者所钟爱的。谭木匠的核心消费群体为女性顾客，谭木匠木梳现代中不失传统，传统中不失现代，给予了她们渴望得到的文化上的认同感，让“谭木匠”的小梳子、小镜子、小布袋子成为“小资”女性的最爱。

梳子作为人们生活中长期使用的小物品，有很浓的人情味。谭木匠不仅有其优质的顺发功能，同时承载着人们对梳理愁绪的联想。把木梳的效用重心由实用功能转向文化和情感，顾客找到了与自己品味相投、地位相称的发梳，得到了文化价值的认同和情感的满足，谭木匠通过文化营销实现了公司的质变，让公司从优秀跃上到了卓越的台阶。

一、商业模式的概念

商业模式是一个非常宽泛的概念，与商业模式有关的说法很多，包括运营模式、盈利模式、广告收益模式、B2B 模式、B2C 模式、O2O 模式等。商业模式是一种简化的商业逻辑，简单地说就是“关于做什么，如何做，怎样挣钱的问题”，是指企业为达到盈利的目的而进行的战略规划和组织运作体系的设计，主要体现在核心能力、收入来源、组织结构、业务流程、营销渠道、成本结构、定价形式等方面。

商业模式其实质是一种创新形式，企业的创新形式贯穿于企业经营的整个过程中。换言之，在企业经营的每一个环节上的创新都可能变成一种成功的商业模式。

大家熟知的蒙牛乳业，有四个“大”：太阳光大，父母恩大，君子量大，小人气大。蒙牛乳业有四个“98%”：品牌的 98% 是人性，经营的 98% 是文化，资源的 98% 是整合，矛盾的 98% 是误会。蒙牛乳业有三个“靠”：大智靠学，大牌靠创，大胜靠德。蒙牛乳业的用人文化是：有德有才破格录用，有德无才培养使用，有才无德限制录用，无才无德坚持不用。蒙牛乳业之所以有今天，绝对不是偶然，而是必然。蒙牛乳业一头牛也不养，农民到信用社贷款买牛，用蒙牛乳业的品牌做担保，产出来的牛奶蒙牛乳业包销。蒙牛乳业一头牛也不养，但是它的牛奶卖得非常好。这就是牛根生对蒙牛乳业商业模式的创新。

（一）商业模式的特征

商业模式是一种包含了一系列要素及其关系的概念性工具，用以阐明某个特定实体的商业逻辑。它描述了公司所能为客户提供的价值及公司的内部结构、合作伙伴网络和关系资本等，用以实现（创造、营销和交付）这一价值并产生可持续、可盈利性收入的要素。这个定义明确了商业模式的五个特征：第一，它包含诸多要素及其关系；第二，它是一个特定公司的商业逻辑；第三，它是对客户价值的描述；第四，它是对公司的构架、合作伙伴网络及关系资本的描述；第五，它会产生盈利性和可持续性的收入流。

（二）商业模式的分类

商业模式可以分为两大类：运营性商业模式和策略性商业模式。

1. 运营性商业模式

运营性商业模式重点解决企业与环境的互动关系，包括与产业价值链环节的互动关系。运营性商业模式创造企业的核心优势、能力和关系，主要包含以下两个方面的内容。

产业价值链定位：企业处于什么样的产业链条中，在这个链条中处于何种地位，企业结合自身的资源条件和发展战略应如何定位。

赢利模式设计（收入来源、收入分配）：企业从哪里获得收入，获得收入的形式有哪几种，这些收入以何种形式和比例在产业链中分配，企业是否对这种分配有话语权。

2. 策略性商业模式

策略性商业模式是对运营性商业模式加以扩展和利用。应该说策略性商业模式涉及企业生产经营的方方面面。

业务模式：企业向客户提供什么样的价值和利益，包括品牌、产品等。

渠道模式：企业如何向客户传递业务和价值，包括渠道倍增、渠道集中/压缩等。

组织模式：企业如何建立先进的管理控制模型，比如建立面向客户的组织结构，通过企业信息系统构建数字化组织，等等。

（三）商业模式的要素

商业模式展现的是一个公司赖以创造和出售价值的要素，可以细分为以下九个方面（表5-1）：

表5-1 商业模式九要素

类目	要素	描述
产品	价值主张	公司如何通过提供产品和服务为客户创造价值。价值主张确认了公司对消费者的实用意义
顾客界面	客户细分	公司为之创造价值的人群（包含不同需求的客户群体）。这些群体具有某些共性，从而使公司能够（针对这些共性）创造价值。其也被称为市场细分
	渠道通路	公司用来向客户传递价值主张的主要方式（如何与客户互动），它阐述了公司如何开拓市场，涉及公司的市场和分销策略
	客户关系	公司目前所有已经建立起来的客户关系类型（客户关系的关联模型）
管理架构	核心资源	用来创造、传递和获取价值的基础构件（公司商业模式运作所必须的重要条件）
	关键业务	公司为了确保商业模式良好运作所必须做的重要事情（业务单元及业务流程）
	重要合作	公司同其他公司之间为有效地提供价值并实现其商业化而形成的合作关系网络，是影响商业模式运作的重要途径（产业链）
财务表现	成本构成	为客户提供产品及服务所需耗费的各项必备开支（价值链）
	收入来源	公司的盈利方式（如何通过定价机制获取商业价值）

（四）商业模式的三个维度

在哈佛大学教授马克·约翰逊（Mark Johnson）、克莱顿·克里斯坦森（Clayton Christensen）和SAP公司的CEO孔翰宁（Henning Kagermann）共同撰写的《商业模式创新白皮书》中，商业模式被概括为一个由客户价值、企业资源和能力、盈利方式构成的三维立体模式。

1. 客户价值

客户价值是指在一个既定价格上企业向客户或消费者提供服务或产品时所需要完成的任务。通俗地说，客户价值就是客户的需求。大学生在创业初期，仅习惯于全身心地满足这种浅层次的需求。更重要的应该是：具有对客户需求的还原能力，“找到埋藏着文物的地方”，这还只是第一步；而将它发掘出来，通过一件文物还原一个时代，这才是最重要的。

以苹果产品为例，自 iPod 开始，苹果推出了 iTouch、iPhone、iPad 等一系列产品，这些产品背后有着同一套商业模式支撑——iTunes，这就是苹果建立的网上音像商店。乔布斯深知，顾客购买播放器的真正目的是听音乐、看电影和其他娱乐，而其他公司则以为顾客购买的是播放器本身。其实这种购买行为的背后，隐藏着另一种购买需求，甚至这种隐藏的购买需求背后还潜藏着一种或多种更隐秘的需求。于是，大家在购买苹果产品的同时，还会从 iTunes 那里不断购买数字音像、软件产品。因此，苹果的产品已经不是产品本身，而是基于发掘客户潜在价值的商业模式。由此可见，商业模式比产品会更赚钱。

2. 企业资源和能力

企业资源和能力就是支持客户价值主张和盈利模式的具体经营模式。大学生的创业起点往往来自一个对客户价值的充满信心的判断，然而，一旦涉及企业资源和能力，则往往就会敷衍而过，不愿意或不懂得在资源和能力上下功夫。这就是和市场真正的也是最大的差距所在。

每个人都有去影院看电影的经验，那么影院是如何赚钱的呢？90% 以上的人会认为是靠电影票。其实并非如此，美国电影院线的主要盈利来源（与营业额来源不同）是在影院出售的食品，常见的有爆米花、冰激凌、饮料等。可以说电影院线天生带有靠零食而非电影票挣钱的基因，这就是我们所说的资源和能力。人们到电影院的真正目的不仅仅是看电影，而是在闲暇时间中得到最大程度上的身心放松，而这种需求的满足不是仅仅通过看电影就可以实现的，它还要从看电影时携带零食，与爱人、亲友共同分享美食而获得满足。在识别出上述客户价值之后，经营影院的人自然就会自问：我能否以可控的成本提供这样的产品和服务？答案是明确和令人振奋的：接触客户的成本几乎为零，而且这种产品和服务具有排他性；客户不可能在观看电影的中途出去购买零食，而观众看电影时青睐的美食——冰激凌和爆米花也不大可能外带。因此，这些产品和服务自然可以以较高的价格在电影院售出，从而获得相对可观的利润。就拿国内院线来说吧，2013 年度，万达院线的卖品已经成为影院的主要收入及利润指标，仅爆米花这一项相关收入就高达 3.9 亿元，占卖品总收入的 72%，而爆米花的利润率则高达 96% 以上。

从这个例子可以看出，客户价值主张如果没有相应的资源（客户资源和产品资源）和能力作为支撑，就难以形成模式，也更加难以实现可持续、可盈利的收入流。

3. 盈利方式

盈利方式即企业为股东实现经济价值的过程。比起客户价值主张、资源与流程上的门槛，有效的盈利方式是商业模式三要素中比较容易被人忽视的一环。原因很简单，企业提供产品和服务时收取费用似乎是天经地义的，因此赚钱也应该顺理成章。但是盈利方式的丰富度和可能性，其实是远远超出我们的想象的。

对企业来说，收费可以选择的方式不多，无论是租赁还是出售，都是对总拥有成本的分解和重组。要么在前期一次性支付，要么在后期长时间支付，或者两者结合起来。即使是现在热门的基于免费使用的盈利方式，最终也还是需要支付。关键在于，哪种方式对于客户来说障碍是最小的。

以吉列剃须刀为例，它就是靠低价出售刀架和搭售大量刀片建立了一个庞大的企业，这种“刀架与刀片”的价格组合成了许多产业选择的盈利方式。这种盈利方式也就是尽可能降低消费者的首次支出，成功地帮助消费者突破了首次购买金额过高的心理障碍，其秘诀就在于对产品总拥有成本进行分解和重组，以价格相对低廉的“饵”产品来消除消费者的价格敏感，降低他们的购买门槛。

二、成功的商业模式

当你创建一家店铺或者一个超市时，你首先要回答的问题是：怎么才能让顾客进我的店而不是进别人的店？我能满足客户的需要吗？任何一个想要建构完美商业模式的企图，都必须在回答下面两个问题后开始实现：“我到底能为客户提供什么？”“我凭什么来实现客户价值?”

全球最大的管理咨询公司和技术服务供应商埃森哲公司（Accenture），长期从事商业模式研究，它认为，成功的商业模式具有以下三个特征：

第一，成功的商业模式要能提供独特的价值。有时候这个独特的价值可能是新的思想；而更多的时候，它往往是产品和服务独特性的组合。这种组合要么可以向客户提供额外的价值，要么可以使客户能用更低的价格获得同样的利益，或者用同样的价格获得更多的利益。

第二，商业模式是难以模仿的。企业通过确立自己的与众不同，如对客户的悉心照顾、无与伦比的实施能力等，来提高行业的进入门槛，以保证利润来源不受侵犯。比如直销模式，尽管仅凭直销一点还不能称其为一个商业模式，人人都知道直销如何运作，也都知道戴尔公司是直销的标杆，但是戴尔的模式是很难被复制的，原因就在于其直销的背后是一整套完整的、极难复制的资源和生产流程。

第三，成功的商业模式是脚踏实地的。企业要做到量入为出、收支平衡。这个看似不言而喻的道理，要想年复一年、日复一日地做到，却并不容易。现实当中的很多企业，不管是传统企业还是新型企业，对于自己的钱从何处赚来，为什么客户看中自己企业的产品和服务，乃至有多少客户实际上不能为企业带来利润，反而在侵蚀企业的收入等关键问题上，都不甚了解。

故事案例

1984 年，一种新商业模式在美国出现，创新者是当年才 19 岁的麦克·戴尔（Michael Dell）。他取得了巨大的成功，连续多年在《福布斯》财富榜上排在前十位，2006 年的财富为 155 亿美元，排第九。

戴尔看到国际商业机器公司（IBM）、康柏电脑公司的商业模式过于呆板：既不能根据客户的需要组装电脑，不同用户的需要显然不同，但 IBM、康柏电脑公司不能为多数用户量体裁衣；同时，他们的商业模式又使资金周转速度太慢，库存电脑太久，零售店面占用太多，成本过高。而戴尔电脑公司的模式是“先拿到客户订单，收到钱，再组装电脑，然后发货”。也就是说，客户先打电话下单，告诉戴尔电脑公司所要的电脑速度、存储器大小等，交好钱，然后戴尔电脑公司才开始组装，组装后直接寄到客户家里。这样，戴尔电脑公司不需要太多流动资金，没有库存，没有零售店面成本，更没有电脑技术过时的风险，因此，也没有价格风险。既有满足用户需求的灵活性，又大大降低了成本，这使戴尔电脑公司有很大的砍价空间，即使他卖的电脑比 IBM、康柏电脑公司的便宜很多，戴尔电脑公司照样能盈利，而 IBM、康柏电脑公司则可能亏损。有了这种“定制加直销”模式，戴尔电脑公司不胜出才怪呢。

虽然戴尔电脑公司的电脑业务于 1985 年才开始，到年底，他的销售额已达 7 000 万美元，1990 年的销售额达 5 亿美元。到 1999 年，戴尔电脑公司超过 IBM、康柏电脑公司、惠普，成为最大的个人电脑商。对于客户而言，他们不仅可以根据个人需要定制电脑，戴尔电脑公司的价格也最低，而且一有问题，还能直接跟制造商交涉，而不是与零售商打交道，这很有吸引力。

戴尔电脑公司的“定制加直销”模式非常成功。比如，在 20 世纪 90 年代中期，它的平均库存时间为 6 ~13 天，而竞争对手的库存时间为 75 ~100 天。电脑淘汰速度、降价速度一直很快，这种库存时间优势对戴尔电脑公司的成功极为关键。

戴尔电脑公司的“定制加直销”模式还有其他优势。实际上，它很像中国的房地产模式，开发商在盖楼房之前，就把房子预售给客户，先得到房款，然后再用这些钱盖房。这样，不仅开发商自己不需多少本钱，而且拿到这些房款后，可以把钱存在银行先赚利息，或者做别的投资，大大提高了利润空间。戴尔在大学时，没有本钱就能开公司，道理也在此。

三、商业模式的发展

彼得·德鲁克说过，未来的竞争是商业模式的竞争。若要从商业模式中获利，就至少要回答以下几个问题：公司向一个或多个细分客户群提供真正主张的价值是什么？公司的架构和它与各利益相关方（共同创造、营销和支付客户价值）的网络和关系资本是什么？整个生产、输送价值的流程是不是一个封闭的反馈回路？产生盈利性和可持续性的收入流能维持和发展整个流程吗？所有的商业模式都是特定时空和情境下的模式，从来没有一劳永逸、屡试不爽的商业模式。也正因为此，商业模式必须要创新。

（一）在借鉴中超越

美国麻省理工学院的教授尼古拉斯·尼葛洛庞帝（Nicholas Negroponte）曾有一句名言："预测未来的最好办法就是将它创造出来。"如果对自己设想的商业模式没有把握，那么可以去搜索有哪些既接地气又行之有效的商业模式。尽管这些模式对创业者来说未必是理想答案，但它们必定能为大家提供信心和启示。

所有成功的商业模式的独特性并不是在一朝一夕之间形成的，而是一种持续精进的博弈。很多灵光一现、脑门一拍出现的点子，就如昙花一现。在五颜六色中看到了黑色，似乎找到了独特性，可实际上，对于色差敏锐的人来说，黑色不过是一种简单至极的分类。从突如其来的灵感到真正的成功，还有很长的距离。因此，模仿与借鉴成了大学生创业者最直接的选择。

任何一种商业模式，一旦成功，很快就会成为一种被同行竞相抢占的"类公用资源"。尤其要小心的是，新模式的竞争优势会在同行争先恐后的抄袭模仿中迅速衰减，直至消失。由此，大家更要懂得在模仿借鉴中学会如何去创新超越。一个优秀的创业者会懂得在模仿借鉴别人的商业模式中保持创新这一核心精神，用自身的积极改变去取得差异化的商业模式要素。任何一个成功的商业模式，在移植到新的市场环境中后都需要得到精心的调校和修正，原有的客户价值主张需要被重新理解和建立，也需要寻找新的资源和能力来建立竞争门槛，直至寻找或创造一种新的盈利模式。

（二）充分发挥市场的想象力

世界全球化的真实情形就是扁平化，一个庞大的球形世界已经缩小，扁平为一个小小的屏幕。在这个小小的屏幕上，分散在地球各个地方的国家、公司和个人都可以自由地沟通、交易和竞争，没有谁比别人占据更有利或更不利的位置，只要打开了电脑，就打开并走进了整个世界。这虽然只是一种想象世界的方式，但这种丰富的想象力就是商业模式创新发展的力量之源。

在印度，有一家名为兰伯锡的医药公司凭借其强大的核心竞争力已经成长为世界第五大制药企业。它的目标是创造出一种印度的穷人也用得起的医药或医疗器械，它给自己的条件是严苛的，甚至不可理喻的：第一，它的疗效不能打折扣，其产品性能必须与富人用的药一样，是一流的；第二，它的成本要比西方同类产品便宜至少90%；第三，它不能是实验室产品，必须是可以在不同地点和环境中能被便宜地生产、销售和使用的；第四，它的价格必须是大多数底层客户能够买得起，而产品又是可盈利的。要在上述四条"看似自相矛盾"的条件限制中创新，似乎是一个不可能完成的任务。然而，它竟然成功了。究其原因，原来兰伯锡公司有一套严密的实现路径。这是一家具有代表性的、从新兴市场上诞生的世界级企业，它不靠本地的成本优势，而是靠市场聚焦、需求创新和成本管理的优势，获得了巨大的竞争力。

随着阿里巴巴集团、京东集团、华为技术有限公司等让世界惊讶的本土企业的不断涌现，富有中国特色的商业模式正在不断地走进哈佛商学院讲坛。看着谷歌、易趣等外来商业模式因水土不服而纷纷撤离，不由要问，为什么我们这些土生土长的企业在经历了一次又一次的挫折后依然拥有如此强大的生命力呢？

没有贫瘠的市场，只有贫乏的市场感知力和想象力。核心竞争力理论的创立者普拉哈拉德（C. K. Prahalad）指出，关注底层市场，在极其严苛的条件下进行经营，赚最不容易赚的钱，能使一个企业获得异乎寻常的核心竞争力，而这种核心竞争力是他人极难复制和模仿的，它将长久地令大家受益。这种力量需要有厚重的文化根基来做支撑，而五千年中华文明一定就是这力量之源。

训练活动

1. B2C、C2C 是在线支付，购买的商品会塞到箱子里通过物流公司送到你手中；O2O 是在线支付，购买线下的商品、服务，再到线下去享受服务。请列举 5 个 B2C 网站、5 个 C2C 网站和 2 个 O2O 网站。

2. 请详细分析 O2O 模式的前景。

思考题

什么是商业模式？

本章总结

近年来大学生创业热情逐步高涨，但大学生创业资源相对匮乏且整合不力，是影响成功创业的关键因素。因此，大学生在创业过程中，把有限的资源通过一定模式转化为自身竞争优势显得尤为重要。这就需要创业者对创业资源进行科学的整合和管理，使各种创业资源相互融会贯通，从而使有限的资源发挥出最大的效用。

第六章　创业计划与实施

学习目标

通过本章的学习和训练，你将能够：

- 认识创业计划书的概念和作用。
- 了解创业计划书的构成要素。
- 掌握如何撰写创业计划书。

案例导入

小周，2010 年 7 月毕业于某职业技术学院应用德语专业。在校期间，一方面，她刻苦学习，牢牢掌握专业知识和技能；另一方面，她担任系学生会主席，提高了自身组织、管理等综合能力。实习期间，她在慕贝尔汽车部件（太仓）有限公司做现场翻译，实习期满转为正式员工，负责行政管理工作。在这个岗位上，她接受了外籍人员专办员的培训，负责办理公司外籍人员所需的各项手续。2010 年 10 月，她顺利成为生产助理，12 月份被派往德国总部进修，辅助项目生产，月薪升至 4 500 元人民币。这就是她走出校园后的职业发展之路，她坚信这是一个好的开端，是完成自我职业生涯规划跨出的第一步！

2012 年，小周被猎头公司相中，加入了当时风头正旺的德企蓝福模具（太仓）有限公司，担任产品经理一职。在高强度的工作中她积累了丰富的商业谈判实战经验，掌握了产品生产的流程管理模式。2014 年，小周萌生了创业的想法，希望能在商场中拼搏一番。虽然当时家人并不赞同，但她毅然辞职，创办了太仓富莱克斯模具科技有限公司。凭着对事业的执着追求，她的干劲和专业得到了德国技术专家的支持，仅用3个月时间就研发了具有独立知识产权的模具，并获得了国家专利。之后，小周把工作重点放在两头，一头是新产品的研发，另一头是客户的拓展。2017年年底，在她的努力下，公司注入了外资，改组为中德合资太仓富莱克斯模具科技有限公司。公司的生产、管理等各个环节全面注入了德企元素，其发展翻开了新的一页。至2021年年底，公司获得发明专利6件、实用新型专利10余件，顺利拓展“一带一路”沿线客户数百家，年销售额突破2 300万元。2022年，在政府的大力支持下，公司搬迁至新厂区，也迎来了新的发展机遇。不管走得多远，她都没有忘记自己来时的路，她始终牢记“厚德载物、积健为雄”的校训，相信天道酬勤、厚积薄发。

她分享道：其实每一条通往阳光的大道，都充满坎坷。每一条通向理想的途径，都充满了艰辛与汗水！回想在学校上学的时候，她牢牢抓住了每一个锻炼自己的机会，活跃于学生会组织的同时抓好专业学习。学校提供平台，朋友给她支持，老师给她动力，再加上她的自信和积极的心态，在学好专业知识的同时提高了各方面的能力，为走上社会打下了扎实的基础！而走出学校后，她寻找并抓住机会，把握机会，克服困难，不断提高自己，充实自己，保持学无止境的状态，用拼搏的姿态闯出了自己的一番事业！

案例讨论

- 创业的过程离不开哪些要素？
- 创业之前我们要做哪些准备？

第一节　创业计划书的概念与作用

【任务】　了解创业计划书的内涵。
【目的】　培养分析创业计划书内容的能力。
【要求】　能够正确认识创业计划书的作用。

故事案例

小张创业记

某校市场营销专业毕业的小张，毕业后盲目创业，学着别人卖电话卡、开奶茶店、卖水果、倒服装，几经波折，没有一件事干成功。正当小张垂头丧气时，恰好学校大学生就创业中心组织正在创业的学生进行自我创业资源分析。通过与辅导员老师沟通和对项目进行详细的分析，小张发现自己最大的长处还是所学的专业，他发现学历提升是个大需求，他认真做了市场调研，并撰写了创业计划书。凭借自己在校期间担任学生干部积累的人脉资源，他积极和学校有关部门沟通协调，并且在学弟、学妹间广泛进行宣传。在这之后，小张开了一家教育培训机构，他感到一下子有了广阔的空间。

创业并不是一件容易的事，除了付出艰辛和努力外，还需要对自己的优势和不足有一个正确的评价，只有这样，才能走向成功。小张的专业是市场营销，找到市场需求，产品卖点、拓展人脉资源是他的专长。在认识到自己的长处后，小张及时调整方向，最终获得了成功。

一、创业计划书的概念

汽车之家网站创始人李想说过这么一句话，任何时候做任何事，订最好的计划，尽最大的努力，做最坏的准备。创业更是如此。

东方卫视《顶级厨师》节目是一项以厨艺比拼为主要内容的大型真人秀节目，其中有一个竞赛环节是团队对抗，大致内容是两个团队要在两个小时内为 50 ~ 70 人提供三道菜。这个环节最容易出现的状况是慌乱、无措，但总有些卓越的领导者在计时开始的时候就不慌不忙、有条不紊地和队友商议流程、分配任务，比赛结果常常令人满意。由此可以看出，有一份行之有效的计划会事半功倍。

二、创业计划书的作用

（一）为创业者提供自我评价的机会

创业计划书明确分析了创办企业的内部和外部资源，预测创办企业内部竞争优势和外部竞争威胁、后续经营过程中可能遇到的问题和经营效果。因此，创业计划书的制订过程本身也是创业者系统地梳理创业思路、进行自我评价的一个过程。

（二）为创办企业的运作提供指导

当创办企业的创业计划书成为一套比较完整的计划而被确认时，它就能为创办企业的运营管理提供工作指南和行动纲领。这种事先的行为规范对保证创办企业初期的顺利运作具有重要的作用。

（三）为创业者获得各方支持提供必备资料

创业计划书为创办企业的发展制定比较详细的经营目标和方向，对投资者和合伙人来说，它是判断是否进行投资，承担投资失败风险的必要的书面评估资料。对于政府官员、供应商和内部员工，创业计划书描绘了创办企业的经营范围和经营方向，它又是一种有效的沟通工具。创业计划书是创业者获得各方支持的必备资料，能够鼓励创业者为实现创业目标而奋斗。

（四）对后续执行情况提供评价依据

创业计划书是创业者精心制订的，是针对企业未来的。因此，它成为约束创业者经营行为的书面规范，通过对后续经营效果进行评价，也可以评价创业者的项目规划能力和执行能力。

第二节　创业计划书的撰写

【任务】　掌握创业计划书的结构。
【目的】　提升高职毕业生撰写文书报告的能力。
【要求】　能够撰写出一份合格的创业计划书。

故事案例

某高校大学生的创业计划书

一、项目背景

目前校园零食销售主要集中于学校内和校园外的小卖铺，而宿舍周围没有覆盖小卖部。零食基本上成为大学生生活不可分割的一部分，谁能拒绝零食的诱惑呢。随着新零售风潮的蔓延，无人货架、无人超市等自助售卖模式的创业项目高调入场，并且迅速扩展衍生到校园新零售。零食盒子项目目前还是蓝海市场，几乎不存在竞争，且校园市场给了大学生得天独厚的经营环境，新颖的销售方式也能极大地刺激大学生的消费欲望。特别是到了晚上，大学生活跃度高，对零食的需求也大。

学生晚自习后回到宿舍想放松放松，大多数人追着剧、刷抖音、打游戏或做作业，但大部分人身边绝对少不了零食的陪伴。晚上宿舍大门关闭，有的人宅在宿舍想吃零食成了难题，零食盒子便起了作用。

二、团队协作和宣传推广

1. 团队协作。刚开始经营需要控制成本和利润，需要几个人协作。1 ~2 人负责总采购，控制货物成本，做预算规划、开支和风险评估；1 ~2 人负责女生宿舍推广拉新、客户维护及平时的盘点补货工作；1 ~2 人负责男生宿舍推广拉新、客户维护及平时的盘点补货工作。团队成员具有吃苦耐劳的精神，分工明确，共同成长。

2. 宣传推广。制作精美的宣传海报，这样消费者看完之后会有印象；地推加群送礼品；通过表白墙，网上宣传；等等。

三、市场评估

1. 大学生消费场景有限，校园环境简单，宿舍空间有限，无法将金钱花费在个人爱好或其他商品上，大部分用于购买零食或衣物。因此，零食盒子前景乐观。

2. 在校生两三万人，市场需求大。

3. 投入成本低，收益回报高。

四、运营技巧

用户运营：(1) 定期开展营销活动，如折扣满减、优惠券、转盘抽奖等回馈活动，把握好活动力度，保障自己的利益。(2) 多做用户调查，可以问卷的形式或者查看系统内零食的滞销排行榜，更换掉一些销量不佳的食品，这样有助于提高总销量。

团队运营：(1) 要保持团队活跃。团队也是项目能够正常运营的关键，我们通过经常组织周边旅游等活动，让团队成员更和谐，工作更融洽。(2) 保持任务更新，通过任务驱动的方式，让每个人既有挑战，又有动力，从而快速成长，带动团队整体成长。(3) 多次组织和别的创业团队的交流活动，了解他们所拥有的资源，思考如何开展合作，将资源进行整合，互相利用。

费用：一个零食盒子成本为 50 ~60 元，利润为 10 ~15 元。其利润主要还是看零食的成本价和售卖价，可以加盟平台，有稳定的货源，无平台抽成等优势。

五、项目总结

1. 遇到的挫折和不足之处。由于前期项目刚开始，资金短缺，货源不稳定，不知如何选择商品。经过团队成员的共同努力，问题均得以解决。

2. 详细调查校园市场。了解到大学生对零食的真实需求，团队对自己的创业目标有了明确的计划。这次创业给我们带来了很多机会和挑战，既锻炼了自己，提高了社交能力，也让自己在经营过程中拥有了一个积极向上的良好心态。

生活很艰难，可勇敢的人，从不言败。余生，让我们一起全力以赴，披荆斩棘，活成自己的盖世英雄！共勉！——致创业者的一句话。

案例讨论

- 这份简单版的创业计划书主要包含了哪几个方面?
- 你觉得这份创业计划书是否可行? 为什么?

一、撰写创业计划书所需的资料和信息

1. 行业信息

行业是新创企业首先要面对的中观经济环境，行业的状况将直接影响到企业的发展前景和盈利能力。行业信息主要包括：行业的发展趋势资料、消费者信息、竞争者信息等。

2. 产品信息

产品与市场的关系对于创业的影响可以划分为两种途径：由产品找市场和由市场找产品。如果分析准确，这两种途径都能为企业带来良好的发展前景。企业产品的信息包括：产品的功能、产品的使用、产品的创意与开发、产品的专利保护、产品的生产、产品的技术及辅助产品。

获得创办企业的产品信息是编制整个创业计划书的基础，创业计划书中的市场营销战略、生产战略、财务战略、竞争战略都是围绕企业的产品信息制定的。

3. 原材料供给和产品销售渠道信息

如果将企业看作产品流动的一个环节，那么要保证企业的正常运行，就需要两条通道：使原材料流入企业的通道和使产品流出企业的通道，对应着原材料供给信息和产品的销售渠道信息。

4. 投资者的信息或银行贷款条件信息

投资者的信息主要指投资者进行投资的条件是什么。创办企业要获得投资者的支持，就必须在风险和收益之间达到较好的匹配。如果投资者投入的资金数量较大，创办企业的前景又不明朗，则很难获得投资者的支持。银行贷款信息也是同样的道理。

5. 创业团队的能力资料

要吸引投资者投资，要将一个创业计划书转化为一个成功的创业企业，其关键因素是要有一支强有力的创业团队，而且这个创业团队应当具有较高的专业技术知识、管理才能和丰富的管理经验。在创业计划书中，首先应当描述一下整个管理团队及其职能，还应当详细介绍团队中的每一位成员的才能、特点和担任的职位。

创业团队资料与其他资料不同，它主要根据团队成员的经历、团队其他成员的评价来获得。要实现各尽其能，充分发挥团队中每个成员的优势，获得创业团队的能力资料

是必须的。

6. 创办企业的相关产业政策和法律信息

创业者在撰写创业计划书之前，首先要认真学习现阶段的国家产业政策和相关法律规定，深刻理解哪些产业是鼓励发展的，撰写哪些政策是加以限制的；哪些经营行为是法律允许的，哪些经营行为是法律禁止的。在撰写创业计划书时利用好各项政策和法律的保护，可以使创办企业获得额外的利益，如免费服务、扶持资金、减免税收等。

二、撰写创业计划书的方法及注意事项

创业计划书一方面帮助我们理清思路，另一方面则为融资做准备。创业计划书要回答投资者关心的所有问题，要做到简单明了。如果创业计划书用于参赛的话，评审们想知道的也是创业投资者所关心的问题。

创业团队的新产品或者服务是什么？要卖给谁？新产品或服务的基本价值是什么？为什么这是一个有价值的创业机会？如何开发、生产、销售新产品或服务？应对现存和未来竞争的总体计划是什么？创业者是谁？创业团队是否拥有开发创意和经营新企业所需的知识、经验和技能？如果创业计划书用来筹资，那么需要筹集多少资金？资金如何使用？创业者和投资人如何实现投资效益？

创业计划书是创业融资的必备文件。一个好的创业计划书应该包括以下几个方面：产品和解决方案呈现；目标用户群存在的需求、痛点和机会描述；市场规模分析；竞争分析；运营现状分析；团队介绍及未来规划；融资需求、风险控制；等等。

（一）第一部分对团队的产品或服务做出详细的说明

俗话说，“百闻不如一见”，所以请尽量呈现产品原型。

我们在介绍产品的时候需要回答清楚这些问题：这是什么产品？这个产品有什么特色？解决了什么问题？这个产品能够产生什么收益？既要言简意赅，又要内容丰富、直观性强，给人以强烈的视觉效果。若能让人易于抓住重点，要尽量使用直观性强的图表。

（二）第二部分分析行业背景和市场现状

要讲清楚行业背景、市场发展趋势和市场空间，行业与市场分析要具体且有针对性，与我们所要做的事要紧密相关。

如果你是投资人，行业市场分析需要呈现哪些内容才会吸引你？投资人会急切地想知道：这个创业项目的行业现状是怎样的？目标市场是什么？这个市场到底有多大？目标客户是谁？主要的竞争者有哪些？怎样盈利？能不能实现盈利？把这些问题说清楚，回答清楚投资人所关心的利益点，就是一份合格的创业计划书所需要的行业市场分析报告。

为了让大家更加直观地了解行业市场分析撰写要点，用两份作业来对比说明（图6-1）。以下是两份作业的具体描述。

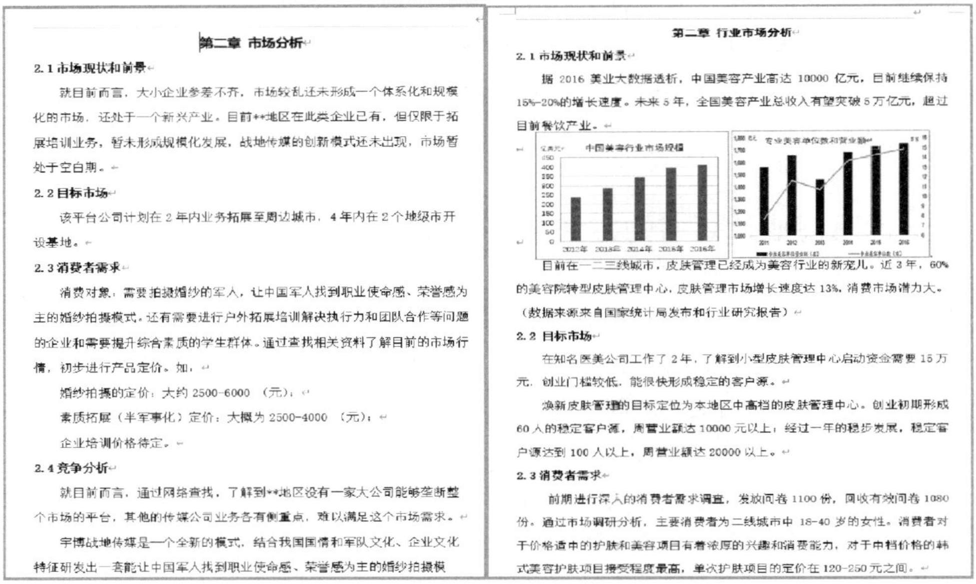

第二章 市场分析

2.1 市场现状和前景

就目前而言，大小企业参差不齐，市场较乱还未形成一个体系化和规模化的市场，还处于一个新兴产业。目前**地区在此类企业已有，但仅限于拓展培训业务，暂未形成规模化发展，战地传媒的创新模式还未出现，市场暂处于空白期。

2.2 目标市场

该平台公司计划在2年内业务拓展至周边城市，4年内在2个地级市开设基地。

2.3 消费者需求

消费对象：需要拍摄婚纱的军人，让中国军人找到职业使命感、荣誉感为主的婚纱拍摄模式。还有需要进行户外拓展培训解决执行力和团队合作等问题的企业和需要提升综合素质的学生群体。通过查找相关资料了解目前的市场行情，初步进行产品定价。如：

婚纱拍摄的定价：大约2500-6000（元）；

素质拓展（半军事化）定价：大概为2500-4000（元）；

企业培训价格待定。

2.4 竞争分析

就目前而言，通过网络查找，了解到**地区没有一家大公司能够垄断整个市场的平台，其他的传媒公司业务各有侧重点，难以满足这个市场需求。

宇博战地传媒是一个全新的模式，结合我国国情和军队文化、企业文化特征研发出一套能让中国军人找到职业使命感、荣誉感为主的婚纱拍摄模

（a）

第二章 行业市场分析

2.1 市场现状和前景

据2016美业大数据透析，中国美容产业高达10000亿元，目前继续保持15%-20%的增长速度。未来5年，全国美容产业总收入有望突破5万亿元，超过目前餐饮产业。

目前在一二三线城市，皮肤管理已经成为美容行业的新宠儿。近3年，60%的美容院转型皮肤管理中心，皮肤管理市场增长速度达13%，消费市场潜力大。（数据来源来自国家统计局发布和行业研究报告）

2.2 目标市场

在知名医美公司工作了2年，了解到小型皮肤管理中心启动资金需要15万元，创业门槛较低，能很快形成稳定的客户源。

焕新皮肤管理的目标定位为本地区中高档的皮肤管理中心。创业初期形成60人的稳定客户源，周营业额达10000元以上；经过一年的稳步发展，稳定客户源达到100人以上，周营业额达20000以上。

2.3 消费者需求

前期进行深入的消费者需求调查，发放问卷1100份，回收有效问卷1080份。通过市场调研分析，主要消费者为二线城市中18-40岁的女性。消费者对于价格适中的护肤和美容项目有着浓厚的兴趣和消费能力，对于中档价格的韩式美容护肤项目接受程度最高，单次护肤项目的定价在120-250元之间。

（b）

图6-1 两份作业对比

首先是市场需求，包括行业市场现状和前景及目标市场。第一份作业指出当前市场还未形成体系化和规模化，市场目前处于空白期，没有可靠的依据，这样凭空想象的论述感觉很空洞；“目标市场”描述两年内业务拓展至周边城市，是一种理想化的描述，没有针对当下的定位，没有现实目标，感觉很不踏实。第二份作业对市场现状有权威的数据支撑，最吸引人眼球的是，这两张数据图表对行业发展现状有清晰的解读：在近5年的行业发展报告中我们看到市场在不断发展壮大，市场空间大，增长速度保持稳步的态势；目标市场定位准确，目标很清晰，还细分为近期目标及发展目标。

其次是关于消费者的需求分析（图6-2）。第一份作业的消费对象有军人、企业和学生，显然未调研；产品价格定位没有依据，定价模糊。而第二份作业有明确的消费对象，价格定位是通过前期的市场调研和数据分析得到的，并且创业者是美容行业从业人员，有丰富的从业经验，了解市场，获得一手数据，分析精准，可信度高，具有说服力。

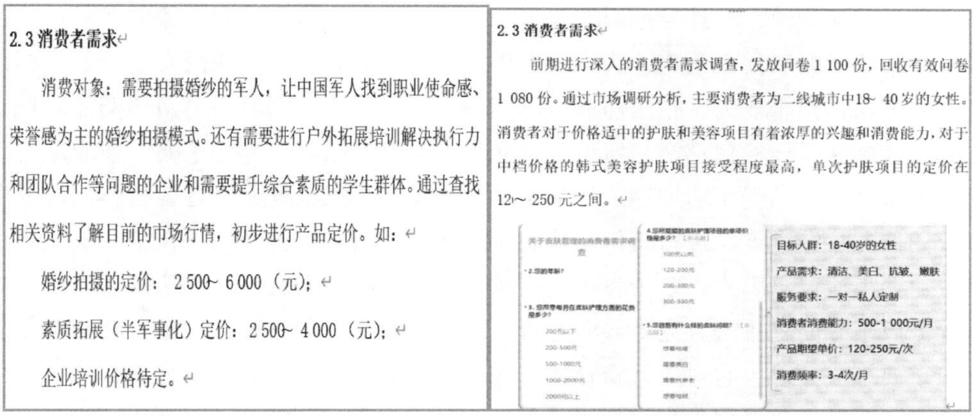

2.3 消费者需求

消费对象：需要拍摄婚纱的军人，让中国军人找到职业使命感、荣誉感为主的婚纱拍摄模式。还有需要进行户外拓展培训解决执行力和团队合作等问题的企业和需要提升综合素质的学生群体。通过查找相关资料了解目前的市场行情，初步进行产品定价。如：

婚纱拍摄的定价：2 500～6 000（元）；

素质拓展（半军事化）定价：2 500～4 000（元）；

企业培训价格待定。

（a）

2.3 消费者需求

前期进行深入的消费者需求调查，发放问卷 1 100 份，回收有效问卷 1 080 份。通过市场调研分析，主要消费者为二线城市中18～40岁的女性。消费者对于价格适中的护肤和美容项目有着浓厚的兴趣和消费能力，对于中档价格的韩式美容护肤项目接受程度最高，单次护肤项目的定价在 12～250 元之间。

（b）

图 6-2　消费者需求分析

最后是竞争对手分析（图 6-3）。两份作业迥然不同，相信大家一眼就看出了差别。第一份作业没有确定具体的竞争对手，只是泛泛而谈其他同类公司，是主观描述。第二份作业中创业者深入同行门店调研半年，获得产品价格、类型、商业模式等数据，具体分析本地区同行的经营状况，分析结果用图表呈现，让人一目了然。

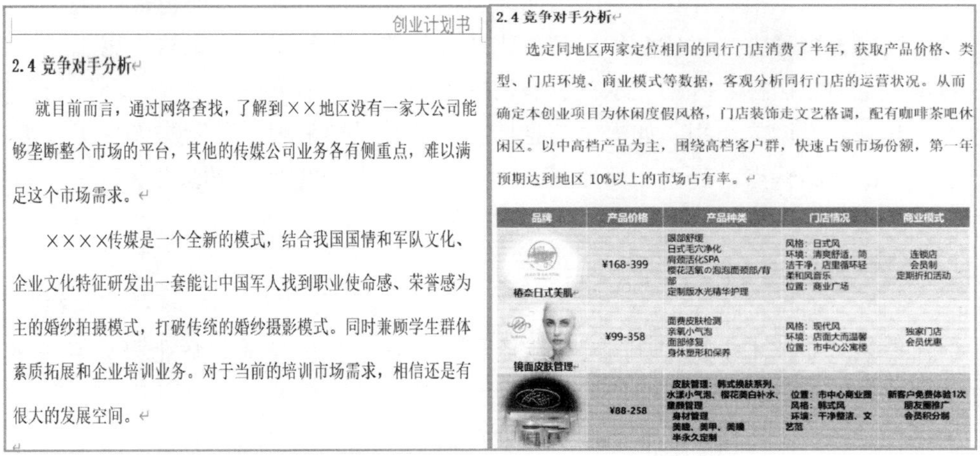

创业计划书

2.4 竞争对手分析

就目前而言，通过网络查找，了解到××地区没有一家大公司能够垄断整个市场的平台，其他的传媒公司业务各有侧重点，难以满足这个市场需求。

××××传媒是一个全新的模式，结合我国国情和军队文化、企业文化特征研发出一套能让中国军人找到职业使命感、荣誉感为主的婚纱拍摄模式，打破传统的婚纱摄影模式。同时兼顾学生群体素质拓展和企业培训业务。对于当前的培训市场需求，相信还是有很大的发展空间。

（a）

2.4 竞争对手分析

选定同地区两家定位相同的同行门店消费了半年，获取产品价格、类型、门店环境、商业模式等数据，客观分析同行门店的运营状况。从而确定本创业项目为休闲度假风格，门店装饰走文艺格调，配有咖啡茶吧休闲区。以中高档产品为主，围绕高档客户群，快速占领市场份额，第一年预期达到地区 10%以上的市场占有率。

品牌	产品价格	产品种类	门店情况	商业模式
椿奈日式美肌	¥168-399	眼部舒缓 日式毛穴净化 肩颈活化SPA 樱花活氧の泡泡面颈部/背部 定制版水光精华护理	风格：日式风 环境：清爽舒适，简洁干净，店里循环轻柔和风音乐 位置：商业广场	连锁店 会员制 定期折扣活动
镜面皮肤管理	¥99-358	面费皮肤检测 亲氧小气泡 面部修复 身体塑形和保养	风格：现代风 环境：店面大而温馨 位置：市中心公寓楼	独家门店 会员优惠
	¥88-258	皮肤管理：韩式焕肤系列、水漾小气泡、樱花美白补水、腰腹管理 身材管理 美睫、美甲、美瞳 半永久定制	位置：市中心商业圈 风格：韩式风 环境：干净整洁、文艺范	新客户免费体验1次 朋友圈推广 会员积分制

（b）

图 6-3　竞争对手分析

（三）第三部分阐述市场营销策略

市场营销策略要讲清楚项目用什么解决方案，或者说什么样的产品和服务能够解决发现的痛点？我们的目标用户是哪些人？产品或解决方案的核心竞争力是什么？

商业模式的实行方案，即项目如何创造价值，如何传递价值，如何产生价值。不同类型不同阶段的项目，创业计划书中具体的标题可能是产品开发计划、营销计划、运营计划，也可能是生产模式、营销模式、盈利模式等。

市场营销策略是企业以顾客需要为出发点，根据经验获得顾客需求量及购买力的信息、商业界的期望值，有计划地组织各项经营活动，通过相互协调一致的产品策略、价格策略、渠道策略和促销策略，为顾客提供满意的商品和服务，从而实现企业目标的过程。产品策略是指企业为了在激烈的市场竞争中获得优势，在生产、销售产品时所运用的一系列措施和手段，包括产品定位、产品组合策略、产品差异化策略、新产品开发策略、品牌策略及产品的生命周期运用策略。价格策略是指根据购买者各自不同的支付能力和效用情况，结合产品进行定价，从而实现最大利润的定价办法。在第一次制定价格时，企业要考虑以下因素：定价目标、需求、成本、定价方法、最终价格。其中定价方法又分为成本导向定价法、竞争导向定价法和顾客导向定价法等。渠道策略是整个营销系统的重要组成部分，它对降低企业成本和提高企业竞争力具有重要意义，是规划中的重中之重。营销渠道又分为直接渠道或间接渠道、长渠道或短渠道、宽渠道或窄渠道、单一营销渠道和多营销渠道、传统营销渠道和垂直营销渠道等。促销策略是指企业如何通过人员推销、广告、公共关系和营销推广等各种促销手段，向消费者传递产品信息，引起他们的注意和兴趣，激发他们的购买欲望和购买行为，以达到扩大销售目的的活动。企业将合适的产品，在适当地点、以适当的价格出售的信息传递到目标市场，一般通过两种方式：一种是人员推销，即推销员和顾客面对面地进行推销；另一种是非人员推销，即通过大众传播媒介在同一时间向大量消费者传递信息，主要包括广告、公共关系和营销推广等多种方式。这两种推销方式各有利弊，起着相互补充的作用。此外，目录、通告、赠品、店标、陈列、示范、展销等也都属于促销策略范围。一个好的促销策略往往能起到多方面的作用，如提供信息情况，及时引导采购；激发购买欲望，扩大产品需求；突出产品特点，建立产品形象；维持市场份额，巩固市场地位；等等。

故事案例

小陆是某职业技术学院 2017 级国际贸易专业的学生。毕业之后他开始自主创业，创办了德越商贸有限公司，主要经营日系化妆品和大洋洲保健品。短短两年时间，通过自己的努力，公司年销售额达到 160 万，目前已在太仓定居。

一开始他在南洋广场商圈附近自己发广告单进行前期的客户宣传，同时凭借其良好的人际交往能力，针对在校大学生群体进行地毯式宣传。通过不懈努力和人脉积累，逐步形成自己稳定的客户群体，本着“客户至上，用心服务”的理念抓牢每一位粉丝，并借助良好的口碑逐步扩大客户人数，锁定目标客户。目前，通过微信朋友圈、微店、淘宝、抖音直播平台等渠道进行产品销售，定期发布促销海报、微视频加大宣传。他说正在努力学习新媒体技术，不断完善店铺运营和管理。

他深知一定要紧跟时代潮流，思想观念一旦落后就会被淘汰。做这一行看似简单，其实学问非常多，比如每天要实时跟进电脑信息，及时回复上万条信息，随时解答客户的问题，并且态度要诚恳有耐心，有时打包货物一干就是几个小时，忙到连吃饭的时间都没有。出于对事业的热爱和坚持，他一直坚守初心，他相信只要把握住机遇、勤学苦干，就一定能越做越好。

案例讨论

- 小陆的创业故事给你带来什么启示？
- 在市场营销方面，他具体是怎么做的？有什么值得学习的成功经验？

（四）第四部分是生产计划

生产计划部分展示至目前为止已取得的成就，比如产品研发进展，项目积累的优势，获得的专利，产品和服务取得的效果，取得的订单，已经达成的销售，与项目有关的新闻报道，等等。

（五）第五部分介绍管理团队

讲清楚团队分工及优势。想要了解项目团队成员是不是能够把这个项目实现，在项目团队介绍部分要介绍团队成员的分工、背景和特长，说明个人能力与岗位的匹配，还要展现出团队的核心竞争力与创业项目是相匹配的。

（六）第六部分讲清楚财务预测和融资计划

要交代当前收入和当前成本，然后根据成品迭代计划或者市场拓展计划做出财务预测。没有必要写未来 3 年甚至 5 年的预测，写清楚未来 6 个月到 1 年的财务预估即可。此外，财务预测报告还应该考虑风险投资者需要的投资回报率、投资回收方式和股权计划。

（七）第七部分为风险控制

在商业计划书中创业者都会对项目做出一番美好的未来规划，但是风险投资者都会害怕面对一个存在着太多不确定因素的创业项目。因此，风险控制分析部分就是说明各种潜在风险，并向风险投资者阐述针对各类风险的规避措施。

创业风险分为技术风险、市场风险、财务风险、管理风险和环境风险等。针对不同种类的风险有不同的防范措施。

故事案例

提供撰写创业计划书所需资料和信息案例

撰写创业计划书所需要的资料和信息包括：行业信息、消费者信息、竞争者信息、产品信息、原材料供应信息、销售渠道信息、投资者信息、银行贷款信息、创业团队信息、国家产业政策和法律信息。

创业咨询师老王在帮助创业者编制创业计划书。根据与创业者的合同规定，老王将承担创业计划书编制的大部分工作，如资料收集、计划书撰写等。现在，老王正和助手忙于收集撰写创业计划书所需的资料，他们的工作包括以下几个部分。

一、收集行业信息

虽然创业咨询公司有大量的关于创业者所在行业的信息，但老王发现部分信息过时或不完整，不能满足撰写创业计划书的要求。老王和助手们通过以下途径对行业信息进行了补充。

（1）行业协会定期发布的行业数据。

（2）专业的行业杂志定期刊登的行业信息。

（3）互联网上有大量的行业信息，创业者可以通过互联网免费获取。

（4）许多专业咨询公司也有行业分析业务，创业者通过付费的方式委托专业咨询公司收集行业信息，并撰写行业分析报告。

（5）证券公司、投资公司定期发布的行业发展趋势报告。

（6）若通过上述方法均无法获得信息，可以自己调查行业信息。

二、收集消费者信息

鉴于创业计划书对消费者信息的准确性和消费者信息的时效性要求很高，同时消费者信息必须与产品信息有效匹配。老王觉得根据创业者提供的资金预算需要进行自行调查。在调查过程中，他们主要利用了以下方法。

（1）向消费者发放问卷。

（2）对部分消费者进行面谈。

（3）估计产品的可能销售渠道。

三、收集竞争者信息

向渠道中的零售商询问消费者的信息。竞争者信息获取的途径较多，老王和助手选择了以下方法。

（1）委托咨询机构或专业人员，深入了解竞争对手的信息。

（2）从竞争者的员工那里获取信息，如招聘竞争考的员工。

（3）收集竞争者的文件，如年度会计报告及各种会议文件。

（4）在市场上观察竞争者的行为。

（5）通过竞争者的合作伙伴获得信息，如供应商。

（6）注意大众媒体上关于竞争者的信息。

四、收集产品信息

因为创业者对产品信息最熟悉，老王要求创业者提供关于产品的各种可以提供的信息。但老王发现在送来的资料中对产品的技术指标、专利申请、生产工艺等尚未提及。其助手利用以下方法获取这些信息。

（1）向有经验的生产一线员工询问。

（2）要求产品研发者提供产品的全套信息。

（3）向法律顾问征求申请产品专利的建议。

五、收集原材料供应信息

根据以往的经验，老王认为原材料供应信息主要包括原材料的数量和质量两部分。对原材料供应信息，他们通过以下途径获取。

（1）获取竞争者的原材料供应信息。

（2）通过采购招标大会，收集供应商信息。

（3）向供应商发出采购意向书，取得供应商报送的材料。

（4）调查供应企业的生产经营情况或其他书面资料。

六、收集销售渠道信息

创业者在撰写整个创业计划书的过程中，要求老王要格外重视销售渠道部分。为此，老王决定对涉及创业企业未来可能的销售渠道信息做全面调查，他们主要通过以下途径获取了渠道信息。

（1）分析、比较竞争者的渠道。

（2）市场营销方面的专业杂志，里面有专门的渠道管理的案例。

（3）互联网。

（4）直接交由咨询公司帮助设计。

七、收集投资者信息

创业者撰写创业计划书的一个重要目的是争取投资者，为了在编制创业计划书时做到有的放矢，老王让助手去收集潜在投资者的信息。对于投资者的信息，获取途径包括以下几方面。

（1）向投资者发出邀请函，争取获得他们的资料。

（2）参加投资者的联谊会，听取他们的情况介绍。

（3）通过专业的投资杂志、报纸收集资料。

八、收集银行贷款信息

银行发放一项贷款需要的条件较多而且严格。通常，银行贷款的信息包括贷款的程序、贷款的对象及条件、银行贷款的种类、贷款利息、贷款抵押担保情况等。老王所在的咨询公司以前曾做过此类项目，因此，可以选择直接从公司调用部分资料，对于其他信息，则通过以下途径获取。

（1）向银行询问。

（2）取得《贷款通则》等规定的书面材料。

（3）向其他企业询问。

（4）获得法律顾问的建议。

九、收集创业团队的信息

创业团队信息属于企业的内部信息，创业者较为容易获取。老王向创业者提出提供关于创业团队信息的报告，该要求得到了客户的同意。

十、收集国家产业政策和法律信息

国家产业政策和法律信息专业性较强，范围广，收集的难度大。对这部分信息的收集，老王希望得到专业人员的帮助，包括聘请咨询人员和法律顾问，并委托他们收集相关的产业政策和法律信息。另外，老王要求助手留意最新的地区产业优惠政策公告。

案例分析

- 老王团队在撰写创业计划书的过程中做了哪些必要的准备工作？
- 老王团队的经验带给你什么样的启示？

训练活动

1. 创业计划书主要包含哪些内容？
2. 如何写好一份创业计划书？
3. 拟定一个创业项目，尝试写出一份团队的创业计划书。

思考题

1. 注册企业需要哪些基本流程？
2. 经营企业必须遵守哪些企业伦理？

本章总结

“创业，其实就是找别人想不到的，或做别人没做准确的事情。”这句看似非常平白的话，却道出了创业的本质和创业的艰难。虽然创业是很多人的梦想，但是现实告诉我们要实现这个梦想并不容易。如果想要实现创业梦想，就必须要有充分的准备、精细的计划，并努力去付诸实施。

对于初次创业者而言，“万事俱备连东风都不欠”的人应属凤毛麟角。既然捉襟见肘是常态，那就毫无必要忐忑了，抱定“缺啥补啥”的主意就行了。“这个世界并不在乎你的自尊，只在乎你做出来的成绩，然后再去强调你的感受。”比尔·盖茨是这么说的，也是这么做的！

第七章　大学生创新创业实践

学习目标

通过本章的学习和训练，你将能够：

- 了解“双创”类赛事体系及比赛规则。
- 掌握参加“双创”类赛事的方法。
- 会组建团队，准备竞赛资料。

案例导入

热管理用柔性陶瓷纳米纤维，超轻、超弹陶瓷纤维气凝胶耐高温隔热材料

所属高校：东华大学。

项目奖项：第七届“互联网＋”大赛全国金奖。

项目概述：

（1）研发背景及市场分析

耐高温、阻燃、隔热材料作为航天器、导弹、消防、热输运等领域的关键材料，具有广泛的应用需求。陶瓷纤维材料兼具陶瓷材料和纤维材料耐高温性好、阻燃性优、隔热性好、热机械性能稳定等特点，是当前使用最为广泛的耐高温、阻燃、隔热材料之一。

据 Grand View Research 统计，2021 年陶瓷纤维隔热材料的全球市值将超过 530 亿美元。然而，现有陶瓷纤维隔热材料无法满足轻质、低厚度、高效隔热的需求。无机二氧化硅气凝胶粉体填充的高硅氧纤维毡，使用过程中气凝胶粉体易脱落且耐温性（650℃）不足。

此外，国际顶尖气凝胶企业美国 Aspen 拥有“粉体填充的气凝胶材料”全球母专利，任何企业生产都无法绕开，且国外对中国企业技术封锁，高端气凝胶应用依赖进口，国内技术若无突破，类似“中兴事件”随时可能再现。因此，开发具备自主知识产权的小直径、低密度、低导热系数的耐高温陶瓷纤维隔热材料是解决上述问题的关键。

（2）项目产品

本项目团队首次制备出十余种柔性陶瓷纳米纤维材料，其中开发的柔性氧化锆陶瓷纳米纤维材料具有密度低、隔热性好、耐温性高(2 300℃)、纤维连续性好及柔性好等特点，解决了目前高温隔热产品存在的质量大、低厚度下隔热性差、抗震性不足的瓶颈问题，其导热系数低至0.023W/(m·K)，可完全满足高温轻质、低厚度、高效隔热的应用需求，该产品生产技术处于世界领先水平。

此外，利用陶瓷纳米纤维“三维网络重构”的原创性方法，首次开发出超轻、超弹的氧化锆陶瓷纳米纤维气凝胶，实现了将“石头”制备成可回弹、超轻质形态的目标，该材料导热系数低至0.019W/(m·K)。目前，全世界范围仅本项目团队掌握陶瓷纤维隔热材料生产技术。

（3）目标客户

本项目产品的性能已全面超越了世界顶尖产品 Aspen 气凝胶纤维毡，可广泛应用于飞机、坦克、导弹、高铁、建筑、消防等军民两用领域。

（4）盈利模式

① 为石油管道、核动力工程、热能传输管道工程、消防用品提供耐高温隔热产品；② 为特定应用场景提供技术服务，实现定向开发不同材质、不同形态、特定结构的耐高温隔热材料。未来瞄准军工、航天、炼钢、能源输运、消防领域的龙头大公司，以材料为基础，以技术开发为优势，形成核心竞争力。目前，已实现在军工领域的应用，也在诸如汽车、消防、高铁阻燃及热输运领域开展性能测试，还与强生集团、辽宁省轻工科学研究院签订了战略合作协议。

项目进展：已注册公司运营。

融资阶段：天使轮。

案例讨论

组内讨论：该案例获得金奖的原因。

第一节 中国“互联网+”大学生创新创业大赛

【任务】 全面了解该项赛事体系及参赛规则。
【目的】 掌握比赛规律，积极参加该项赛事。
【要求】 初步组队，积极备赛。

赛事案例

狄赛生物科技：全球免疫再生修复领跑者

所属高校：浙江大学。

所获奖项：第七届“互联网+”大赛国赛金奖。

项目概述：浙江狄赛生物科技有限公司（以下简称“狄赛”）是一家专注骨骼肌肉系统完美修复再生的高新技术企业。基于脱细胞技术，狄赛巧妙去除天然组织的细胞成分，完好保留了物种间高度同源、具有强劲再生修复功能的细胞外基质（ECM）。

狄赛成功研发骨、肌肉、肌腱、肝肾器官等系列 ECM 产品，并率先制备 ECM 凝胶产品，首度提出“免疫调控智能化”，实现多维度（促进细胞定植及血管化，调节局部免疫）、多阶段（修复不同时间点）的全时空修复策略。创伤骨折、关节退变、肌肉老化三大问题伴随人类一生。目前传统植入材料效果尚不理想且价格昂贵，使得完美修复仍是遥不可及的神话。狄赛借自然进化之力，融仿生创造理念，力求通过再生修复、免疫调节，实现人类机体的“二次进化”。

公司重视科技自立，抢占技术高地。学术成果发表于 *JACS*、*Biomaterials* 等生物材料顶级期刊，影响因子累计 100 余分，在 EFORT（欧洲骨科与创伤协会联合会）等国内外顶级学术会议发言；申请国家发明专利 17 项（已授权 10 项）、PCT 专利 2 项。公司拥有的先发优势和技术壁垒，使公司竞争压力较小。

本公司首款产品脱细胞脱钙骨 ECM 支架已完成中期试验，并注册检验合格，已启动临床试验。产品通过免疫调节，解决了现有市场上竞品排斥渗液等问题，加速血管生成、新生骨长入，修复效果佳。第二代 ECM 凝胶系列产品国内外均属空白。

狄赛已获包括科技部在内的不同部门的系列重点研发计划资助，产品可进入绿色审批通道，抢占市场先机。国内销售覆盖广：通过科惠医疗现有的 1 000 余家合作医院及 500 余家经销商，实现产品迅速覆盖。在国际市场布局：推动国际专利申请，与 Orthocell 等海外生物公司合作，联手布局国际市场。狄赛获第七届浙江省“互联网 +”大学生创新创业大赛亚军、金奖。

导师范顺武教授占股 31%，任董事长；博士生林贤丰占股 29%，任 CEO。公司全职员工 26 人（其中硕士 5 人、博士 3 人），浙江大学在读硕博生研发占比高。

公司设置股权激励池，发展储备人才。公司董事长范顺武教授作为中国骨科领军人物、浙江省医学会骨科分会前任主委、“十三五”重点研发计划的首席科学家，拥有 30 余年的临床一线经验和强大的临床资源。公司获得强大的资金支持。2020 年获得科惠医疗 800 万元种子轮投资，2021 年 9 月获得浙商创投 2 000 万元天使轮融资，2021 年年底获得钱塘区政府 650 万元人才资助。项目获得 2 项“十三五”科技部重点研发计划 4 000 余万元。

项目进展：已注册公司运营。

融资阶段：种子天使轮。

一、大赛介绍

中国国际“互联网 +”大学生创新创业大赛是由李克强总理提议举办，教育部等十二部委和地方省级人民政府共同主办的创新创业赛事，旨在落实党中央、国务院提出的“大众创业、万众创新”的重大部署，深入实施创新驱动发展战略，引领新时代高校人才培养范式深刻变革，推动形成新的人才培养观和新的质量观。

二、大赛目的

以赛促学，培养创新创业生力军。大赛旨在激发学生的创造力，激励广大青年扎根中国大地，了解国情民情，锤炼意志品质，开阔国际视野，在创新创业中增长智慧才干，把激昂的青春梦融入伟大的中国梦，努力成长为德才兼备的有为人才。

以赛促教，探索素质教育新途径。把大赛作为深化创新创业教育改革的重要抓手，引导各类学校主动服务国家战略和区域发展，深化人才培养综合改革，全面推进素质教育，切实提高学生的创新精神、创业意识和创新创业能力。推动人才培养范式深刻变革，形成新的人才质量观、教学质量观、质量文化观。

以赛促创，搭建成果转化新平台。推动赛事成果转化和产学研用紧密结合，促进“互联网 +”新业态形成，服务经济高质量发展，努力形成高校毕业生更高质量创业就业的新局面。

三、组织机构

1. 主办单位

教育部、中央统战部、中央网络安全和信息化委员会办公室、国家发展和改革委员会、工业和信息化部、人力资源和社会保障部、农业农村部、中国科学院、中国工程院、国家知识产权局、国家乡村振兴局、共青团中央和同年确定的承办学校所在地省人民政府。

2. 承办单位

同年确定的承办学校及其所在地市人民政府（第七届由于主题涉及延安革命老区，另外加上了井冈山市人民政府）。

3. 大赛组委会

大赛设立组织委员会（简称“大赛组委会”），由教育部和同年确定的承办学校所在地省人民政府主要负责同志担任主任，教育部和同年确定的承办学校所在地省人民政府分管领导担任副主任，教育部高等教育司主要负责同志担任秘书长，有关部门（单位）负责人作为成员，负责大赛的组织实施。

4. 大赛组委会联系方式

教育部学生服务与素质发展中心（原全国高等学校学生信息咨询与就业指导中心）。

（1）地址：北京市西城区西直门外大街 18 号金贸大厦 C3 座。

（2）邮编：100044。

（3）官方网：https://cy.ncss.cn/。

四、参赛类别（以第八届为例）

1. 高教主赛道

本科生创意组、本科生初创组、本科生成长组、研究生创意组、研究生初创组、研究生成长组。

2. 青年红色筑梦之旅赛道

公益组、创意组、创业组。

3. 职教赛道

创意组、创业组。

五、参赛组别（以第八届为例）

1. 高教主赛道、青年红色筑梦之旅赛道

“互联网 +” 现代农业、“互联网 +” 制造业、“互联网 +” 信息技术服务、“互联网 +” 文化创意服务、“互联网 +” 社会服务。

2. 职教赛道

创新类、商业类、工匠类。

六、奖项设置（以第八届为例）

1. 高教主赛道

中国大陆参赛项目设置金奖 150 个、银奖 350 个、铜奖 1 000 个，中国港澳台地区参赛项目设置金奖 5 个、银奖 15 个、铜奖另定，国际参赛项目设金奖 50 个、银奖 100 个、铜奖 350 个；设置最佳带动就业奖、最佳创意奖、最具商业价值奖、最具人气奖等若干单项奖；设置高校集体奖 20 个、省市优秀组织奖 10 个（与职教赛道合并计算）和优秀创新创业导师若干名。

2. 青年红色筑梦之旅赛道

设置金奖 50 个、银奖 100 个、铜奖 350 个；设置乡村振兴奖、社区治理奖等若干单项奖；设置高校集体奖 20 个、省市优秀组织奖 8 个和优秀创新创业导师若干名。

3. 职教赛道

设置金奖 50 个、银奖 100 个、铜奖 350 个；设置院校集体奖 20 个、省市优秀组织奖 10 个（与高教主赛道合并计划）和优秀创新创业导师若干名。

4. 萌芽赛道

设置创新潜力奖 20 个、单项奖若干个。

七、历届回顾

第一届

以“‘互联网 +’成就梦想　创新创业开辟未来”为主题，在吉林大学成功举办，参赛项目主要包括“互联网 +”传统产业、“互联网 +”新业态、“互联网 +”公共服务和“互联网 +”技术支撑平台四种类型。首届“互联网 +”大赛采用校级初赛、省级复赛、全国总决赛三级赛制。在校级初赛、省级复赛基础上，按照组委会配额择优遴选项目进入全国决赛。全国共产生 300 个团队入围全国总决赛，其中创意组 100 个团队，实践组200个团队。大赛吸引了31个省份及新疆生产建设兵团共1 878所高校的57 253支团队报名参加，提交项目作品36 508个，参与学生超过20万人，带动全国上百万大学生投入创新创业活动。

冠军项目：哈尔滨工程大学的“点触云安全系统”项目。

第二届

第二届中国国际“互联网+”大学生创新创业大赛由教育部、中央网络安全和信息化委员会、国家发展和改革委员会、工业和信息化部、人力资源和社会保障部、国家知识产权局、中国科学院、中国工程院、共青团中央和湖北省人民政府共同主办，总决赛由华中科技大学承办。本届大赛主题为“拥抱‘互联网+’时代，共筑创新创业梦想”。大赛自2016年3月启动，吸引了全国2 110所高校参与，占全国普通高校总数的81%，报名项目数近12万个，参与学生超过55万人。

冠军项目：西北工业大学的“翱翔系列微小卫星”项目。

第三届

2017年3月27日，教育部在西安电子科技大学举行新闻发布会，宣布第三届中国国际“互联网+”大学生创新创业大赛已正式启动，与往届相较，本届比赛增加了参赛项目类型，鼓励师生共创。大赛由教育部、中央网络安全和信息化委员会、国家发展和改革委员会、工业和信息化部、人力资源和社会保障部、国家知识产权局、中国科学院、中国工程院、共青团中央和陕西省人民政府共同主办，西安电子科技大学承办。教育部部长陈宝生、陕西省省长胡和平担任大赛组委会主任，各主办单位相关司局负责同志是组委会的成员。本届大赛主题为“搏击‘互联网+’新时代，壮大创新创业主力军”。

冠军项目：浙江大学杭州光珀智能科技有限公司的一代固态面阵激光雷达项目。

第四届

第四届中国国际“互联网+”大学生创新创业大赛由教育部、中央网络安全和信息化委员会、国家发展和改革委员会、工业和信息化部、人力资源和社会保障部、生态环境部、农业农村部、国家知识产权局、国务院侨务办公室、中国科学院、中国工程院、国务院扶贫开发领导小组办公室（现国家乡村振兴局）、共青团中央和福建省人民政府共同主办，厦门大学承办。本届大赛以“勇立时代潮头敢闯会创，扎根中国大地书写人生华章”为主题，于2018年3月29日在厦门全面启动。第四届中国“互联网+”大学生创新创业大赛总决赛于2018年10月13日开赛。

冠军项目：北京理工大学的“中云智车——未来商用无人车行业定义者”项目。

第五届

2019年6月13日，第五届中国国际“互联网+”大学生创新创业大赛在浙江正式启动，本届大赛由教育部、中央统战部、中央网络安全和信息化委员会办公室、国家发展和改革委员会、工业和信息化部、人力资源和社会保障部、农业农村部、中国科学院、中国工程院、国家知识产权局、国务院扶贫开发领导小组办公室、共青团中央和浙江省人民政府共同主办，浙江大学和杭州市人民政府承办。本届大赛主题为“敢为人先放飞青春梦　勇立潮头建功新时代”。第五届中国国际“互联网＋”大学生创新创业大赛共有来自全球五大洲124个国家和地区的109万个团队、457万名大学生报名参赛，参赛项目和学生数接近前四届大赛的总和。

冠军项目：清华大学的“交叉双旋翼复合推力尾桨无人直升机”项目。

第六届

2020年11月17—20日，第六届中国国际“互联网＋”大学生创新创业大赛在广东华南理工大学举行，大赛以“我敢闯，我会创”为主题，积极消除新冠疫情的不利影响，打造了一场汇聚世界“双创”青年同场竞技、相互促进、人文交流的国际盛会。本届大赛由教育部、中央统战部、中央网络安全和信息化委员会办公室、国家发展和改革委员会、工业和信息化部、人力资源和社会保障部、农业农村部、中国科学院、中国工程院、国家知识产权局、国务院扶贫开发领导小组办公室、共青团中央和广东省人民政府共同主办，华南理工大学、广州市人民政府和深圳市人民政府承办。

报名参赛项目与报名人数再创新高。内地共有2 988所学校的147万个项目、630万人报名参赛；包括内地本科院校1 241所、科研院所43所、高职院校1 130所、中职院校574所。较之2019年，参赛项目与人数均增长25%，青年红色筑梦之旅赛道项目数增幅54%。中国港澳台地区报名参赛项目也超过2019年，达到256个。

来自北京理工大学的“星网测通”项目获得本届大赛冠军，来自清华大学的“高能效工业边缘AI芯片及应用”等2个项目获得亚军，来自俄罗斯莫斯科航空学院的“JetPack MAI”等3个项目获得季军；宁波大学的“甬乌水产——全球唯一规模化乌贼苗种供应商”项目获得最佳带动就业奖，华南理工大学的“大隐科技——四维隐身吸波蜂窝开创者”项目获得最佳创意奖，同济大学的“同驭汽车——线控制动系统行业领导者”项目获得最具商业价值奖。此外，大赛共产生金奖159个，其中高教主赛道110个，职教赛道25个，青年红色筑梦之旅赛道24个。萌芽版块共产生创新创业潜力奖20项。

第七届

第七届中国国际“互联网＋”大学生创新创业大赛总决赛于2021年10月12日在南昌大学开幕。本届大赛主题为“我敢闯，我会创”。教育部高等教育司司长吴岩在教育部召开的发布会上介绍，本届赛事规模再创新高。实现“三个覆盖”，共有来自国内外121个国家和地区、4 347所院校的228万余个项目、956万余人次报名参赛，与2020年相比，参赛项目数增幅达55%，参赛人次增长51%。

吴岩介绍，尽管受到新冠疫情影响，今年仍有来自国外117个国家和地区的1 263所学校、5 531个项目、15 611人报名参赛，增幅分别达到68%和74%，参赛学校基本囊括了哈佛大学、麻省理工学院、牛津大学、剑桥大学等世界排名前100的大学。

此外，职教赛道共计2 116所学校、86万余个项目、330万余人次报名参赛。萌芽赛道共计228个项目参赛。为适应赛事发展，总决赛入围项目由1 600个增加到3 500个，金牌数量由158个增加到320个。

“可以说，本届大赛实现了‘三个覆盖’：内地院校参赛全覆盖、教育全学段参赛全覆盖、世界百强大学参赛基本覆盖。”吴岩介绍。

另外，2021年6月11日，大赛“青年红色筑梦之旅”全国启动仪式在江西井冈山举行。据悉，2 586所院校的40万个创新创业团队、181万名大学生参加活动，对接农户105万户、企业2.1万多家，签订合作协议3万余项，产生了良好的经济效益和社会效益。

第八届

作为国内最大的、含金量最高的国际“双创”盛会，本届大赛由12个中央部委和重庆市政府共同主办，重庆大学承办，以“我敢闯，我会创”为主题，得到国际社会的高度关注和热烈回应，共有来自108个国家和地区的4 554所院校、340万余个项目、1 450万余人次报名参赛，创历史新高，极大地提振了大学生创新创业的激情与热情。

江苏省76所本科高校、79所高职院校、124所中专校组织12.59万支团队51.96万人次报名参赛，参赛团队和人数均比2021年有较大幅度提升。经校级初赛、省级复赛层层选拔，江苏省171个优秀项目入围全国总决赛，121个项目晋级全国总决赛现场赛。经过激烈角逐，江苏省25所高校（其中9所高职院校）60个项目获得金奖。

八、大赛评分细则

大赛评分细则具体见表7-1和表7-2。

表7-1　“青年红色筑梦之旅”赛道项目评审要点

（a）创意组

评审要点	评审内容	分值
项目团队	1. 团队成员的基本素质、业务能力、奉献意愿和价值观与项目需求相匹配 2. 团队的组织架构、股权结构、人员结构与分工协作合理 3. 团队外部资源引用及与项目关系结构清晰、逻辑合理	20
创新性	1. 鼓励高校科研成果和文创成果在乡村或社区进行产业转化落地与实践应用 2. 鼓励技术或服务创新，引入或运用新技术在乡村和社区生产生活中的实践应用 3. 鼓励组织和协作模式的创新或进行资源有效性优化和整合	20

续表

评审要点	评审内容	分值
实效性	1. 项目商业模式设计完整、可行，产品或服务对巩固脱贫攻坚成果、乡村振兴和社区治理等社会问题的贡献度 2. 项目对农民增收、农村组织、社区服务和地方产业结构优化的效果 3. 项目对促进文化、教育、医疗、养老、环境保护与生态建设等方面的效果	20
可持续性	1. 项目在创新研发、生产销售、资源整合等方面具备良性成长能力 2. 项目具备模式可复制性、产业可推广性、成果可示范性等 3. 项目的成长与区域经济发展、地方产业升级高度融合，经济价值和社会价值适度融合	15
带动就业	1. 项目直接提供就业岗位的数量和质量 2. 项目间接带动就业的能力和规模	10
引领教育	1. 项目充分展示创业团队扎根中国大地，了解国情、民情，运用创新思维和创业能力服务社会 2. 项目充分体现专业教育与创新创业教育的有机融合，充分体现思政教育与创新创业教育的有机融合 3. 突出大赛的育人本质，充分体现项目成长对团队成员的社会责任感、创新精神、实践能力的锻炼和提升作用 4. 项目所在院校对项目发展的支持情况或项目与所在院校的互动、合作情况 5. 团队创新创业、社会服务精神的正向带动和示范作用	15
必要条件	参加由学校、省市或全国组织的“青年红色筑梦之旅”活动	

(b) 创业组

评审要点	评审内容	分值
项目团队	1. 团队成员的基本素质、业务能力、奉献意愿和价值观与项目需求相匹配 2. 团队的组织架构与分工协作合理 3. 团队权益结构或公司股权结构合理	20
创新性	1. 鼓励技术或服务创新，引入或运用新技术，鼓励高校科研成果转化 2. 鼓励在生产、服务、营销等方面的创新 3. 鼓励组织模式创新或进行资源整合	20
实效性	1. 项目商业模式设计完整、可行，产品或服务对巩固脱贫攻坚效果、乡村振兴和社区治理等社会问题的贡献度 2. 在引入社会资源方面对农村组织和农民增收、地方产业结构优化的效果 3. 项目对促进文化、教育、医疗、养老、环境保护与生态建设等方面的效果 4. 项目的成长性与区域经济发展、产业转型升级相结合	20
可持续性	1. 项目的持续生存能力 2. 经济价值和社会价值适度融合 3. 创新研发、生产销售、资源整合等持续运营能力 4. 项目模式可复制、可推广，具有示范效应	15

续表

评审要点	评审内容	分值
带动就业	1. 项目直接提供就业岗位的数量和质量 2. 项目间接带动就业的能力和规模	10
引领教育	1. 项目充分展示创业团队扎根中国大地，了解国情、民情，运用创新思维和创业能力服务社会 2. 项目充分体现专业教育与创新创业教育的有机融合，充分体现思政教育与创新创业教育的有机融合 3. 突出大赛的育人本质，充分体现项目成长对团队成员的社会责任感、创新精神、实践能力的锻炼和提升作用 4. 项目所在院校对项目发展的支持情况或项目与所在院校的互动、合作情况 5. 团队创新创业、社会服务精神的正向带动和示范作用	15
必要条件	参加由学校、省市或全国组织的“青年红色筑梦之旅”活动	

表 7-2　职教赛道项目评审要点

（a）创意组

评审要点	评审内容	分值
创新维度	1. 具有原始创意、创造 2. 具有面向培养“大国工匠”和能工巧匠的创意与创新 3. 项目体现产教融合模式创新、校企合作模式创新、工学一体模式创新 4. 鼓励面向职业和岗位的创意及创新，侧重于加工工艺创新、实用技术创新、产品（技术）改良、应用性优化、民生类创意等	25
团队维度	1. 团队成员的教育、实践、工作背景、创新能力、价值观念等情况 2. 团队的组织构架、分工协作、能力互补、人员配置、股权结构及激励制度合理性情况 3. 团队与项目关系的真实性、紧密性，团队对项目的各类投入情况，团队未来投身创新创业的可能性情况 4. 支撑项目发展的合作伙伴等外部资源的使用及与项目关系的情况	20
商业维度	1. 商业模式设计完整、可行，项目已具备盈利能力或具有较好的盈利潜力 2. 项目目标市场容量及市场前景，项目与市场需求匹配情况，项目的市场、资本、社会价值情况，项目落地执行情况 3. 对行业、市场、技术等方面有翔实的调研，并形成可靠的一手材料，强调实地调查和实践检验 4. 项目对相关产业升级或颠覆的情况，项目与区域经济发展、产业转型升级相结合情况	20
就业维度	1. 项目直接提供就业岗位的数量和质量 2. 项目间接带动就业的能力和规模	10
引领教育	1. 项目的产生与执行充分展现团队的创新意识、思维和能力，体现团队成员解决复杂问题的综合能力和高级思维 2. 突出大赛的育人本质，充分体现项目成长对团队成员创新创业精神、意识、能力的锻炼和提升作用 3. 项目充分体现多学科交叉、专创融合、产学研协同创新等发展模式 4. 项目所在院校在项目的培育、孵化等方面的支持情况 5. 团队创新创业精神与实践的正向带动和示范作用	25

（b）创业组

评审要点	评审内容	分值
创新维度	1. 具有原始创意、创造 2. 具有面向培养“大国工匠”和能工巧匠的创意与创新 3. 项目体现产教融合模式创新、校企合作模式创新、工学一体模式创新 4. 鼓励面向职业和岗位的创意及创新，侧重于加工工艺创新、实用技术创新、产品（技术）改良、应用性优化、民生类创意等	20
团队维度	1. 团队成员的教育和工作背景、创新能力、价值观念、分工协作和能力互补情况，重点考察成员的投入程度及团队成员的稳定性 2. 团队的组织构架、股权结构、人员配置及激励制度合理性情况 3. 支撑项目发展的合作伙伴等外部资源的使用及与项目关系的情况	25
商业维度	1. 商业模式设计完整、可行，产品或服务成熟度及市场认可度 2. 经营绩效方面，重点考察项目存续时间、营业收入（合同订单）现状、企业利润、持续盈利能力、市场份额、客户（用户）情况、税收上缴、投入与产出比等情况 3. 成长性方面，重点考察项目目标市场容量大小及可扩展性，是否有合适的计划和可靠资源（人力资源、资金、技术等方面）支持其未来持续快速成长 4. 经营管理方面，是否有合理、完备的研发、销售、运营、管理、人力等制度和体系支撑项目发展 5. 现金流及融资方面，关注项目已获外部投资情况、维持企业正常经营的现金流情况、企业融资需求及资金使用规划是否合理 6. 项目对相关产业升级或颠覆的情况，项目与区域经济发展、产业转型升级相结合情况	30
就业维度	1. 项目直接提供就业岗位的数量和质量 2. 项目间接带动就业的能力和规模 3. 项目创造新就业形态的现实性与可能性情况	10
引领教育	1. 项目充分体现多学科交叉、专创融合、产学研协同创新等发展模式 2. 突出大赛的育人本质，充分体现项目成长对团队成员创新创业精神、意识、能力的锻炼和提升作用 3. 项目所在院校对项目发展的支持情况或项目与所在院校的互动、合作情况 4. 团队创新创业精神与实践的正向带动和示范作用	15

训练活动

分组讨论：参加比赛需要准备哪些材料？

1. “互联网 +”大赛参赛材料：路演 PPT（占比 60%）、项目介绍 VCR（占比 25%）、商业计划书 Word 版本（占比 15%）。

2. 结合大赛 PPT 逻辑关系，梳理团队的项目逻辑关系，如图 7-13 所示。

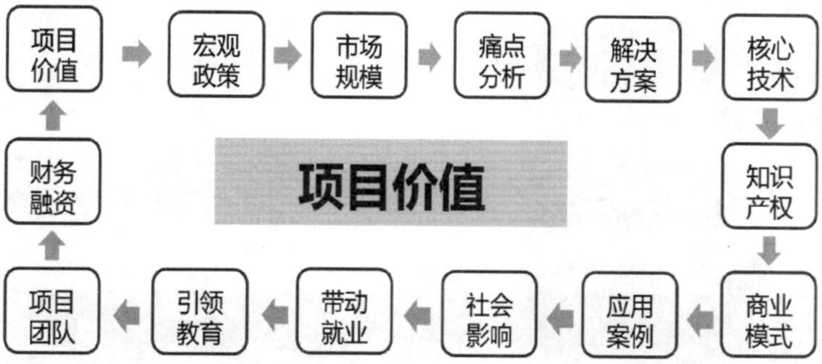

图 7-13　大赛 PPT 逻辑关系梳理

附 1：

第八届"互联网＋"大赛报名操作流程

为深入贯彻落实总书记关于教育的重要论述和给第三届"互联网＋"大学生创新创业"青年红色筑梦之旅"大学生重要回信精神，落实《国务院办公厅关于深化高等学校创新创业教育改革的实施意见》《国务院办公厅关于进一步支持大学生创新创业的指导意见》等文件精神，全面深化高校创新创业教育改革、提升大学生创新创业能力、加快培养创新创业人才，纵深推进大众创业、万众创新。

根据《教育部关于举办第八届中国国际"互联网＋"大学生创新创业大赛的通知》（教高函〔2022〕2 号）文件精神，结合苏州健雄职业技术学院第十三届"健雄杯"大学生创新创业大赛，遴选种子项目团队推荐参加省赛，具体通知如下：

1. 赛事安排

参赛报名

形式：以团队为单位报名参赛。

时间：即日起至 2022 年 5 月 18 日止。

参赛对象

所有本校在校生，毕业 5 年内校友。

参赛赛道——职教赛道（红旅项目在红旅赛道报名）

大赛以团队为单位报名参赛，项目的实际核心成员为 3～15 人（参赛人数含团队负责人）。项目团队负责人通过登录"全国大学生创业服务网"（网址：cy. ncss. cn）进行项目报名并邀请项目成员。

项目全体成员皆需登录"全国大学生创业服务网"系统进行学信网认证，接受项目负责人的邀请。

2. 注意事项

赛道选择（注：千万不要选错赛道!!!）

1. 职教赛道。

2. 红旅赛道。

3. 参赛报名流程

“互联网 +” 大赛报名流程如下：

打开网址 http://cy. ncss. crg. cn/，点击右上角的“注册”按钮（图 7-1）。

图 7-1 “第八届中国国际‘互联网 +’大学生创新创业大赛”界面

网页自动跳转到学信网页面，如图 7-2 所示，请按照要求，填写好基本信息（需要短信验证码）。

提示：手机号和密码为学生学信网的用户名和密码。

图 7-2 注册界面

注册成功后，单击“登录”按钮。跳转到登录界面，输入用户名和密码（刚刚注册用的用户名和密码，图 7-3）。

图 7-3　用户登录界面

跳转到身份选择页面，如图 7-4 所示，单击“创业者”下的“立即创建项目”按钮。

图 7-4　身份选择界面

完善个人信息且通过学历信息验证（图 7-5）。

图 7-5 “完善个人信息”界面

个人信息填写成功后，可点击“创建项目”按钮，进行项目的创建、报名参赛等操作（图 7-6）。

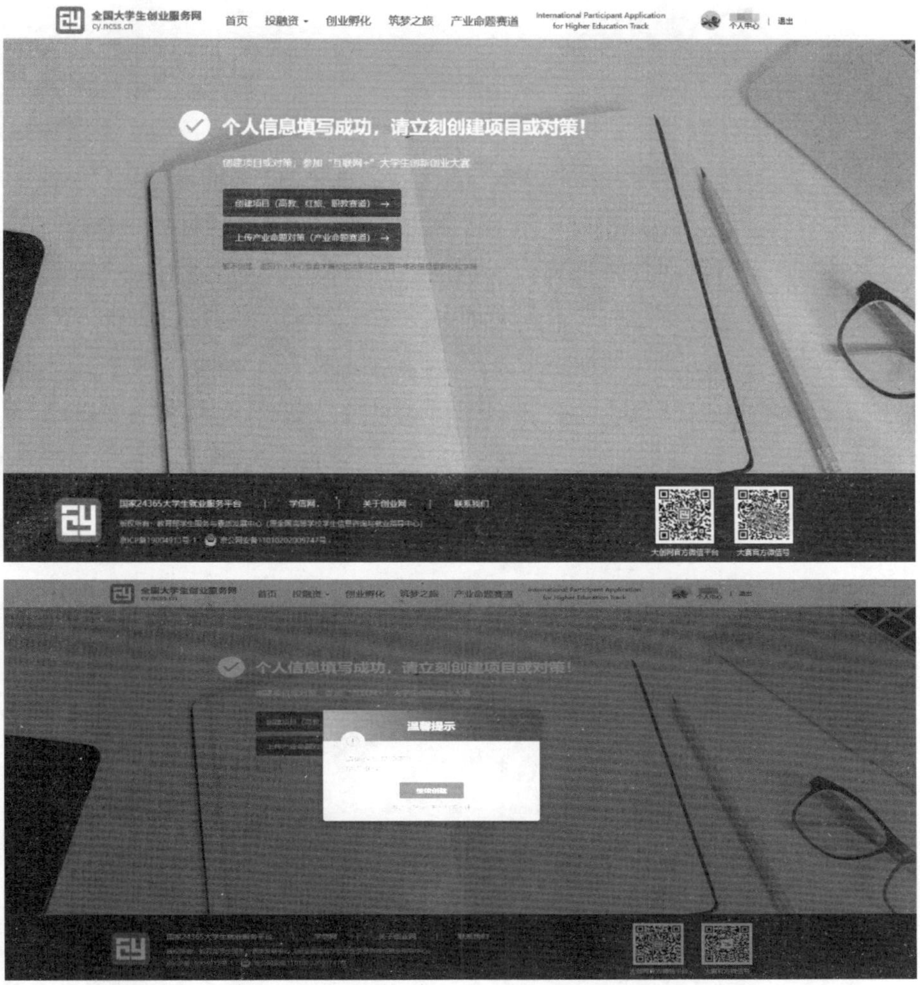

图 7-6　创建项目界面

填写项目必填信息（图 7-7）。

图 7-7　项目必填信息界面

填写项目其他信息。

完成上述步骤后，添加项目的团队成员（通过邀请方式添加，被邀请的团队成员须注册且完成登录全国大学生创业服务网、选择创业者身份、完善个人信息的步骤）、指导教师、已获专利信息。如不填写，直接点击“完成创建”按钮（图 7-8），即可创建成功创业项目，如图 7-9 所示（注意：如需报名参加大赛，需添加团队成员信息且团队成员至少为 3 人，其中包括项目创始人）。

图 7-8　添加团队成员界面

完成项目创建，如图 7-9 所示。

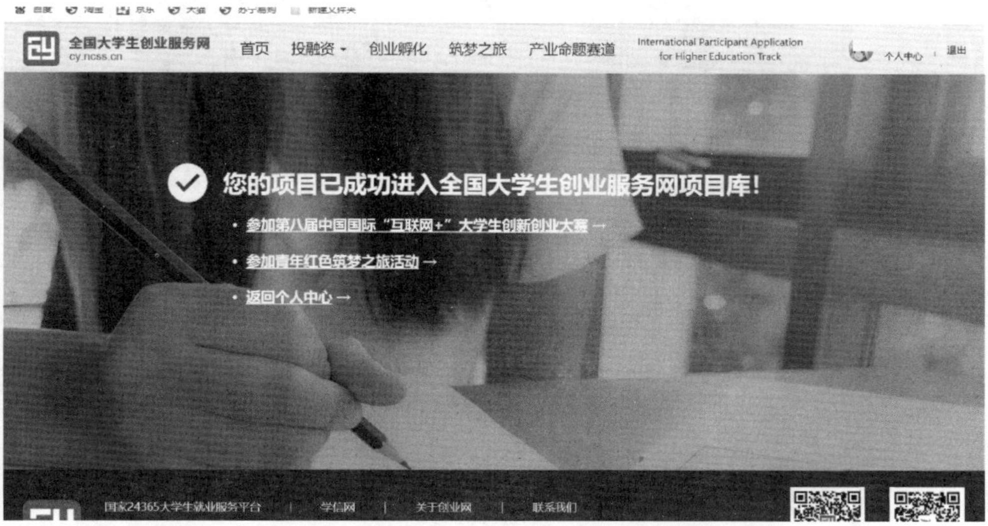

图 7-9　创建成功界面

选择“报名参赛”，点击“个人中心”选项（图7-10），出现如图7-11所示的界面，选择参赛赛道、参赛组别、参赛类别，点击“确认参赛”按钮，报名即完成（图7-12）。

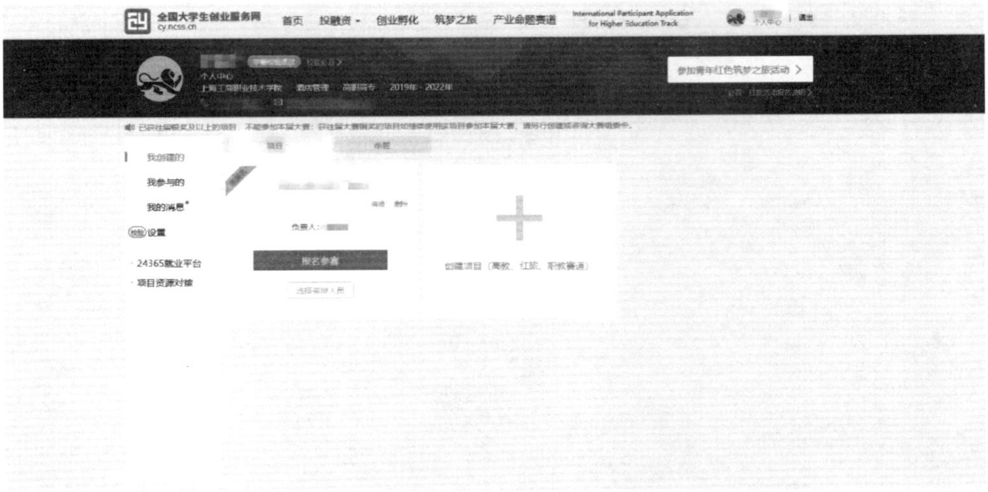

图7-10　返回“个人中心”界面

图7-11　“报名参赛”界面

图 7-12　报名完成界面

第二节　“挑战杯”全国大学生课外学术科技作品竞赛

【任务】　全面了解该项赛事体系及参赛规则。
【目的】　掌握比赛规律，积极参加该项赛事。
【要求】　初步组队，积极备赛。

赛事案例

往届“挑战杯”学术科技作品竞赛获奖作品展示

1. 香港中文大学《工作于狭窄空间内的微型机器人可弯曲骨科手术钻》

香港中文大学机械与自动化工程学系博士研究生王岩、林洪斌和王项琛在欧国威教授的指导下，研制了一种可于狭窄空间内弯曲的微型手术钻头。其微型尺寸（4.5mm直径）和大末端弯曲角度（±65°）能使其通过微小创口，绕过人体部分组织结构到达目标手术位置，以减小对病人的伤害。该可弯曲钻头可用于轻巧（200g）的手持设备，或安装在机械臂上以实现更高的精度，在耳鼻喉、颅底和脊柱手术上有很大的应用潜力。

2．北京航空航天大学《融合大数据的疫情预测分析模型》

该项目提出了融合大数据的新冠疫情仿真预测模型。模型将防控政策、人群活动等大数据融合到经典的SEIR模型当中，解决了传统模型人群划分不合理、未考虑政策和人群行为影响等缺陷，实现了高精度的疫情预测和政策仿真。作品成果服务于国务院联防联控机制、北京市等决策部门，为其防疫决策提供数据支持。

3．华东交通大学《川藏跨天堑，知产绣锦图——川藏铁路建设中的知识产权风险调查研究》

团队选取了川藏铁路这一世界级铁路工程作为调研对象，识别其现存的知识产权风险并提出应对策略。本作品采用文献分析、问卷调查、专家访谈等方法，实地走访20余家承建及相关单位，深入一线收回6 000余份问卷，层层递进访谈18位专家，最终从知识产权确权、授权及涉外三个层面总结出川藏铁路建设中的知识产权风险。在调查基础上，本作品针对性地提出川藏铁路建设中的知识产权风险应对策略，通过调查和结论呈现，期待能为川藏铁路高质量建设提供全方位的战略参考，并对相似铁路提供知识产权风险应对样板。

4．华中科技大学《基于Hz级电磁波的井下远距离无线通信装置》

“慧眼识电”团队在信道分析、调制方法、发射效率三方面创新，实现工程化井下通信，并分别针对钻井、完井、生产三大领域推出三个系列井下无线产品，实现降本增效。

5．清华大学《“天格计划”二号卫星载荷标定与在轨科学预测》

天格计划是一个以学生为主体的、针对基础科学前沿研究的科研实践项目，同时也是一个基础科学人才培养项目。项目主要科学目标是探测近邻宇宙中中子星并合引起的短伽马射线暴。

6．天津理工大学《基于对比自监督学习的复杂场景下中国手语实时翻译系统》

该项目以计算机视觉技术与手语语言学两个学科交叉为基础，研究手语识别多信道、多模态的数据融合技术，为手语实时翻译提供基础数据保障。

7．南京师范大学《新时代劳动教育何以落地生根——基于7省市初中生劳动素质及其培养现状的调查研究》

该研究项目针对我国7省市千名初中生劳动素养及其培养现状进行调查研究，为当代初中生劳动素养测评提供了新的视角。

8．南昌大学《废塑料微波快速催化热解制备石脑油装备的研发》

针对废塑料循环利用技术行业共性难题，该项目完善和发展了废塑料微波催化热解高效转化为石脑油的关键技术，攻克了废塑料规模化处理中转化效率低、产品品质差的技术难题，打通了以废塑料—石脑油—合成塑料的循环技术路线，让废塑料实现从“白色污染”到“白色产业”的“变形”，该项技术的成功实施将开创废塑料高值化利用新时代。

9. 西北工业大学《苍穹之心——微型涡喷发动机智能控制器》

随着军用无人机的发展，微型涡喷发动机因结构紧凑、体积小、推重比大等特点，可作为高速无人机、靶机、蜂群无人机、巡航导弹的理想动力源。

10. 武汉纺织大学《月面国旗研制技术及衍生功能化工制品的开发》

该团队参与了部分月面国旗研制的任务，掌握了月面国旗的纺纱、染色和微纳天然粉体色浆的制备技术，他们在曹根阳副教授、刘可帅副教授、盛丹博士三位老师的指导下，深入研究了现有高温防护及特殊环境等领域的功能面料性能的不足，进行了大量实验，成功实现了升级版好纱、好线、好色浆技术的突破，并顺利攻克了聚酰亚胺染色等一系列难题，使该项技术成功应用于消防、冬奥训练服等领域，为地球极端环境防护面料生产提供了新的选择。

11. 四川大学《心相瓣——基于自由基聚合交联的可预装人工主动脉瓣》

团队研制的“心相瓣”主动脉瓣创新性地采用自由基聚合交联改性技术、亲水复合干燥瓣膜技术和表界面组织修复技术，有针对性地解决了现有人工瓣膜材料存在的问题，相比于现有人工瓣膜，该脉瓣不仅无经戊二醛浸泡，不易钙化，使用寿命大幅延长，而且实现了术前预组装，在植入体内后可有效修复病灶。

12. 长江大学《棉田棉秆残膜联合收获机——拔秆伏“魔”助棉白》

“残留地膜引起的棉田白色污染带来一系列危害，导致新疆农民无地可种，迫切需要高效地膜回收机投入使用。”疆拓团队技术负责人杜帅龙在介绍项目背景时说。在研发过程中，团队面临市场地膜回收机普遍回收率不到 50%、地膜缠绕导致死机、作业效率低下、地膜含杂率高等技术难题，为攻克难关，他们突破传统研发思路，聘请校外有经验的实战研究人员分享技术经验，不断进行沟通交流，目前团队已申请了 13 项国家发明和实用新型专利。

13. 温州医科大学《类风湿性关节炎诊断标志物及防治药物的筛选和临床应用》

类风湿性关节炎（RA）是一种慢性炎症性自身免疫性疾病，其关节损伤的不可逆性决定了早发现、早诊断和早治疗是 RA 防治的主要策略。该团队创新性发现促消退介质可通过恢复免疫平衡、抑制炎性浸润和血管翳生成缓解 RA 疾病进程；多中心、大病例临床回顾性和前瞻性研究证实消退素 D1 是优秀的 RA 临床诊断指标，保护素 DX 具有杰出的 RA 活动分期诊断价值，以此为基础开发的诊断试剂盒在 12 家试点医院推广应用 1 525 例，获得满意效果。团队共发表 SCI 论文 10 篇，累计影响因子 54. 669；申请国家发明专利 3 项，实用新型专利 5 项。该研究为提高我国 RA 达标治疗带来新思路。

14. 大连理工大学《基因快速检测技术开发及其应用》

该项目针对应用于疾病诊断和病原菌检测等领域的基因检测技术，围绕提高核酸扩增效率这一关键问题，开创性地设计了基于微米线性核酸轨道的恒温核酸扩增方法，缩短了体外核酸扩增和检测时间，有望满足临床和家用快速检测需求。

15. 四川大学《精密高效传动瞬态摩擦学调控技术》

该团队针对工业机器人国产化的卡脖子问题，开发了瞬态传动摩擦学性能分析软件，通过计算不同齿廓参数下的界面油膜及压力分布，获得最优齿廓参数。经检测，应用该软件设计制作的谐波减速器，啮合效率提升5%，精度保持性提升20%，已达到同类进口谐波减速器的性能指标。目前该软件已成功应用于全国最大的谐波减速器制造厂商苏州绿的谐波传动科技股份有限公司十余个型号减速器的研制中。同时，还拓展应用于卫星平台控制力矩陀螺的研制中，应用于卡特彼勒公司传动系统的设计及美孚公司润滑剂的开发中。学生团队成员以第一作者获批软件著作权3项，申请发明专项2项，在摩擦学领域期刊发表学术论文3篇。

16. 厦门大学嘉庚学院《“微腐败”对乡村营商环境的影响及对策研究——基于甘肃、福建、河南、江西、贵州5省182村的调查与思考》

本项目创新性地聚焦乡村营商环境建设。团队自成立以来，以聚焦“微腐败”对营商环境的影响为切入点，研究通过普适性的评价体系为地方政府提供比较标杆与工作方向，充分发挥以评促建的功能。

17. 北京航空航天大学《“冯如三号”高效超长航时无人滞空平台》

“冯如三号”不间断飞行了30小时6分42秒，创下了25~100千克级油动无人机续航时间的世界纪录。来自国际航联的观察员WONG，TAK KAY KEITH现场确认了飞行时间及飞行活动的有效，该纪录将获得国际航空联合会（FAI）的正式批准。

18. 烟台大学《“小店虽小，风景甚好”——“双储环”战略背景下的小店经济“微循环”活力研究》

近几年，中共中央提出了双循环战略，小店经济在国内大循环中发挥着微循环作用。基于以上背景，团队对小店经济及活力展开调研，构建了小店经济活力评价体系。该体系可以发现小店经营的薄弱环节，对小店的发展具有引导作用。该研究有利于畅通国内大循环，助力双循环新发展格局。

一、大赛介绍

“挑战杯”是“‘挑战杯’全国大学生系列科技学术竞赛”的简称，是由共青团中央、中国科学技术协会、教育部、中华全国学生联合会、举办地人民政府共同主办的全国性的大学生课外学术实践竞赛。“挑战杯”竞赛在中国共有两个并列项目：一个是“挑战杯”中国大学生创业计划竞赛；另一个则是“挑战杯”全国大学生课外学术科技作品竞赛。这两个项目的全国竞赛交叉轮流开展，每个项目每两年举办一届，“挑战杯”系列竞赛被誉为中国大学生科技创新创业的“奥林匹克”盛会，是国内大学生最关注、最热门的全国性竞赛，也是全国最具代表性、权威性、示范性、导向性的大学生竞赛。

“挑战杯”全国大学生课外学术科技作品竞赛是一项全国性的竞赛活动，简称“大挑”（与“挑战杯”大学生创业计划大赛对应）。该比赛创办于1986年，由教育部、共青团中央、中国科学技术协会、中华全国学生联合会、省级人民政府主办，承办高校为国内著名大学。

此项活动旨在全面展示我国高校育人成果，引导广大在校学生崇尚科学、追求真知、勤奋学习、迎接挑战，培养跨世纪创新人才。这项活动坚持崇尚科学、追求真知、勤奋学习、锐意创新、迎接挑战的宗旨。“挑战杯”已形成校级、省级、全国级的三级赛事，参赛同学首先参加校内及省内的作品选拔赛，优秀作品报送全国组委会参赛。党和国家领导人对竞赛活动十分关注，时任中共中央总书记、国家主席、中央军委主席的江泽民同志于1993年8月4日为“挑战杯”题写了杯名，时任国务院副总理李岚清同志等党和国家领导人等纷纷为“挑战杯”竞赛题词。

二、历届回眸

历届“挑战杯”承办方如下：

1989年，第一届“挑战杯”全国大学生课外学术科技作品竞赛由清华大学承办。

1991年，第二届“挑战杯”全国大学生课外学术科技作品竞赛由浙江大学承办。

1993年，第三届“挑战杯”全国大学生课外学术科技作品竞赛由上海交通大学承办。

1995年，第四届“挑战杯”全国大学生课外学术科技作品竞赛由武汉大学承办。

1997年，第五届“挑战杯”全国大学生课外学术科技作品竞赛由南京理工大学承办。

1999年，第六届“挑战杯”全国大学生课外学术科技作品竞赛由重庆大学承办。

2001年，第七届“挑战杯”全国大学生课外学术科技作品竞赛由西安交通大学承办。

2003年，第八届“挑战杯”全国大学生课外学术科技作品竞赛由华南理工大学承办。

2005年，第九届“挑战杯”全国大学生课外学术科技作品竞赛由复旦大学承办。

2007年，第十届“挑战杯”全国大学生课外学术科技作品竞赛由南开大学承办。

2009年，第十一届“挑战杯”全国大学生课外学术科技作品竞赛由北京航空航天大学承办。

2011年，第十二届“挑战杯”全国大学生课外学术科技作品竞赛由大连理工大学承办。

2013年，第十三届“挑战杯”全国大学生课外学术科技作品竞赛由苏州大学和苏州工业园区联合承办。

2015 年，第十四届“挑战杯”全国大学生课外学术科技作品竞赛由广东工业大学和香港科技大学联合承办。

2017 年，第十五届“挑战杯”全国大学生课外学术科技作品竞赛由上海大学承办。

2019 年，第十六届“挑战杯”全国大学生课外学术科技作品竞赛由北京航空航天大学承办。

2021 年，第十七届“挑战杯”全国大学生课外学术科技作品竞赛由四川大学承办。

三、时间安排

以第十二届“挑战杯”全国大学生课外学术科技作品竞赛为例（2011 年举办），简述其时间安排。

（一）组织发动阶段（2010 年 11 月）

（1）召开全国组委会第一次全体会议，讨论通过并下发《“挑战杯”全国大学生课外学术科技作品竞赛章程》《“挑战杯”全国大学生课外学术科技作品竞赛评审规则》《“挑战杯”全国大学生课外学术科技作品竞赛申请承办办法》《第十二届“挑战杯”全国大学生课外学术科技作品竞赛组织实施计划》等，并将这些文件作为本届竞赛的指导性文件。

（2）共青团中央、中国科协、教育部、全国学联和辽宁省人民政府于 2011 年 11 月下达《关于组织开展第十二届“挑战杯”全国大学生课外学术科技作品竞赛的通知》。

（3）各省（区、市）于 2010 年 11 月成立由省级团委、科协、教育部门、学联及有关单位牵头的省级组织协调委员会。

（4）各参赛高校在校党委等部门的领导下，于 2011 年 11 月底前成立由校团委等有关部门及学生会、研究生会共同参加的参赛协调小组，并确定本校参赛组织实施计划，在学生中开展充分的宣传发动工作。

（二）省级初评和组织申报阶段（2011 年 3 月—2011 年 6 月）

（1）2011 年 4 月，各校按“挑战杯”章程有关规定举办本校的竞赛活动，并择优推出本校参赛作品。

（2）2011 年 5 月底前，各省（区、市）组织协调完成对本地申报作品的初评。

（3）2011 年 6 月 10 日前，发起高校需将本校 3 件直报作品报送第十二届“挑战杯”竞赛全国组委会，寄出截止日期以当地邮戳为准。直报作品需一式四份，直接报送的作品不计入各省、区、市报送作品限额内（寄送地点：主办大学团委，第十二届是大连理工大学团委）。

（4）2011 年 6 月 15 日前，各省（区、市）从各校申报的作品中每校至多选出 6 件作品［其中，发起高校至多 3 件作品，各省（区、市）选定作品总数不得超过全国组委会规定的限额］报送第十二届“挑战杯”竞赛全国组委会，寄送作品（一式四份）及《目录表》，寄出截止日期以当地邮戳为准（寄送地点：主办大学团委，第十二届是大连理工大学团委）。

同时，请各省级组织协调委员会组织本地参加终审决赛的学生在“挑战杯”竞赛官方网站上报送作品及申报书。

（注：很多高校和省份会在这个阶段或稍早举办自己学校/省份的“挑战杯”校赛/省赛，以选出优秀作品，比赛时间不一样，具体时间请以各高校和省份通知为准）

（三）全国复赛和参赛准备阶段（2011 年 7 月—2011 年 10 月）

（1）全国评审委员会于 2011 年 6 月成立，并召开评审委员会主任办公会议，制定评审实施细则。

（2）全国评审委员会于 2011 年 7 月对作品进行预审。

（3）全国组委会于 2011 年 8 月向各地各有关高校下达终审参展通知及作品展览、演示等有关技术性规范要求。

（4）各地各校按照组委会要求，于 2011 年 9 月上旬至 10 月做好参评参展的各项物资技术准备和组团组队准备。

（四）全国决赛和表彰阶段（2011 年 10 月）

（1）各校参赛队到主办高校（第十二届是大连理工大学）报到、布展。

（2）举行全国组委会第二次全体会议，通报竞赛筹备情况、作品资格及形式审查报告，通过终审日程安排，抽签产生评审委员会委员并组成资格评审委员会。

（3）举行参赛作品展览、组织作品转让洽谈活动，聘请律师和公证人员为技术转让各方提供服务。

（4）全国评审委员会对参赛作品进行终审，对参展作品作者进行问辩。

（5）若竞赛期间接到对作品资格的质疑投诉，则召开资格评审委员会会议，按程序评定该作品的参赛资格。

（6）举行全国组委会第三次全体会议，通报评审情况，表决通过下一届“挑战杯”承办高校。

（7）公布获奖情况，并向获奖单位及个人颁发奖杯、证书，举行承办高校交接仪式。

以上只能作为参考，每年的时间都会有所变动。

四、“大挑”与“小挑”的区别

“挑战杯”竞赛在中国共有两个并列项目：一个是“挑战杯”中国大学生创业计划竞赛，简称“小挑”；另一个则是“挑战杯”全国大学生课外学术科技作品竞赛，简称

"大挑"。两者比赛侧重点不同："大挑"注重学术科技发明创作带来的实际意义与特点；而"小挑"更注重市场与技术服务的完美结合，商业性更强。"小挑"设置奖项有金奖、银奖、铜奖，而"大挑"设置特等奖、一等奖、二等奖、三等奖。"大挑"发起高校可申报6件作品，其中3件为高校直推作品，另外3件要与省赛组织方协商推荐；而"小挑"只能推荐3件作品进国赛。"大挑"有学历限制，分为专本科组、硕士组、博士组，分开评审；而"小挑"没有学历限制。"大挑"国赛最多可以报8人，而"小挑"最多可以报10人。"大挑"比赛证书盖共青团中央、中国科学技术协会、教育部、中华全国学生联合会、举办地人民政府的章；而"小挑"证书只盖共青团中央、中国科学技术协会、教育部、中华全国学生联合会的章。

五、"挑战杯"系列专项竞赛

（一）网络虚拟运营专项比赛

为进一步巩固和扩大"挑战杯"竞赛的影响力和权威性，在第七届"挑战杯"中国大学生创业计划竞赛（"小挑"）之后，网络虚拟运营比赛被单独列了出来。网络虚拟运营比赛由全国"挑战杯"竞赛组委会举办，盖全国"挑战杯"组委会的章，每年两季，竞赛流程为校赛选拔初赛、全国预赛、全国复赛、全国决赛。奖项设置一等奖、二等奖、三等奖（共100名）。另外，国赛入围了现场决赛的团队，可以选择参与或不参与网络虚拟运营专项决赛，若选择参加，必须保证网络虚拟运营参加成员与国赛答辩成员一致。

（二）项目特色奖

第八届"挑战杯"中国大学生创业计划竞赛中，除了网络虚拟运营专项竞赛外，全国"挑战杯"组委会专门设置了项目特色奖，对进入国赛现场决赛并参与公开答辩的团队，秉着好中选优、精益求精的原则评选项目特色奖及最具潜力投资奖等，盖全国"挑战杯"组委会的章。

（三）西安世园会专项竞赛

第十二届"挑战杯"全国大学生课外学术科技作品竞赛期间，为扩大"挑战杯"的影响力和权威性，全国"挑战杯"组委会专门举办了西安世园会专项竞赛。该项目由学校团委重新推选3个项目，前提是不与已经入围国赛的作品重复，盖全国"挑战杯"组委会的章。

（四）累进创新奖

根据第十三届"挑战杯"竞赛组委会安排，本届竞赛增设了"累进创新奖"和"交叉创新奖"各若干项，为顺应交叉学科学术研究和人才培养的趋势，引导和鼓励大学生吸收融合不同学科研究对象、研究视角、研究方法和研究工具，丰富知识和研究能力体系。

“累进创新奖”申报条件如下：

（1）申报作品须为已参加过往届“挑战杯”全国大学生课外学术科技作品竞赛全国竞赛的作品。

（2）作品经评审委员会认定，符合下列一项或几项条件：① 较之前参赛时有重要研究进展；② 在作品孵化方面有明显成果；③ 学校通过设立累进支持基金、实施创新人才培养计划等方式对较长周期的参赛项目提供持续支持，对参赛队员进行跟踪培养；④ 参赛项目被党和政府相关部门、社会机构采纳并结合实践加以完善，在推动地方经济社会发展中发挥积极作用。

累进创新奖每个高校只能选报 1 件作品。

交叉创新奖申报条件如下：

（1）参评作品须入围“挑战杯”全国大学生课外学术科技作品竞赛全国竞赛。

（2）参评作品须涉及两个及以上学科（指国家 1997 年颁布的《授予博士、硕士学位和培养研究生的学科、专业目录》中的一级学科），在研究对象、研究视角、研究方法、研究工具等方面突出体现作者的跨学科研究能力。

训练活动

按文件要求，以团队为单位，准备比赛材料。

思考题

在各类“双创”赛事中，如何让自己的项目通过路演的形式脱颖而出？

附 2：

“挑战杯”全国大学生课外学术科技作品竞赛章程

（2004 年 6 月 10 日全国组委会第一次全体会议通过）

第一章　总　则

第一条　“挑战杯”全国大学生课外学术科技作品竞赛是由共青团中央、中国科协、教育部、全国学联主办的大学生课外学术科技活动中一项具有导向性、示范性和群众性的竞赛活动，每两年举办一届。

第二条　竞赛的宗旨：崇尚科学、追求真知、勤奋学习、锐意创新、迎接挑战。

第三条　竞赛的目的：引导和激励高校学生实事求是、刻苦钻研、勇于创新、多出成果、提高素质，培养学生创新精神和实践能力，并在此基础上促进高校学生课外学术科技活动的蓬勃开展，发现和培养一批在学术科技上有作为、有潜力的优秀人才。

第四条　竞赛的基本方式：高等学校在校学生申报自然科学类学术论文、哲学社会科学类社会调查报告和学术论文、科技发明制作三类作品参赛；聘请专家评定出具有较高学术理论水平、实际应用价值和创新意义的优秀作品，给予奖励；组织学术交流和科技成果的展览、转让活动。

第二章　组织机构及其职责

第五条　竞赛设立领导小组，由主办单位和承办单位的有关负责人组成，负责指导竞赛活动，并对全国组织委员会和全国评审委员会提交的问题进行协调和裁决。

第六条　竞赛设立全国组织委员会，由主办单位、承办单位和联合发起单位（含高校、新闻单位、相关企业）的有关负责人组成。主办单位和承办单位分别委派有关负责同志作为组委会成员，各联合发起单位推荐1名主管领导作为组委会成员。全国组织委员会设主任1名，副主任若干名。

第七条　全国组织委员会的职责如下：

1. 审议、修改竞赛的章程和评审规则。
2. 筹集竞赛组织、评审、奖励所需的经费。
3. 投票表决竞赛承办高校。
4. 议决其他应由组委会议决的事项。

第八条　全国组织委员会下设秘书处，负责按照全国组委会通过的章程组织竞赛活动并向全国组委会报告工作。秘书处设秘书长1名，由承办单位有关领导担任；设副秘书长若干名。

第九条　竞赛设立全国评审委员会，由主办单位聘请的相关学科具有高级职称的非高校专家组成。全国评审委员会设主任1名，常务副主任2名，评审委员若干名。

全国评审委员会经主办单位批准成立，有权在本章程和评审规则所规定的原则下，独立开展评审工作。

第十条　全国评审委员会职责如下：

1. 在本章程和评审规则基础上制定评审实施细则。
2. 审看参赛作品及其演示，对作者进行问辩。
3. 确定参赛作品获奖等次。

第十一条　竞赛设立作品资格评判委员会，在全国组委会第二次全体会议召开时成立，由全国评审委员会常务副主任1名、评审委员3名（根据被评判作品学科分布选定）、主办单位各1名代表、全国组织委员会高校委员中抽签产生的10名代表组成。资格评判委员会主任由全国评审委员会常务副主任担任。资格评判委员会会议由资格评判委员会主任负责召集。

第十二条　作品资格评判委员会职责如下：

1．授权全国组委会秘书处在预审开始至终审决赛结束前接受参赛学校和学生、评委、社会各界人士对参赛作品资格的质疑投诉。

2．在终审决赛结束前，如出现被质疑投诉作品，资格评判委员会应召开会议，对被质疑投诉的参赛作品的作者及所属学校进行质询。

3．投票表决被质疑投诉作品是否具备参赛资格。

第十三条　全国组委会秘书处对质疑投诉者的姓名、单位予以保密。质疑投诉者需提供相关证据或明确的线索。资格评判委员会开会时，到会委员超过2/3方可进行表决；表决时实行回避制度；若参加表决委员中有2/3以上认为该作品不具备参赛资格，则评委会对该作品不予评审，其参赛得分随之取消。全国组委会秘书处不受理匿名质疑投诉。

终审决赛结束后，对作品的质疑投诉继续按本章程第三十三条执行。

第十四条　主办单位根据团体总分优先原则，确定上届竞赛总分前70名的学校为联合发起高校，并可根据终审决赛规模、地区平衡、学校类别及代表性、承办地区等因素做部分调整。

第十五条　各省（区、市）、各高校应举办与全国竞赛接轨的届次化的学生课外学术科技作品竞赛。各省（区、市）团委、科协、教育部门、学联联合设立省级组织协调委员会和评审委员会，负责本省（区、市）竞赛的组织协调、参赛作品资格审查和作品初评等有关工作。

第三章　参赛资格与作品申报

第十六条　凡在举办竞赛终审决赛的当年7月1日以前正式注册的全日制非成人教育的各类高等院校在校中国籍专科生、本科生、硕士研究生和博士研究生（均不含在职研究生）都可申报作品参赛。

第十七条　申报参赛的作品必须是距竞赛终审决赛当年7月1日前两年内完成的学生课外学术科技或社会实践活动成果，可分为个人作品和集体作品。申报个人作品的，申报者必须承担申报作品60%以上的研究工作，作品鉴定证书、专利证书及发表的有关作品上的署名均应为第一作者，合作者必须是学生且不得超过2人；凡作者超过3人的项目或者不超过3人，但无法区分第一作者的项目，均须申报集体作品。集体作品的作者必须均为学生。凡有合作者的个人作品或集体作品，均按学历最高的作者划分至本专科生、硕士研究生或博士研究生类进行评审。

毕业设计和课程设计（论文）、学年论文和学位论文、国际竞赛中获奖的作品、获国家级奖励成果（含本竞赛主办单位参与举办的其他全国性竞赛的获奖作品）等均不在申报范围之列。

第十八条　申报参赛的作品分为自然科学类学术论文、哲学社会科学类社会调查报告和学术论文、科技发明制作三大类。自然科学类学术论文作者限本专科生。哲学社会科学类社会调查报告和学术论文限定在哲学、经济、社会、法律、教育、管理六个学科内。科技发明制作类分为 a、b 两类：a 类指科技含量较高、制作投入较大的作品；b 类指投入较少，且为生产技术或社会生活带来便利的小发明、小制作等。

第十九条　参赛作品涉及下列内容时，必须由申报者提供有关部门的证明材料，否则不予评审：

动植物新品种的发现或培育，须有省级以上农科部门或科研院所开具证明；

对国家保护动植物的研究，须有省级以上林业部门开具证明，证明该项研究的过程中未产生对所研究的动植物繁衍、生长不利的影响；

新药物的研究，须有卫生行政部门授权机构的鉴定证明；

医疗卫生研究须通过专家鉴定，并最好附有在公开发行的专业性杂志上发表过的文章；

涉及燃气用具等与人民生命财产安全有关用具的研究，须有国家相应行政部门授权机构的认定证明。

第二十条　参赛作品必须由两名具有高级专业技术职称的指导教师（或教研组）推荐，经本校学籍管理、教务、科研管理部门审核确认。

第二十一条　每个学校选送参加竞赛的作品总数不得超过 6 件，每人限报 1 件，作品中研究生的作品不得超过作品总数的 1/2，其中博士研究生的作品不得超过 l 件。参赛作品须经过本省（区、市）组织协调委员会进行资格及形式审查和本省（区、市）评审委员会初步评定，方可上报全国组委会办公室。各省（区、市）选送全国竞赛的作品数额由主办单位统一确定。每所发起学校可直接报送 3 件作品（含在 6 件作品之中）参加全国竞赛。

第四章　展览、交流、转让

第二十二条　全国评审委员会推荐通过预审的一定比例的自然科学类学术论文、哲学社会科学类社会调查报告和学术论文及全部科技发明制作类作品参加展览。科技发明制作类作品须有实物或模型参展。

第二十三条　全国组委会将在竞赛的终审决赛阶段组织多种形式的学术交流和工作交流活动，并适时举办单项展示赛或邀请赛等丰富“挑战杯”竞赛的活动。

第二十四条　全国组织委员会在终审决赛期间，举办成果转让活动；成果是否转让不作为作品评审获奖的依据。

第二十五条　全国组织委员会拥有组织转让获奖作品的优先权。成果产权及利益分配由学校和作者协商确定。

全国组织委员会可以结集出版竞赛获奖的作品及评委评语。

第五章　奖　励

第二十六条　全国评审委员会对各省级组织协调委员会和发起高校报送的参赛作品进行预审，评出80%左右的参赛作品进入终审决赛。参赛的自然科学类学术论文、哲学社会科学类社会调查报告和学术论文、科技发明制作三类作品各设特等奖、一等奖、二等奖、三等奖。各等次奖分别约占进入终审决赛各类作品总数的3%、8%、24%和65%。本专科生、硕士研究生、博士研究生三个学历层次作者的作品获奖数与其进入终审决赛作品数呈正比例。科技发明制作类中a类和b类作品分别按上述比例设奖。

第二十七条　参加全国终审决赛的作品，确认资格有效的，由全国组织委员会向作者颁发证书，并视情况颁发相应的奖金。参加各省（区、市）预赛的作品，确认资格有效而又未进入全国竞赛的，由各省（区、市）组织协调委员会向作者颁发证书。

第二十八条　竞赛以学校为单位计算参赛得分，团体总分按名次排列，按位次公布。最高荣誉“挑战杯”为流动杯，授予团体总分第一名的学校；设“优胜杯”若干，分别授予团体总分第二至第二十一名的学校。累计三次捧得“挑战杯”的学校，可永久保存复制的“挑战杯”一座。

第二十九条　各等次奖计分方法如下：特等奖作品每件计100分，一等奖作品每件计70分，二等奖作品每件计40分，三等奖作品每件计20分，上报至全国组委会但未通过预审的作品每件计10分。如遇总积分相等，则以获特等奖的个数决定同一名次内的排序，以此类推至三等奖。

第三十条　竞赛设10个左右省级优秀组织奖和进入终审决赛高校数30%左右的高校优秀组织奖，奖励在竞赛组织工作中表现突出的省份和高校。省级优秀组织奖由主办单位根据《优秀组织奖评选办法》评定，报全国组织委员会确认。高校优秀组织奖由各省（区、市）组织协调委员会参照《优秀组织奖评选办法》提名，主办单位确定后报全国组织委员会确认。

第三十一条　在符合竞赛宗旨、具有良好导向作用的前提下，可联合社会有关方面设立、评选专项奖。专项奖不计分。

第六章　附　则

第三十二条　竞赛联合发起高校应向全国组织委员会交纳规定数额的发起组织费。参加全国终审决赛的作品，作者所在学校应向全国组织委员会交纳规定数额的参赛费。发起组织费、参赛费主要用于竞赛的组织、评审、奖励所需经费的补充。

第三十三条　竞赛结束后，对获奖作品保留一个月的质疑投诉期。若收到投诉，竞赛领导小组将委托主办单位有关部门进行调查。经调查，如确认该作品资格不符者，取消该作品获得的奖励，重新计算作者所在学校团体总分及名次，取消该校、该省所获的优秀组织奖，通报全国组织委员会成员单位；并视情节轻重，分别给予所在学校取消下届联合发起单位资格或参赛资格的处罚。

竞赛组委会保护投诉人的合法权益。

第三十四条　承办竞赛的高校应按当届组委会通过的申办办法，申请承办下一届竞赛活动；获得历届“挑战杯”和“优胜杯”的学校具有承办下届竞赛的优先权；当届组委会通过一定的民主程序产生下届承办单位。

第三十五条　竞赛承办单位有权以全国组织委员会名义寻求赞助。最高荣誉“挑战杯”不得用于寻求赞助。

本章总结

新目标期待新路径，新任务需要新工具。如何积极地落实党对教育的新要求，更好地培育新时代学生的创新素养，教育界乃至社会各界提出的各种思路、多种探索方式，均不失为有益的努力和尝试。笔者认为，在面临“创新素养培育”这样的宏观教育命题和当下教育挑战时，首先要梳理当前教育事业发展最为突出的新动向、新动能和新动力，从中探寻新的诠释和践行之道。而新世纪以来，我国教育事业发展中非常值得关注的“单项世界冠军”，就是支撑“大众创业、万众创新”的学生创新创业竞赛体系（简称“双创”）。

第八章　新创企业的创办

学习目标

通过本章的学习和训练，你将能够：

- 掌握一家新创企业创办的流程。
- 了解新创企业创办过程中需要注意的关键点。
- 了解新创企业如何管理与发展。

案例导入

武汉电商发展契机

武汉，俗称“江城”，九省通衢，承东启西，人口 1 300 多万，是中部的交通枢纽。长期以来，武汉依托黄金水道和南北纵向交通，加上历史形成的商业传统和商业基础，一直保持中西部地区商贸中心的独特地位。传统商业物流的时空特点，使得武汉的地理优势始终是不可取代的。进入电子商务时代以后，武汉地理位置的优势更加凸显，但同时这个以工业为主导的传统商贸城市也面临着新的挑战。

谈起武汉的电子商务，大家印象中就是凤毛麟角的几个大卖家，剩下的都是“草根”网商。然而凭借着自身的地理位置带来的物流优势，随着汉正街产业链的升级和武汉城市圈的发展，武汉电商迸发出了新的活力。

远焦：地理优势凸显

武汉水陆交通极为方便，特别是其扼长江几千千米水运的中枢，故虽处内陆，却有巨轮出入之便，其他城市很难与之相比。同时武汉位于华中，距离上海、香港、北京、成都等各大城市距离几乎相等，都在1 000千米左右，这样占据中心地位的城市在中国再也找不到第二个。这意味着武汉的物流成本低，所以各大快递公司都在武汉建立起了分仓。近两年，一批淘宝上的卖家看中武汉的物流优势，把店铺或仓库搬到了武汉。

在武汉，一是可供卖家选择的快递种类多，发货机动灵活；二是各大快递之间的竞争异常激烈，物流价格相对低廉。武汉地区快递的全国均价是6元，比江浙沪地区更具优势，特别是发往一些内陆城市或偏远地区的时候，优势更明显。武汉快递分公司一般把全国分为三个价格梯队，除了新疆、西藏、内蒙古、青海、甘肃、黑龙江、吉林及港澳等不在第一梯队里面外，其他省份都是5、6元一票走全国。在电商时代，物流是一大重要环节。物流便利加上成本低廉，给武汉卖家带来了利润空间和营销优势，如通过包邮活动拉动销售。

随着网店的兴起和发展，物流的光环逐渐被放大，武汉的商业力量也得到了释放。武汉以“买全国，卖全国”而闻名天下。作为沿海和内地之间的一个重要商品集散地和中转地，武汉的货源不局限于本地，可供选择的范围很大。身处武汉，可以辐射全国，比如武汉买家向广州卖家下一个订单，只需要一天甚至半天就可以收到货。

回溯历史，武汉不仅是地理重镇，还是当之无愧的华中商业中心。“要做生意你莫愁，拿好本钱备小舟。顺着汉水往下走，生意兴隆算汉口。”这是在汉商中流传的四句话。武汉三镇中，汉口是经济中心。规模不断扩大的网店在武汉找起地盘来不是一件难事，办公场地、厂房、仓库租金相比沿海地区低很多。

近景：供应链在升级

对武汉而言，汉正街绝不仅仅是“小商品批发市场”的代名词，它承载了这座城市太多的记忆和辉煌，而对于武汉淘宝卖家来说，汉正街是心中永远的痛。正可谓“成也汉正街，败也汉正街”。汉正街位于武汉汉口的繁华地带，它的存在为武汉的历史添上了浓墨重彩的一笔。

一家以汉货打天下的三皇冠女装店，开店3年来，售出记录为7万件，但收藏量才1万，回头率更是低得可怜。“虽然是三皇冠，但每年年初都像是从头再来。卖的货不靠谱，根本不可能实现可持续发展。”店主坦言。而最初让她凭借仅仅3 000元就从众多淘宝女装中突围出来的也是汉货。前些年，天猫成立以后，武汉与东部差距一下子拉大了。随着淘宝规则的变化，商城要求打标、质检，汉正街低端、低价的弊端日益显现。2010年年终大促销时，店主没有备货，靠的是汉正街灵活多变的生产模式，一笔500件的订单，一个电话到布料行，布料行一个小时内送到古田工厂，完工后再直接送到网店，24小时内就能完成。虽然市场反应快，但这也带来了量的限制，不可能接大订单，作坊大都是家族式经营，有经验无管理，加之无品牌意识，盲目求成。在武汉女装网店中，很多家都配备了一台缝纫机和一名专门处理质量问题的员工，“有时候，一款衣服拉回来，超过一半都需要返工”。质量和款式成为限制网商发展的老大难问题，这背后的根源是小作坊的做货模式和传统商人一味求量的经营理念。

因受货源的困扰，旧爱良品女装店的掌柜曾一度逃离武汉，去了广州、深圳、杭州、常熟考察市场，最后选择了店铺风格一致的常熟。然而，在常熟仅仅停留了两个月，他就再度落荒而逃。一直卖汉货的他认为常熟汉服的价格太贵，一条长裙在汉正街只需要 15 元，而一件 T 恤衫常熟进价就要 20 元，而且与武汉相比，常熟服装同质化很严重，爆款每家都在卖，价格战此起彼伏，加之物流运费高，供应链反应慢，他开始无比怀念汉正街的高性价比。在回到汉正街的那个晚上，掌柜终于明白汉货是有市场的，只是需要时间。

这个时间指的是汉正街刚开始起步的产业链升级。镜头拉开，整个湖北正掀起新一轮的建设热潮，以武汉为中心，辐射周边多个城市，武汉与周边城市进行合理的价值链分工，最终将形成一个大经济圈。张某是最早一批闯荡汉正街做服装的生意人，现在他在汉川服装工业城中，拥有 4 000 多平方米的厂房，开创 4 个服饰品牌，雇佣百余名工人。而就在 6 年前，他的制衣厂只是汉正街里的一个小作坊。像张某这样寻求升级转型的人并不少，武汉 1 600 多家服装生产企业正在主动为自己摘掉“低端服装”的帽子。前店后作坊的模式正在改变，集中在汉阳古田，甚至汉正街巷子里的小作坊开始陆续搬迁到盘龙城及周边城市，厂房规模扩大了，机器也在升级中，之前老化的机器只能做梭织面料的衣服，不能做针织面料的衣服，使得淘宝卖家春秋两季只能去外地寻找货源。目前，汉正街初步形成了从化纤原料、服装生产到包装、纺机配件、物流等上下游配套完整的产业链，这一转变也解决了电商长远发展的后顾之忧。

伴随着产业链升级，商业的传承在第一代、第二代企业主之间继续，近两年来，汉正街传统企业主的二代们大规模投身于电商。他们大多从大学毕业，从小在生意场中耳濡目染，有着开阔的事业观和新理念，占尽天时地利人和。

长镜头：契机的力量

整体来看，武汉物流成本、人力成本、商务成本都偏低，有优势，但对比其他城市的传统服装企业，武汉电商投入仅占总投入的 5%，市场潜力还很大。目前制约发展的要素主要有四个方面：一是经营思维落后，网购是快消品，把握不了流行趋势；二是信息闭塞，融资渠道上，商家到处装穷，不会炒作和营销；三是受供应商的制约，全盘掌控整合供应链资源的能力有限；四是缺人。

针对以上短板，武汉正在发力。传统企业在渐渐转型做电商。据统计，武汉全市有各类企业上万家，其中上网的不到10%。2011年，武汉中百仓储投身网上超市，一批汉正街的传统企业主注册了商标，自发聚在一起，形成了一幢“淘宝大楼”。

当然，政府的支持，外加充裕的基础人才，在产业升级及交通运输完善的刺激下，原本沉寂的商业优势正在被激活，并且开始通过电商渠道释放这种正能量。武汉电商，是时候把握转型机遇期大干一场了。

案例讨论

小组分享：上述案例给你的启示。

第一节 创办企业

【任务】 掌握创办企业的基本流程。
【目的】 了解如何创办一家新企业，并应用到创业实践中去。
【要求】 掌握如何创办一家新企业。

知识拓展

适合大学生的创业项目

借助学校品牌项目：① 各类教育与培训；② 成熟的技术转让；③ 各种专业的咨询。

利用优势服务项目：① 家教服务中心；② 成人考试补习；③ 会议礼仪服务；④ 收出版社退书；⑤ 发明家俱乐部；⑥ 速记训练经营；⑦ 出租旅游用品。

可以独立运作的专业项目：① 可以拆分开的业务；② 图书制作前期工作；③ 各类平面设计工作；④ 各种专项代理业务。

利于对外合作的项目：① 婚礼化妆司仪；② 服装鞋帽设计；③ 各类信息服务；④ 主题假日学校。

小型多样的经营项目：① 手工制造；② 特色专柜；③ 网络维护；④ 体育用品。

一、创办企业

创办企业，就必须依法办理各种手续，事先了解办理手续的一整套流程，这样才能省钱、省时、省力。各地现已全面推行新的商事登记制度，商业登记不用提交验资证，开办公司无须再为注册资本发愁，足不出户即可在网上办营业执照。通过公示平台，了解企业信息，这些不断推出的新政策和不断出现的新形势，都对企业选址、注册等提出了新要求、新挑战。

“给梦想安家”这句话折射在创业企业身上，首先就体现在空间位置的选择上，也就是创业企业的选址问题。它直接关系到公司的税收优惠政策、一般纳税人申请政策等。创业者要注意，《中华人民共和国公司法》规定，成立公司必须要有合法及有效产权证注册地址，公司可以同时有注册地及实际经营地。

1. 办公地点的选择

小企业选址要临近相关工作地点或目标客户居住、活动区域。以太仓市为例，从事旅游业的创业者，建议将工作地点设在上海中路上，因为这里是太仓的金融商务中心，需要外出开展商务活动的人士很多。另外，大部分外籍人士都居住在附近的几个小区内，所以将位置选择在这里，会有助于其业务的提升。

创业者如果选择在商业居住区设立办公场所，需要提前咨询业委会，以查询小区是否允许将其住宅作商业用途。商住两用公寓可注册公司，同时价格又低于同区域的写字楼，因此备受中小企业的欢迎。

所在的楼盘建议要有一定的档次，尽量不要选旧宅。虽然高档次对应的是高租金，但档次决定商机，如大堂装修是否豪华，物业服务是否到位，也同时决定着企业形象，以及是否可带来更多的商机。初期创业，公司规模不会太大，而且有些行业并不需要底楼门面，只要有一间办公室就够了。

从表面上看，在哪里办公对企业的经营似乎影响不大，但是在实际运营中，一处合适的办公场所却可以给企业带来很多的便利。

2. 零售企业的选址

（1）便利策略。零售企业选址时首先要考虑其业态特征，那些单体规模小、满足顾客便利和需要、以经营选择性较低的日常生活用品为主的零售业态，如超市、便利店原则上应在距离上靠近顾客；而那些单体规模大、商品品种齐全、以经营选择性较强的商品为主的零售业态，如百货店或仓储式购物中心能够从远处吸引顾客，原则上选在人流多、交通便利的地方。交通便利可以把较远地方的人带进来，又方便购物的人群走出去，它已成了现代零售业必须考虑的重要因素。比如，交通便利就是家乐福选址的首要因素，家乐福开店选址的条件有三：交通方便；人口集中；两条马路交叉口。家乐福的法文名字“Carrefour”正是“十字路口”的意思。

（2）聚合策略。零售企业周围的竞争情况对零售企业经营的成败有巨大影响，因此选址时必须分析附近的竞争对手。单一功能的零售企业由于经营业务单一、规模小，对顾客的吸引力弱，自身难以拥有较大的客流，且具有依附性、借客源性的特征，所以在选址上可采取聚合策略。一种方案是在商业区或大商场旁边设店，从而获得较大的客源。比如，麦当劳、肯德基快餐厅几乎都建在大商场旁边。另一种方案是在“××专业街”开店，因为专业街同业商店多，就会产生聚集效应，容易扩大影响，凝聚人气。消费者在专业街可以货比三家，还起价来比较容易，所以客流量多。这样商家的生意反而比单枪匹马更容易做。考察同一地段同类零售企业的经营业绩、商品的价格水平等情况，可以初步测算可能产生的利润情况，也有助于确定今后自己商品的定位。用较少的投资进入竞争十分激烈的便利店市场，不仅可站住脚，而且可得到迅速发展。所以集中在一起的商店群相互间既存在竞争，又有着合作，要权衡把握好这种关系。需要注意的是，在零售企业相对集中的地方，只有在经营特色、价格、服务等方面努力做出特色，才能成功。

（3）人气分析策略。每个零售企业的经营者都知道，开店选址必须找人气旺的地方。客流多少是选址决策时必须考虑的重要问题。拥有足够的人流，才能支撑起购买量，才能保证企业的利润回报。零售企业的选址要分析该客流的特点。古语说，“一步差三市”，意思就是企业的选址差一步就有可能差三成的买卖，这跟客流活动的线路有关。即使是同样一条街道，由于交通条件不同或基础文化娱乐设施不同或通向的地区不同，不同位置也可能使销售业绩存在很大的差异。选址时还要了解客流的消费目标，研究客流路过的目的，如经过此地是为了购物、上下班、换车还是旅游或散步等，学校附近的店面应考虑寒暑假的时间，机关和公司集中地段的店面就必须掌握他们的上下班时间，车站附近的店面应摸清发车、到车的规律，这些都会影响开业后的营业时间，进而影响企业的业绩。

二、注册流程

1. 工商执照办理

办理工商执照除直接到企业登记场所提出申请外，还可以通过邮寄、传真、电子数据交换和电子邮件等非固定形式提出。直接申请共有三个步骤：

第一，领表。申请人在领取《企业名称预先核准通知书》的同时，领取《企业设立登记申请书》（按不同企业组织形式领取）或《个体工商户开业登记申请书》，按表格要求填写。

第二，递交申请材料。材料齐全，符合法定形式的，等候领取《准予设立登记通知书》（有限责任公司与个体工商户）或《准予行政许可决定书》（个人独资企业与合伙企业）。

第三，交费并领取营业执照。按照通知书或决定书确定的日期到工商局交费并领取营业执照。

2. 税务登记

税务登记是纳税人与国家确立税收关系的一个重要标志，有了它，企业才有权利申请减免税、领购发票，当经营发生暂时困难时，还可以申请延期申报、延期纳税等事宜，从而保证生产、经营活动的顺利进行。

个人独资企业、有限责任公司，需要在领取工商营业执照之日起30日内到税务机关领取《税务登记表》（适用单位纳税人）1份。填写完整并盖章后，提交税务机关，并提供工商营业执照或其他核准执业证件，有关的合同、章程、协议书、组织机构统一代码证书，以及法定代表人或负责人或业主的居民身份证、护照或其他合法证件等。税务机关收到申请和有关证件资料后，有20天的审核期。经审核符合规定的，需要交纳税务登记证工本费并领取行政性收费票据，领取税务登记证。

个体工商户、合伙企业与个人独资企业办理税务登记的程序基本一致，也分为领表、提出申请、缴费领证三个环节。差异是：第一，要领取适用于个体经营的《税务登记表》；第二，提供的资料比较简单；第三，从事个体经营的高校毕业生可凭相关证件免交税务登记证工本费。

三、企业伦理

企业伦理的含义可规定为“活跃在企业经营管理中的道德意识、道德良心、道德规则、道德行动的总和”。或者说企业伦理是以企业为行为主体，以企业经营管理的伦理理念为核心，在处理内外部人与人关系时企业所应自觉遵守的伦理原则、道德规范及其实践总和。

新创企业不但需要遵守法律法规，依法经营，还需要遵守伦理道德，承担社会责任。

1. 企业与员工间的劳资伦理

首先，很多创业者在创业之前是一家企业的员工，本身和原有企业有雇佣关系。一般而言，员工一边在企业工作，一边自己创业，会导致雇主很恼火。在职创业者应该认真地做好本职工作，完成雇主企业的工作任务，不应该在上班的时间处理与创业有关的事情，但可以在非上班时间谋划创业。创业者可在适当的时候提出辞职请求，辞职时不得带走雇主企业的资料，特别是商业秘密资料，不得拉拢同事一起离职，不得占用雇主资源创业。创业者还需要遵守与雇主签订的保密协议和非竞争协议，不可泄露雇主企业的商业秘密。如果要在同行业创业，必须遵守非竞争协议，在规定的时间内不得从事与雇主企业相竞争的有关工作。

其次，创业者离职后创业，需要雇佣员工，创业者需要站在雇主的立场，保护员工与自身权益不受侵害。一方面，要加强员工管理，建立互信互惠的劳动关系，加强员工培训，提高员工素质，促进员工职业发展，培养员工的忠诚感。另一方面，友善合理地裁员，保护商业秘密，树立企业形象。没有开除过员工的创业者，不是一个成熟的创业者。企业不管是主动裁员还是被动裁员，都要做到有礼、有节、友好，这样有利于保护企业形象。同时，需要与企业的关键雇员和技术型雇员签订保密协议和非竞争协议，避免企业的商业秘密外泄。特别需要防范重要雇员大批辞职，并创办竞争企业。

最后，企业需要尊重员工的人格，维护员工的权益，实现员工的发展。不得随意拖欠和克扣员工工资；不得侮辱员工的人格，更不可对员工进行人身攻击；不得有性别歧视行为。当今就业形势严峻，企业在用人的时候往往处于优势地位，有些企业便会提出苛刻的要求，比如：在面试的时候问及应聘者隐私方面的问题，随意刁难应聘者，拒绝女性应聘；在用人的时候随意加班，加班费不符合国家规定；拒绝提供员工社会保险和医疗保险服务；拒绝给予女性特殊保护；利用监视器，侵犯员工隐私。这些都是违法的或错误的。

2. 企业与客户间的客户伦理

客户伦理的核心是满足顾客的需求，这是企业生存的基础。顾客是企业经营的主角，是企业存在的重要价值。企业能不能生存，关键是企业能不能给顾客带来价值。所以，客户伦理的核心也是企业的使命。遵循客户伦理，最重要的是尊重顾客需求。企业切忌自以为是，闭目塞听，随意提供产品。

松下幸之助就将“诚”作为企业经营成功的保证。他说，在少有妙案、妙策的世界里，能发挥特色，促使销售成功的秘诀是什么呢？他认为需依赖彼此的诚心诚意，最重要的是如何使顾客感到高兴，以何种方法接待能使顾客感到满意。如果内心有这样的诚意，此人的言语、态度自然会出现某种感人的东西，销售能力也会随之提高。

在现实生活中，企业与客户间的客户伦理主要是服务伦理。服务伦理是无形的、易逝的、异质性的，所以服务伦理十分微妙，但又十分重要。即使企业能够提供符合顾客需求的产品，但是不能提供良好的服务，这个企业也会被顾客抛弃。

遵循服务伦理需要建立优秀的企业服务文化，以人为本，以顾客为本，提高员工素质和服务水平，形成“顾客是上帝”的意识。一线员工需要树立良好的仪表形象，尊重每个顾客，耐心倾听顾客的心声。售后服务员工对抱怨的顾客更需要耐心、细心、关心，及时向上级反馈顾客的抱怨和需求。例如，我国家电巨头海尔的五星级售后服务就被消费者所赞赏。

3. 企业与同业间的竞争伦理

企业与同业间的竞争伦理主要体现为不恶性竞争，不恶意中伤，不恶性挖墙脚，不窃取商业秘密等。企业间竞争伦理与竞争规律并不矛盾，遵循竞争伦理就是顺应竞争规律，否则企业的恶意竞争必然导致产业的衰败。

不恶意竞争主要表现为同行间不盲目打价格战，不恶意降价，不干涉弱小企业的定价行为。部分行业老大财大气粗，凭借“主场优势”公然干涉外地弱小企业的经营，这不但严重地违反了企业间的竞争伦理，有的甚至触犯了刑法。

同行竞争者的关系应该是“竞合”的关系，即公平公开竞争，互信互利合作。然而，现实中同行企业间常常发生散播谣言、中伤对方的事件，恶意挖墙脚、盗取商业秘密的现象也屡见不鲜。例如，视频网站为了“老大”地位之争，相互拆台，并雇人给对手上传违法内容，这种竞争关系不利于行业发展。

同行企业间应把竞争的焦点放在不断提升技术水平、打造品牌、实行差异化定位的竞争战略上。允许低价竞争，但不得恶意降价。企业应该加强员工管理，按商业规则用人。企业需要保护商业秘密，同时不盗取竞争者的商业秘密。

4. 创业者与股东间的股东伦理

创业团队中包括创业者在内很多都是企业股东，创业者需要处理好股东之间的关系，建立合理的伦理关系。

创业初期，创业者往往过度地把精力放在企业生存发展，尤其是市场开发上，而忽视了企业所有权的问题，忘记签订股东协议。因为股权纠纷导致创业团队解散的案例已经屡见不鲜了。所以，创业者需要在创业初期与股东签订股东协议，特别需要明确股本结构和退出方式。退出方式主要指股本回购条款，法律规定打算退出的创建人有责任将自己的股份出售给那些感兴趣的创建人和其他非股东。《中华人民共和国公司法》对有限责任公司和股份有限公司股权转让、自然股东死亡等问题都作出了相关规定。法律规定，有限责任公司股东向股东以外的人转让股权，应当经其他股东过半数同意。股东应就其股权转让事项书面通知其他股东并征求同意，其他股东自接到书面通知之日起满30日未答复的，视为同意转让。其他股东半数以上不同意转让的，不同意的股东应当购买该转让的股权；不购买的，视为同意转让。经股东同意转让的股权，在同等条件下，其他股东有优先购买权。两个以上股东主张行使优先购买权的，协商确定各自的购买比例；协商不成的，按照转让时各自的出资比例行使优先购买权。

5. 企业与社会间的社会责任

20世纪80年代以来，随着全球经济一体化的进程日益加快，国际上掀起了一个颇具声势的企业社会责任（Corporate Social Responsibility，简称CSR）运动。所谓企业社会责任，是指企业在创造利润、对股东利益负责的同时，必须主动承担对环境、社会和利益相关者的责任，包括遵守商业道德、确保生产安全、关注员工职业健康、保护劳动者的合法权益、保护环境、支持慈善事业、捐助社会公益、保护弱势群体等。

企业的本质就是社会单元。企业的发展离不开社会，它取之于社会，用之于社会。

企业在谋求利益最大化的同时需要重视社会公益，提升企业形象，追求企业发展与社会发展、环境保护之间的平衡。

企业履行社会责任就是为社会提供质量达标的产品，依法诚信纳税，解决就业问题，保护生态平衡，节约资源，创新技术，缩小贫富差距，为构建和谐社会尽力。可以看出，企业追求利润最大化与履行社会责任并不矛盾，相反，认真履行社会责任有利于企业实现可持续发展。

针对我国企业的特殊情况，我国要求企业着重履行提供质量达标的产品、依法诚信纳税、解决就业问题、保护生态平衡、节约资源、慈善捐助六大社会责任。提供货真价实的产品是企业应尽的社会责任，但是在我国很多产品的质量没有达到要求，导致出现大量的质量安全问题。我国部分媒体，特别是互联网媒体为了吸引“眼球”，利用“网络推手”提供虚假信息，导致互联网环境的不纯洁和信息失真。由于企业创业风险较大，税收体制不尽完善等原因，很多企业家依法纳税的意识淡薄，作为创业者，在创立企业之前就应该树立依法诚信纳税的意识，企业经营中做到不逃税、不偷税、不漏税、不抗税。企业应该严格遵守《中华人民共和国劳动合同法》，依法雇工，不随意解雇员工。另外，企业应该通过经营发展扩大规模，雇佣更多的员工，解决失业问题。企业要提高技术水平，淘汰落后的“粗放型”生产方式，节约资源，保护生态平衡。企业还要勤于从事慈善捐助活动，帮助残疾人、孤儿、灾民等弱势群体。

四、相关法律、法规

要注意的是，法律、法规的一大特性就是始终处于不断调整和修改的状态之中。对不同法律、法规的法律效力不同的问题，必须仔细甄别，有不懂之处不妨咨询专业法律工作者。进行法律咨询正在成为企业的一种常态。

1.《中华人民共和国公司法》

对创业而言，《中华人民共和国公司法》是一部十分重要的法律。《中华人民共和国公司法》规定了企业的法律形式、企业创建的条件和程序、股东职权等。创业者必须熟悉《中华人民共和国公司法》，重点了解企业的法律形式，不同形式的企业创办的条件，企业创办的程序，股东和董事会的职权，等等。现略举两例：

第二十六条规定：有限责任公司的注册资本为在公司登记机关登记的全体股东认缴的出资额。法律、行政法规以及国务院决定对有限责任公司注册资本实缴、注册资本最低限额另有规定的，从其规定。

第二十七条规定：股东可以用货币出资，也可以用实物、知识产权、土地使用权等可以用货币估价并可以依法转让的非货币财产作价出资；但是，法律、行政法规规定不得作为出资的财产除外。

2.《**中华人民共和国知识产权法**》

《中华人民共和国知识产权法》是指由国家制定或认可的，调整知识产权人在创造、使用或转让其作品、专利、商标等智力成果过程中所产生的各种社会关系的法律规范的总称。它们之所以与创业者息息相关，是因为其对专利权、商标权和著作权均作了明确规定。

（1）关于专利申请，知识产权法是这样规定的：

办理专利申请应当提交必要的申请文件，并按规定缴纳费用。专利申请必须采用书面形式或者电子申请的形式办理，只有书面文件才具有法律效力。

申请发明专利的，申请文件应当包括：发明专利请求书、说明书（必要时应当有附图）、权利要求书、摘要及其附图，各一式两份。

申请实用新型专利的，申请文件应当包括：实用新型专利请求书、说明书、说明书附图、权利要求书、摘要及其附图，各一式两份。

申请外观设计专利的，申请文件应当包括：外观设计专利请求书、图片或者照片，各一式两份。要求保护色彩的，还应当提交彩色图片或者照片，一式两份。提交图片的，两份均应为图片；提交照片的，两份均应为照片。不得将图片或照片混用。如对图片或照片需要说明的，应当提交外观设计简要说明，一式两份。

申请人申请专利时，应当将申请文件直接提交或寄交到国家知识产权局专利局受理处，也可以提交或寄交到国家知识产权局设立的专利代办处，目前在北京、沈阳、济南、长沙、成都、南京、上海、广州、西安、武汉、郑州、天津、石家庄、哈尔滨、长春等市设立国家知识产权局专利代办处。

（2）关于商标使用禁忌的问题，《中华人民共和国知识产权法》规定，以下内容不得作为商标使用：

① 同中华人民共和国的国家名称、国旗、国徽、军旗、勋章相同或者近似的，以及同中央国家机关所在地特定地点的名称或者标志性建筑物的名称、图形相同的；

② 同外国的国家名称、国旗、国徽、军旗相同或者近似的，但经该国政府同意的除外；

③ 同政府间国际组织的名称、旗帜、徽记、名称相同或者近似的，但经该组织同意或者不易误导公众的除外；

④ 与表明实施控制、予以保证的官方标志、检验印记相同或者近似的，但经授权的除外；

⑤ 同“红十字”“红新月”的名称、标志相同或者近似的；

⑥ 带有民族歧视性的；

⑦ 夸大宣传并带有欺骗性的；

⑧ 有害于社会主义道德风尚或者有其他不良影响的。

县级以上行政区划的地名或者公众知晓的外国地名，不得作为商标。但是，地名具有其他含义或者作为集体商标、证明商标组成部分的除外；已经注册的使用地名的商标继续有效。

以下标志不能作为注册商标使用：

① 仅有本商品的通用名称、图形、型号的；

② 仅仅直接表示商品的质量、主要原料、功能、用途、重量、数量及其他特点的；

③ 缺乏显著特征的。

3.《中华人民共和国合同法》

《中华人民共和国合同法》是调整平等主体之间的交易关系的法律，它主要规定合同的订立、合同的效力，以及合同的履行、变更、解除、保全、违约责任等问题。合同既可以是书面的，也可以是口头的。劳动合同属于劳动法的范畴，企业的经济活动还涉及其他合同，如买卖合同、借款合同、租赁合同、运输合同、保管合同等。

合同的订立需要规范，一般有专业的合同模板。不同类型的合同和不同的当事人约定的合同的内容是不一样的，但一般包括以下条款：当事人的名称或者姓名和住所；标的；数量；质量；价款或者报酬；履行期限、地点和方式；违约责任；解决争议的方法。

创业者一定要明确合同的效力，即合同是否违法，是否有效，这非常重要。根据《中华人民共和国合同法》第五十二条规定，有下列情形之一的，合同无效：

（一）一方以欺诈、胁迫的手段订立合同，损害国家利益；

（二）恶意串通，损害国家、集体或者第三人利益；

（三）以合法形式掩盖非法目的；

（四）损害社会公共利益；

（五）违反法律、行政法规的强制性规定。

第五十三条规定，合同中的下列免责条款无效：

（一）造成对方人身伤害的；

（二）因故意或者重大过失造成对方财产损失的。

第五十四条规定，下列合同，当事人一方有权请求人民法院或者仲裁机构变更或者撤销：

（一）因重大误解订立的；

（二）在订立合同时显失公平的。

一方以欺诈、胁迫的手段或者乘人之危，使对方在违背真实意思的情况下订立的合同，受损害方有权请求人民法院或者仲裁机构变更或者撤销。

当事人请求变更的，人民法院或者仲裁机构不得撤销。

4. 其他法律、法规

创业者还需要了解《中华人民共和国劳动合同法》《中华人民共和国税法》《中华

人民共和国反不正当竞争法》《中华人民共和国消费者权益保护法》《中华人民共和国产品质量法》《中华人民共和国会计法》等相关法律、法规。这里需要特别指出的是，企业必须依法纳税，创业者要熟悉2008年1月1日实施的《中华人民共和国企业所得税法》。同时，还要学会在法律允许的范围之内合理避税，降低企业成本。尤其是自2016年5月1日起在全国范围内全面推开营业税改征增值税，现行建筑业、房地产业、金融业、生活服务业纳税人由原来缴纳营业税改为缴纳增值税，这给企业带来了利好。

以避税为例，新创企业如何合理避税呢？

（1）中外合资。外商投资企业的优惠税率幅度较大，分别为15%、24%两档，其主要体现为：地区性和产业性的政策倾斜；外商投资企业的减免税优惠适用范围较宽；外商投资企业的减免税期限长，一般都在5年或5年以上。另外，外商投资企业比内资企业适用税种少，一般适用6个税。

（2）选择行业。为了鼓励一些产业如高新技术产业、节能产业等的发展，国家对属于其产业范围内的企业实行税收优惠政策，高新技术开发区的高新技术企业按15%的税率征收所得税；新办的高新技术企业从投产年度起免征所得税2年；利用“三废”作为主要原料的企业可在5年内减征或免征所得税。

（3）雇佣员工。雇佣下岗工人、残疾人和复员军人的企业，如果人数达到一定的比例可以减免税收。

（4）创业者身份。残疾人、复员军人或下岗工人创业都可以享受减免税收的优惠政策。按规定，如果士兵退役后自谋职业，自领取税务登记之日起，可获得多至3年的免征营业税优惠。

（5）分摊费用。企业生产经营过程中发生的各项费用要按一定的方法摊入成本。费用分摊就是指企业在保证必要支出的前提下，想方设法从账目中找到平衡，费用能摊入成本时尽可能地最大摊入，从而实现最大限度的避税。

（6）资产租赁。租赁是指出租人以收取租金为条件，在契约或合同规定的期限内，将资产租借给承租人使用的一种经济行为。从承租人来说，租赁可以避免企业购买机器设备的负担和免遭设备陈旧过时的风险，且由于租金从税前利润中扣减，可冲减利润而得以避税。

另外，创业者还要关注政府随时出台的一些方针、政策，2013年政府发布了《关于公布取消和免征部分行政事业性收费的通知》，其中，国家税务总局和地方税务局就取消了“税务发票工本费”（包括普通发票工本费和增值税专用发票工本费）。

训练活动

1. 注册企业有哪些基本流程？

2. 经营企业必须遵守哪些企业伦理？

第二节　创业企业管理

【任务】　掌握如何管理创业企业。
【目的】　了解创业企业的管理方法，并应用到实践中去。
【要求】　了解如何管理创业企业。

故事案例

索尼，叫人如何不心痛？

曾经不可一世的 SONY，也许真的要跟世界说 sorry 了。

索尼发布 2014 年财报，全年亏损 1 700 亿日元，约合人民币 90 亿元。

其实，对索尼来讲，亏损已成常态。由于没能跟上技术潮流，液晶电视方面落后于三星及 LG 等竞争对手，智能手机的角逐又落后于苹果、三星及中国手机厂商，索尼在亏损泥潭中难以自拔。索尼 2014 年再次亏损，是其近 7 年内第 6 个年度亏损。2008 年到 2014 年的七年间，索尼累计亏损额已达 1. 15 万亿日元。

同时，索尼宣布了一个重磅消息：将在 2015 年年底前对移动业务裁员 2 100 人。

手机业务是退还是卖？

其实，2014 年 10 月 31 日，索尼曾公布关于手机业务改革的措施。索尼移动公司将大幅缩减在中国的移动业务规模，即将实施的、涉及全球 1 000 名员工的裁员计划中，有相当一部分来自中国（700 ~800 人）。

索尼给出了自己的战略，索尼 CFO 吉田宪一郎表示将不再面向中国市场开发智能手机新品，并会精简 Xperia 产品线。虽然索尼否认手机业务将退出中国市场，但似乎这一趋势很难得到逆转。

从财报显示的结果来看，索尼手机业务的黑洞式亏损和现有业务经营利润难以提升是主要原因。在这种情况下，索尼对手机业务开刀就不难理解了。

此前索尼已多次下调对全年手机销量的预估，主要的原因在于亚太手机市场，尤其是中国市场竞争激烈。手机业务难见起色，甚至此前还传出了索尼将出售手机业务的消息。

那么，索尼手机业务到底会走向何方呢？目前来看，业界传闻的完全出售并直接退场的消息应当不可靠。因为索尼旗下的手机业务并非无药可救，而出售也意味着需要大规模投入重整成本，对营收也会有影响。

索尼跌到了还能爬起来吗?

曾几何时，索尼几乎是日本乃至世界科技的代名词，是创新和品质的化身。在互联网时代前，索尼是科技界的巨头。在互联网时代，索尼为何变成了扶不起的阿斗呢?

有人分析说：索尼的产品线太长，从耳机、医疗打印机及3D电影的生产设备，到家用录像机、电视机和相机、手机等个人电子产品，有2 000多款产品。这些产品之间毫不相干，难以形成优势互补。更糟的是，在众多产品中，索尼缺乏真正有竞争力的核心产品。

也许专注度不够是索尼多年来没有解决的问题，但其实，索尼很早就将移动、数码影像和游戏作为自家的三大支柱业务。但移动业务已经走进了泥潭，在智能手机市场对节奏的掌握如此高要求的前提下，日本企业谨慎的特征几乎早就宣告了该业务的失败。

数码影像业务走到今天，除了电视业务因为产业链上游的积累还能留在金字塔顶，专业摄像设备的技术优势以外，索尼的品牌已经很难在销售终端找到用户。

当然，强大的索尼游戏机帝国为索尼赢得了无数的年轻拥趸，但微软XBOS的愈走愈强，PlayStation的造血机还能走多远?至少在竞争的压力下，利润率降低已是不争的事实。

确实，索尼需要瘦身，也许可用一两个财季的漂亮数据来收复丧失的信心。但瘦无可瘦的时候，用什么来提升利润呢?这几年中，太多的事实已经证明，一只多元化过度的肥猪，再怎么瘦也瘦不成一条反应灵敏的狼犬。索尼跌倒了，你说还能爬起来吗?

索尼，叫人如何不心痛?

一、财务管理

国内一名知名企业创始人曾说过这样一句话：创业到一定阶段就会发现，自己最先需要恶补的原来不是资本、不是人脉，而是财商。财商通俗地说是指一个人综合创造财富的能力，这本身包括多赚钱、打理钱、会花钱、会省钱等。为了应对即将步入正轨的企业，创业者有必要对“现金流”“投资收益率”“资金周转率”等概念有更充分的认知。

1. 现金流

现金流是让创业者看清企业财务方面好坏的最好工具，认清现金流就如同找到病根一样，可以对症下药。现金流其实就是现金的流入和现金的流出，它是指人们在一定时间之内留下多少钱，总收入减去总支出即是现金流。

打个比方，现金流如同一个湖中流入部分的水和流出部分的水之间的差额，如果流入部分的水一直大于流出部分的水，这个湖就不会干涸；如果流出部分的水大于流入部分的水，这个湖未来就会变成死湖。所有的经济行为都有现金流，大到一个企业，小到个人，现金流揭示了企业和个人财富“健康”与“疾病”的奥秘。当现金流为正值时，是“健康”状态；当现金流为负值时，是“疾病”状态。在创业者努力挣钱获取利润时，前期投入会不断吞掉手中的钱。而画一条底线，制定出保护现金的措施就显得尤为重要。

任何财产（企业、投资、固定物）产生的现金流正负值决定了这个财产到底是资产还是负债。如果这个财产产生的是正现金流，那就是资产；如果产生的是负现金流，那这个财产就正在缩水，甚至会变成负债。很多创业者在打理钱物时，缺乏现金流认识，分不清哪些是资产，哪些是负债，虽然工作很努力，也很辛苦，看起来业务量很大，但真正的净利润很少。

假设有一辆车，抛开用途不说，可以把它称作财产，但它却不是资产，而是财产中的负债。如果这辆车不能赚钱，产生的是负现金流。如果这辆车被主人运营起来，产生的是正向现金流，这辆车就是财产中的资产。

对每个人来说，手里的任何事物都要想办法利用自己的财商让它们产生出正向现金流来，成为自己的资产而不是负债。

假设手中的一个生意产生的是负现金流，那就要仔细分析主要问题出现在哪个环节，能不能找到最好的办法改变这个环节，比如扩大销售额、降低成本、提高价格、增加服务，如果实在没有办法，那就尽快结束生意。否则，长久下去也要关门，早关门还可以减少损失。

另外，现金流和资金短缺是两回事。现金流出现负值意味着这个生意本身出现了问题；而资金短缺往往是这个生意现金流正常，也就是这个生意是赚钱的，但是出现了流动资金短缺的问题，只要想办法融到短缺资金就可以了。这就是“好债”“坏债”的区别。如果这个生意的现金流是 20 元，而我们借来资金付出的利息是 5 元，那么这就是好债；如果付出的利息是 30 元，那就是坏债。

现金流能真正反映出生意的好坏，如果连这点都搞不清，那就是在稀里糊涂创业。可以说，现金流无处不在，人们的生活、储蓄、投资等都需要现金流来帮助识别好坏，大家可以从现在开始就引入现金流的观念来评估日常生活中的每一笔开销，财商观念的培养要从点滴做起。

2. 投资收益率

投资收益率又称投资利润率，是指年投资收益（税后）占投资成本的比率。投资收益率计算公式如下：

$$\text{投资收益率} = \text{年投资收益}/\text{投资总成本} \times 100\%$$

如果某项生意年总投资 20 万元，年收益是 10 万元，那么其投资收益率就是 50%；如果年收益是 4 万元，那么投资收益率就是 20%。投资收益率越高，表明这个投资越有价值。如果按时间去考虑投资收益，还可以以月投资收益率、季度投资收益率、半年投资收益率来计算某项投资产品的投资收益率；最后累计构成年投资收益率。生活中常常听到的“高利贷”，甚至可以用日投资收益率计算了。

比如有人投资一处房产，20 万元购买 A（一栋 $40m^2$ 的房产）或者购买 B（一栋 $60m^2$ 的房产）。A 房产地段佳，年租金回报是 1.5 万元；B 房产的年租金回报是 1 万元。从投资收益率看，自然 A 的投资价值更高，产生的现金流也高。

在现实生活中，人们衡量投资收益率往往和储蓄收益率或者 GDP 对比，如果某项投资的投资收益率大于年储蓄收益率，说明该项投资收益要比储蓄更有价值。但如果不如储蓄收益回报，那说明这项投资收益亏了，还不如把钱放在银行里。如果投资收益率大于 GDP 的增幅，说明投资跑赢了国家经济发展的“大盘”；如果投资收益率小于 GDP 的增幅，说明这项投资没有跑赢 GDP 的增幅；如果投资收益率远远高于 GDP 的增幅，那说明这项投资收益高，财商高。

创业者往往选择的是经营中小企业，它基本处于中风险、中收益的位置。如果创业者前期准备得充分，可以经营中小企业中高风险、高收益的行业。许多今天成功的企业家初期创业启动资金都很少，而今天的资产已经增长了几千倍、几万倍。一些好的中小企业往往能够获得风险投资的青睐。

3. 资金周转率

怎样才能让商人在他们所从事的行业中赚到比别人更多的钱？这个问题的正确答案应该是：资金周转快的生意赚钱多。或者说，在同行业中谁的资金周转比别人更快，就更赚钱。过去，最有效的赚钱手段是卖高价——提高利润率。今天，最显著的赚钱手段已变成卖低价——提高周转率。过去利润高但是最终赚钱少，因为卖得少；今天利润低但是最终赚钱多，因为卖得多。

“转 = 赚”，这是这个时代最重要的商业特征。

“赚 = 转”，这是这个时代快速获得财富的法宝。

不同行业的投资收益率是不一样的，投资方式也不一样，有的行业资金流动周转快，如贸易、商业流通等行业；有的行业前期投入大，产出慢，如生产行业、服务行业等。投资收益率可以分为月投资收益率和年投资收益率，大多以年投资收益率来计算投资收益回报的大小。就同一类行业来说，年投资收益率越高越好。不同行业的投资收益率如果和资金周转率结合起来，则最终产生的投资收益率区别很大。简单地说，1 万元的资金一年周转 20 次，这一年即做了 20 万元的生意，如果每次资金投资收益率（毛利润）是 20% 的话，一年下来可赚 4 万元，相对本金 1 万元，年投资收益率则高达 400%。

世界上所有大型商业连锁机构的资金周转率对于它们都很重要，在同样商品销售利润基础上，谁的资金周转率高，谁的效益将会更好。国有商业流动资本年平均周转 2.3

次，而沃尔玛、家乐福等跨国零售企业流动资本年均周转次数可达 20 ~ 30 次。国内零售企业综合毛利率只有 10% 左右，而家乐福集团全球综合毛利率高达 22.9%，在华企业毛利率达 19%。

什么是流动资产周转次数呢？流动资产周转次数是指在一定时期内流动资产完成的周转次数，反映流动资产的周转速度。

流动资产周转次数 = 主营业务收入/平均流动资产

平均流动资产 = （期初余额 + 期末余额）/2

这个比率表示流动资产产生销售收入的倍数。比如，平均流动资产额为 1 000 万元，销售收入为 10 000 万元，则说明流动资产产生了其本身 10 倍的销售收入，也就是说，流动资产周转了 10 次。

如果选择的创业行业投资收益率高，资金周转率高，那么年回报率也就高，有这样的创业项目当然好。但是有些行业注定资金周转率低，甚至出现不确定性，即使投资收益率高，也不见得能赚钱。手里没了现金，资金就成了死资金，周转不起来了，自然也无法再接其他业务。

二、人力资源管理

对任何公司来说，都存在着各种各样的人，不仅有建设者，还会有批评者、旁观者和破坏者。创业者要具备分辨能力，不能将有限的精力放到内耗中。要知道哪些员工做得好，又要知道哪些员工做得差。对于做得好的，要鼓励，要帮助他们成长；而对于哪些做得差的，就要将他们剔除出去。人力资源管理是一个复杂的系统工程，薪酬制度是一项核心内容。

（一）以薪酬搭台

企业发展到一定阶段，薪酬制度成了激发团队、人员活力的关键。创业者在制定薪酬制度时应注意企业所处的阶段：初创期应侧重易操作性和激励性，需要表现出非常个人化的随机性报酬，在薪酬评价上以主观为主，创业者自身拥有 90% 以上的决策权；处于高速成长期的创业企业在制定薪酬政策时，必须考虑到薪酬的激励作用，这个时候设计的薪酬工资较高，奖金相对较高，长期报酬也比较高，福利水平也会要求比较高。要设计出合理科学的薪酬体系和薪酬制度，必须遵循一定的原则，这些原则包括战略导向、经济性、体现员工价值、激励作用、相对公平、外部竞争性等，一般要经历以下几个步骤：

1. 职位分析

职位分析是确定薪酬的基础。结合公司经营目标，管理层要在业务分析和人员分析的基础上，明确部门职能和职位关系。

2. **职位评价**

职位评价（职位评估）重在解决薪酬的对内公平性问题。它有两个目的：一是比较企业内部各个职位的相对重要性，得出职位等级序列；二是为进行薪酬调查建立统一的职位评估标准，消除不同公司间由于职位名称不同，或即使职位名称相同但实际工作要求和工作内容不同所导致的职位难度差异，使不同职位之间具有可比性，为确保工资的公平性奠定基础。它是职位分析的自然结果，同时又以职位说明书为依据。

职位评价的方法有许多种。比较复杂和科学的是计分比较法，它首先要确定与薪酬分配有关的评价要素，并给这些要素定义不同的权重和分数。在国际上，比较流行的如Hay模式和CRG模式，都是采用对职位价值进行量化评估的办法，从三大要素、若干个子要素方面对职位进行全面评估。不同的咨询公司对评价要素有不同的定义和相应的分值。

科学的职位评价体系是通过综合评价各方面因素得出工资级别，而不是简单地与职务挂钩，这有助于解决当管理者与当专家的等级差异问题。比如，高级研发工程师并不一定比部门经理的等级低，前者注重于技术难度与创新能力，后者注重于管理难度与综合能力，二者各有所长。

大型企业的职位等级有的多达17级以上，中小企业多采用11～15级。国际上有一种趋势是减级增距，即企业内的职位等级正逐渐减少，而工资级差变得更大。

3. **薪酬调查**

薪酬调查重在解决薪酬的对外竞争力问题。企业在确定工资水平时，需要参考劳动力市场的工资水平。

薪酬调查的对象，最好是与自己有竞争关系的公司或同行业的类似公司，重点考虑员工的流失去向和招聘来源。薪酬调查的数据，要有上年度的薪资增长状况、不同薪酬结构对比、不同职位和不同级别的职位薪酬数据、奖金和福利状况、长期激励措施及未来薪酬走势分析等。

只有采用相同的标准进行职位评估，并各自提供真实的薪酬数据，才能保证薪酬调查的准确性。在报纸和网站上，经常能看到××职位薪酬大解密之类的文章，其数据多含有随机取样的成分，准确性很值得怀疑，即使是国家劳动部门的统计数据，也不能取代薪酬调查用作定薪的依据。

可根据薪酬调查数据绘制薪酬曲线。在职位等级、工资等级坐标图上，首先标出所有被调查公司的员工所处的点，然后整理出各公司的工资曲线。从这个图上可以直观地看出某家公司的薪酬水平与同行业相比处于什么位置。

4. **薪酬定位**

在分析同行业的薪酬数据后，需要做的是根据企业状况选用不同的薪酬水平。影响公司薪酬水平的因素有多种。从公司外部看，国家的宏观经济、通货膨胀、行业特点和行业竞争、人才供应状况，甚至外币汇率的变化，都对薪酬定位和工资增长水平有不同程度的影响。在公司内部，盈利能力和支付能力、人员的素质要求是决定薪酬水平的关键因素。另外，企业发展阶段、人才稀缺度、招聘难度、公司的市场品牌和综合实力也是重要的影响因素。同产品定位相似的是，在薪酬定位上，企业也可以选择领先策略或跟随策略。薪酬上的领头羊未必是品牌最响的公司，因为品牌响的公司可以依靠其综合优势，不必花费最高的工资也可能找到最好的人才。往往是那些财大气粗的后起之秀宜采用高薪策略，它们多处在创业初期或快速上升期，投资者愿意用金钱买时间，希望通过挖到一流人才来快速拉近与巨头公司的距离。

5. 薪酬结构设计

报酬观反映了企业的分配哲学，即依据什么原则确定员工的薪酬。不同的公司有不同的报酬观。有的公司甚至制定了“人才基本法”，把报酬观列入“公司宪法”中。新兴企业的薪酬制度往往不同于成熟的企业。许多公司在确定人员工资时，往往要综合考虑三个方面的因素：一是其职位等级，二是个人的技能和资历，三是个人绩效。在工资结构上与其相对应的分别是职位工资、技能工资、绩效工资。也有的将前两者合并考虑，作为确定一个人基本工资的基础。

职位工资由职位等级决定，它是一个人工资高低的主要决定因素。职位工资是一个区间，而不是一个点。企业可以从薪酬调查中选择一些数据作为这个区间的中点，然后根据这个中点确定每一职位等级的上限和下限。例如，在某一职位等级中，上限可以高于中点 20%，下限可以低于中点 20%。

相同职位上不同的任职者由于在技能、经验、资源占有、工作效率、历史贡献等方面存在差异，导致他们对公司的贡献并不相同（由于绩效考核存在局限性，这种贡献不可能被完全量化体现出来），因此技能工资有差异。所以，同一等级内的任职者，基本工资未必相同。如上所述，在同一职位等级内，根据职位工资的中点设置一个上下的工资变化区间，就是用来体现技能工资的差异。这就增加了工资变动的灵活性，使员工在不变动职位的情况下，随着技能的提升、经验的增加而在同一职位等级内逐步提升工资等级。

绩效工资是对员工完成业务目标而进行的奖励，即薪酬必须与员工为企业所创造的经济价值相联系。绩效工资可以是短期性的，如销售奖金、项目浮动奖金、年度奖励，也可以是长期性的，如股份期权等。此部分薪酬的确定与公司的绩效评估制度密切相关。

综合起来说，确定职位工资，需要对职位做评估；确定技能工资，需要对人员资历做评估；确定绩效工资，需要对工作表现做评估；确定公司的整体薪酬水平，需要对公司的盈利能力、支付能力做评估。每一种评估都需要一套程序和办法。所以说，薪酬体系设计是一个系统工程。

不论工资结构设计得怎样完美，一般总会有少数人的工资低于最低限或高于最高限。对此可以在年度薪酬调整时进行纠偏，比如对前者加大提薪比例，而对后者则少调甚至不调等。

6. 薪酬体系的实施和修正

在确定薪酬调整比例时，要对总体薪酬水平做出准确的预算。在制定和实施薪酬体系过程中，及时的沟通、必要的宣传或培训是保证薪酬改革成功的因素之一。从本质意义上讲，劳动报酬是对人力资源成本与员工需求进行权衡的结果。世界上不存在绝对公平的薪酬方式，只存在员工是否满意的薪酬制度。公司可以利用薪酬制度问答、员工座谈会、满意度调查等形式，充分介绍公司的薪酬制定依据。为保证薪酬制度的适用性，规范化的公司都会对薪酬的定期调整做出规定。

（二）以文化唱戏

创业者应该让员工拥有梦想，将员工的命运和公司的命运连接在一起。梦想的力量是非常大的，“同一个公司，同一个梦想”，但这种梦想如果缺乏一定的企业文化的土壤则是无法成型的。

1. 用使命感搭建梦想

对于企业的运营管理来说，使命感是必不可少的组成部分。拥有良好的使命感可以给员工一个清晰的发展方向，让他们觉得自己在做一件伟大的事情。确立使命是创业者必须亲力亲为的事情。也就是说，企业使命的确立和宣扬永远不能授权给别人去做，因为这是企业运营管理最核心的东西，也是实现企业基业长青的基础。很多时候，能不能确立企业的使命并且培养出有使命感的员工将决定着创业的成败。

格力的使命是“为人类创造美好生活，为客户创造价值，为员工创造机会，为股东创造利润，为社会创造财富”；阿里巴巴的使命是“让天下没有难做的生意”；苹果的使命是“让每人拥有一台计算机”；沃尔玛公司的使命是“给老百姓提供机会，使他们能与富人买到同样的东西”。这些企业之所以如此伟大，就是因为它们的使命在激励着所有的管理者和员工一起不断向前。

2. 用价值观维护使命

如果说使命是由创业者制定的，那么价值观呢？价值观是实现使命的方法，是实现最终盈利目标的手段。因为它是具体可执行的，所以需要创业者、领导者、管理者乃至全体员工共同制定。

一般情况下，创业领导层制定出价值观的最初版本，然后交给全体员工共同讨论，反复切磋，最终成型。所以，当企业规模小的时候，价值观的制定就会相对容易；当企业发展壮大的时候问题就来了，因为听取多方意见不是一件容易的事。

很多创业者可能会说：“我们公司是有价值观的。”可是，有价值观并不意味着你的价值观就是好的。一个好的价值观应该是具体的，涉及本质的，它是全体员工从事商业活动的基本准则。既然是准则就应该被严格遵守，不被遵守的价值观是没有价值的。对于那些不遵守公司价值观的员工，不管他的业绩多么好，也要“请他走人”。

任何一家公司在对员工进行考评的时候都应该将员工分成三种人：一种是有业绩没有价值观的人，用杰克·韦尔奇的观点说，这类人是野狗；第二种人是事事老好人，有价值观而没有工作业绩的人，也就是小白兔；第三种人是有业绩也有价值观念的人，这类人就是猎犬。

对于“野狗”，无论业绩多好，如何功高盖主，都要坚决清除；原则上，“小白兔”也是要被清除掉的，不过可以给“小白兔”多一次机会，当证明他们确实无法完成公司的业绩后再下手除掉；只有“猎犬”才是公司所需要的人才。“小白兔”不能做事，没有业绩，虽然认同公司的价值观，但是对公司产生不了作用，必须在淘汰之列；“野狗”虽然能够给公司带来不错的业绩，却因为他们没有团队观念，没有正确的价值观，从长远的角度来说，对公司的损害是非常大的，必须在清除之列。

公司不是慈善机构，必须舍弃少部分人的利益来维护大多数人的利益。像人体细胞要新陈代谢一样，旧的不淘汰新的就无法产生，就没有活力。任何一家创业企业只有在这样的优胜劣汰中激活企业的用人机制，才能一步步走向成功。

三、创业团队建设

有人说世界上最好的团队是唐僧团队。唐僧是领导，也是最无为的一个，迂腐得只知道“获取真经”才是最后的目的，孙悟空脾气暴躁却有通天的本领，猪八戒好吃懒做但情趣多多，沙和尚中庸但是任劳任怨挑着担子，这样的团队无疑比“一个唐僧三个孙悟空”的团队更能够精诚合作、同舟共济。

这就是团队的精神，有了猪八戒才有了乐趣，有了沙和尚就有人担担子，少了谁也不可以，互补，相互支撑，关键时也会吵架，但价值观不变。这样才能把公司做大、做好。阿里巴巴就是这样的团队，在互联网低潮的时候，许多公司的员工都往外跑，但阿里巴巴流失率最低。

（一）团队组建

当“我要去创业”的想法尘埃落定，如果脑海中已经有了明确的产品或商业模式，接下来最重要的任务就是要设法建立起一个共同创业的团队。图 8-1 展示了创业团队的几种构成方式，每一种构成方式都有长处和短处，需要适时而定，通盘考虑。

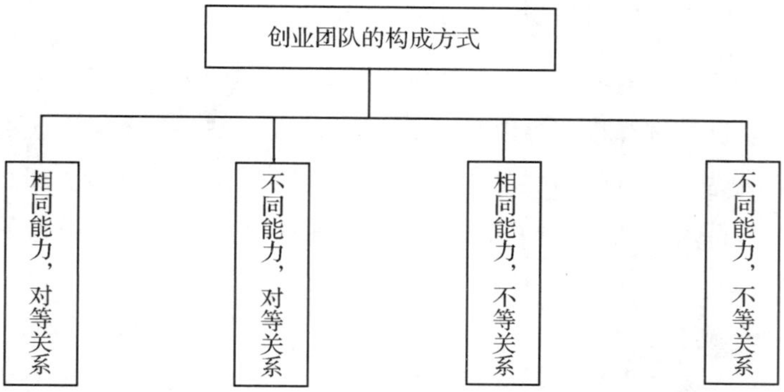

图 8-1　创业团队的构成方式

故事案例

生产闻名于世的“奔驰”高级轿车的德国公司，是由两家汽车公司组合而成的。这两家公司原本都拥有强大的实力，但由于受到美国福特汽车的冲击，两家公司被逼合并，结果不仅没有出现令人担心的内耗，反而事业得到了更大的发展，而今已成为屈指可数的世界汽车大亨。两家公司同心协力，团结一致，没有因为各有所长各持一方，而是使整体的作用大于部分之和，终于成就了今天的霸业。

那么，组建创业团队的合理流程是怎样的呢?

第一步，建立优势互补的创业团队。所谓优势互补，存在于创业团队的两个层面：一是专业，二是个性。创业团队是创业企业人力资源管理的核心，“内”“外”兼修、耐心细致的“账房”和眼光独到的“老板”，研发与营销两方面的人才都不可偏废。组织创业团队时还要注意个性，个性代表着看待问题的角度和思维方式，如果一个团队里能够有总能提出建设性的可行性建议并能不断发现问题的批判性成员，则对创业过程将百利而无一害。

第二步，选择有热情的人加入团队。能够主动选择创业的人都是有某种热情的人，或者对能力，或者对产品，或者对机会。总之，创业者总有大把的热情可以挥洒。因此，选择对项目有同样热情的人加入团队甚为关键。事业初创期必定充斥着孤苦、烦躁、拮据，而这时能够仰赖的只有热情。对事业信心不足所带来的负面影响远远超过了卓越的专业水平所带来的正面影响，一个需要激情、投入的团队一旦存在着消极因素，那么整个团队将会受到足以致命的打击。

第三步，建立有效的员工考核方案。对员工的工作业绩定期进行有效考核，至于考核的方式，是采取量化或者面对面交流的方式，视情况而定。除此之外，最好还能有一个员工能力发展计划，帮助其在工作中、企业内训中及自学中不断提升自身素养。这样的发展计划有时候比丰厚的薪酬更能吸引高素质的员工，这对于高科技企业尤为重要。

（二）团队管理

风险投资总说自己选择投资一个项目，其实是投资“人和团队”。更准确地说，是投资一个团队的潜力。团队的潜力越大，风险投资能挣到的钱越多。那么，一支稳定而有潜力的团队的基石是什么？那些知人善用的企业家身上及他们所打造的企业身上又有怎样的特性呢？

1. 富有魅力的领导者

创业初期，企业家的人格魅力往往比制度文化有效得多，人格魅力是聚拢人才的真正磁铁，同时它还是一个企业激情和动力的重要来源。

牛根生有一个流传甚广的团队管理理念，就是“财聚人散，财散人聚”。最好的概念都伴随着最简单的表述，牛根生也用实际行动践行着这一理念。就在下属的座驾多为沃尔沃、奔驰、宝马时，牛根生依然坚持自己的小排量奥迪，蒙牛高层管理团队成员所住的房子也大多比牛根生的大。

牛根生践行“财散人聚”理念多年，就在他被迫离开伊利实业集团股份有限公司的时候，他前期人格魅力所积聚的力量产生了巨大的回报：有 8 位跟牛根生相识 20 年的朋友都拿出了自己的全部家当，跟着牛根生一起创业。他们信任牛根生的眼光，认可牛根生的气度和胸怀，相信跟着牛根生不会吃亏。

2. 性格互补的管理层

故事案例

桑迪·威尔（Sanford Weill）和杰米·戴蒙（Jamie Dimon）曾被称为华尔街的“父子兵”，他们共同成就了花旗集团的崛起，一举打破了华尔街由摩根家族一统天下的局面。桑迪·威尔逐步意识到杰米·戴蒙对他在花旗的权威地位构成了巨大的威胁，于是这两个领袖气质都非常鲜明的人决裂了。

什么是性格互补呢？当“既生瑜，何生亮”的局面出现，太多的将才聚在一起，难道只能是一声叹息？

复星集团是一家房地产公司，他们核心团队的四人就各有所长。董事长郭广昌学哲学出身，具有“讷于言，敏于行”的沉稳、“无为而无不为”的城府。副董事长梁信军的身上还有着共青团干部的影子，精于人事，善于驭人。他与郭广昌的沉稳、讷言形成了鲜明的对比，因此也成为郭广昌最早的搭档。范伟略显沉默，也极少在媒体上露面，不过他麾下的复地集团在房地产业倒是做得如火如荼，其特点是做的比说的要多。汪群斌则显得“攻守平衡”，他本人也直言，自己是四个人中比较全面和平稳的一个，无论是说还是做。

物以类聚，人以群分，在交朋友的时候，人们往往有意无意找到的是与自己相似的人，创业企业管理层的组建可不能如法炮制，不同的人聚在一起意味着更多的可能性。

3. 超越人情的制度文化

超越人情的制度文化是指把握制度的变与不变之间的平衡，灵活的部分往往负责超越人情，而固化的部分则要负责坚定不移地执行，前者注重留人，后者注重管人。

如果说有一样东西既是创业企业发展的动力，也是创业企业的枷锁的话，那这个东西就是“人情”。每个创业企业都不乏同甘共苦的岁月和记忆，也少不了高官厚禄、打土豪分田地的故事，如何利用人情之中有利的一面，摒弃负面影响，是每一个创业者都要面对的难题。中国国际技术智力合作公司（以下简称中智）是一家以文化创意、图书出版为主要方向的大型企业，该公司留人的秘诀是什么呢？答案就在该公司制定的制度中。首先，在该公司的请假制度上，假种繁多，以适应员工面临的不同问题，除国家法定假期之外，中智还设置有孝假、特假等。其次，该公司会在员工、员工父母生日当天送上生日礼金，小小举动大大笼络了人心。用牛根生的话说：“无论你现在是否还在这家公司，它已经在你的生命历程中做下了记号。”这家小小的企业也在践行着这一理念，中智将在每个来过的员工心中留下一个位置，这也正是超越人情的制度文化的魅力所在。

（三）团队发展

管理人员的不断调整和变动将是团队管理面临的主要挑战。创业初期，团队成员依靠某种同舟共济、同甘共苦的情感紧密团结在一起，经过一段时间的打拼磨合后，创业团队往往要经历“洗牌”的局面。从这时开始，团队成员开始出现理念、心思、志向的分化，甚至还有人会跟不上形势变化和企业发展的要求。对此，要有充分的思想准备和勇气，对决意离开，甚至变成竞争对手和不再胜任本职工作的团队成员要果断，要有“诸葛亮挥泪斩马谡”的决断。创业者对待团队成员，要做到以下几点：

1. 心胸博大，善于合作

创业者应该有博大的心胸，能宽厚待人，懂得如何合作，懂得如何把握合作的度，从合作中收获财富、成功。

与合伙人的相处和合作是非常需要技巧及能力的，“和气生财”是放之四海皆准的一句话，否则不仅创业不成，连朋友也做不成。携程网创始人之一的梁建章说过：“我觉得包容性是很重要的，越是高层的领导，他能包容的人越多。我们几个管理层分歧也有，但都是健康的。一开始的时候，包括模式的确立，大家都提出自己的观点。现在我们的分工非常明确，都是互补性的，大家的决策越来越准确，争吵会少很多很多。”

确实如此，一个人的心胸决定了他所能达到的事业高度。宽容是合作者首先必备的一种道德品质。内讧是摧毁合作的最大杀伤力。合作过程中紧密围绕目标，大海航行靠舵手，创业者要善于领导大家以目标为导向，对与之无关的小事不必太计较。创业是干事业，不是交朋友，更不是做你好我好大家好的大锅饭，需要审时度势，宽严有度。该管的事要管，不该管的事就不要管。

2. 坦诚相待，互相尊重

新东方创始人俞敏洪谈及最引以为傲的决策就是把一大帮比他更有出息的朋友从海外拉进了新东方。当年，徐小平、王强、包凡一、钱永强等新东方后来的核心成员在俞敏洪的鼓动下纷纷归国。在这些人多年海外打拼的背景后面，是一股庞大的拼命三郎般的创业热情，是成熟而先进的教育理念和教学方法，新东方从一开始就因为这帮人的凝聚而直接步入正轨。

对于这么一个汇聚卓越人才的团队，俞敏洪笑谈是“一只土鳖带着一群海龟奋斗”。摆在俞敏洪面前的团队管理问题，与我们的创业企业其实并无二致，那就是将这些有个性的人团结到一起，拧成一股绳，并让每个人都保持活力和激情。

俞敏洪说：“在新东方，没有任何人把我当领导看，没有任何人会因为我犯了错误而放过我。在无数场合下，我都难堪到了无地自容的地步，我无数次后悔把这些精英人物召集到新东方来，又无数次因为新东方有这么一大批出色的人才而骄傲。因为这些人的到来，我明显地进步了，新东方明显地进步了。没有他们，我到今天可能还是一个目光短浅的个体户；没有他们，新东方到今天可能还是一个名不见经传的培训学校。”俞敏洪最为重视的就是，在交往和合作的过程中与团队成员坦诚相见，他时刻提醒自己，大家团聚在一起固然有梦想、交情等情感因素，但根本上是为了共同的利益才走到一起的。也因为如此，俞敏洪秉承了遇到问题和矛盾应该向前看的原则，在共同的利益面前，他相信成功将会是最好的润滑剂，也将给大家带来丰厚的回报。只有向前看，成功的希望才会激励着合作的各方摈弃前嫌，勇往直前，到达成功的彼岸。

3. 实事求是，激发潜能

一个团队要密切而长期地协作，最重要的是在实事求是精神的指引下，让大家对自身能力所能达到的远度和高度永远有惊喜。工作狂都有类似的表述，工作中成功挑战自我的成就感是其他任何人、事、物都无法比拟的。要想让团队成为非常协调团结上进的团队，唯一的办法是在工作过程中培养团队精神，而不是到工作以外去建立人际关系。而团队精神的培养是在问题的解决、目标的达成中逐步完成的。

故事案例

E 店宝是一家为电商开发 ERP（企业资源计划）系统的企业。2004 年公司成立时只有几个人，到现在已经增至近 500 人。对 E 店宝的掌门人陈涛来说，团队管理很简单，那就是把好员工留下，把不符合 E 店宝要求的人淘汰掉。在 E 店宝，新员工入职首先要进行为期七天的培训，培训过程中必须末位淘汰，每十个人淘汰一个。这样就能把与公司价值观不一致的员工淘汰掉，留下的是肯学肯干的人。所有的新人都不会被直接安排到工作岗位上去，而是被安排到一线客户那里去实习两个月。通过这种与客户及老员工面对面的沟通，让新人对公司产生认同感。

E 店宝另一个关于员工实事求是的制度是员工评级制度，每位部门经理都可以根据该制度评判员工的等级，每个等级都有相应的工资待遇。

E 店宝按能力和价值观把员工分为五大类：能力和价值观都高的，称为黄金员工；能力和价值观都差的称为废铁员工；能力很好、价值观很差的称为铁锈员工；能力不好、价值观很好的称为铁员工；价值观、能力都一般的称为钢员工。对废铁员工立即淘汰，铁锈员工是危害公司很强的人，会腐蚀、影响周围的员工，这样的人也要立即淘汰；铁员工要轮岗，可能会找到合适的位置，成为钢员工。陈涛希望出现的理想团队构成是80%的钢员工、20%的黄金员工。这就是一种面对员工能力和潜力的实事求是态度的最好体现。

训练活动

小蒋的一月业务分类账

小蒋经营着T恤印染业务。以下是他一个月的交易记录，请尝试将以下账目记录在分类账目中（表 8-1），并且计算他的收入和投资回报率。假设开始的现金余额为1 000元。

1 日，小蒋买了一个印染架、颜料、楔子和其他的基本用品，共花了 250 元。

2 日，他从批发商那里以 240 元的价格购买了 48 件 T 恤衫。

6 日，小蒋在当地跳蚤市场登记，在本月的每个周末销售他的 T 恤衫。登记费花了 100 元，接着又去打印店花了 20 元做了名片，花 10 元制作了传单。

7 日，小蒋去了跳蚤市场。他以每件 12 元的价格卖掉了所有的 T 恤衫。

10 日，小蒋又返回批发商处，以 300 元的价格买了 60 件 T 恤衫。

14 日，小蒋以每件 12 元的价格卖掉了 48 件 T 恤衫，为了处理最后的 12 件，他把价格降到每件 10 元。

16 日，小蒋以 300 元价格买了 60 件 T 恤衫，花了 50 元买了颜料盒和工具，又花了 10 元印刷了宣传单。

21 日，小蒋返回跳蚤市场，但因为天气阴雨，他仅以每件 10 元的价格卖掉了 T 恤衫。

25 日，小蒋以 120 元买了 24 件 T 恤衫。

28 日，他以每件 12 元的价格卖掉了他所有剩余的 T 恤衫。

表 8-1　小蒋的业务分类账

日期	说明	已收现金	已付现金	现金余额

第三节　企业发展

【任务】　掌握企业发展趋势。

【目的】　了解企业并购、上市、破产等概念，并应用到实践中。

【要求】　在网络上检索相关专题案例。

故事案例

创业成功者如是说

让我们听听创业成功者对于大学生创业者最关心的创业问题的回答。

问题一：大学生创业是为了实现一个梦吗?

搜狐董事局主席兼首席执行官张朝阳：切勿因为热情而失去理智，创业不是一个梦。大学生创业更要以务实的态度为根本，要考虑到实际收支水平，从生存的角度去努力，只有这样，大学生创业才是一个实在的话题。

问题二：创业要选择自己感兴趣的行业吗?

远大空调有限公司总裁张跃：是否在某一个阶段对某一东西的爱好十分强烈，甚至能达到忘我的地步，凡是成功的人都有某种程度的偏执。在我创立并发展远大期间，对空调技术的狂热促使我不停地研究、思考、修改、完善、创造，甚至会半夜里忽然醒来顿悟了某个难题，而正是这种狂热弥补了我知识上的缺陷。

问题三：如何领导自己的团队?

长江实业集团有限公司董事局主席兼总经理李嘉诚：我常常问我自己，你是想当一个团队的老板，还是一个团队的领袖？一般而言，做老板简单得多，你的权力主要来自你的地位，这可能是上天的缘分或凭着你的努力和专业知识所得。做领袖就比较复杂，你的力量源自人性的魅力和号召力。做一个成功的管理者，态度与能力一样重要。领袖领导众人，促使别人自觉甘心卖力；老板只懂支配众人，让别人感到渺小。

问题四：大学生创业投入多少资金比较合适？

3G门户网站总经理邓裕强：资金匮乏往往是大学生创业最大的困难所在。大学生不要期望资金能从天上掉下来，也不要幻想自己一番豪言壮语就能打动投资方，脚踏实地地做些实事才是关键。我们有个准则值得大家借鉴，那就是——绝不借钱创业。把自己的风险转嫁给家人或朋友来承担，是不负责任的做法。绝不借钱创业也是为了把风险控制在我们可以承担的范围内，万一失败了不至于造成过大的损失。

问题五：如何看待创新创业的风险？

蒙牛乳业集团股份有限公司董事长牛根生：别人看似冒险的事情，我感觉是安全的。什么叫安全？超乎常人的冒险就是安全，常人没有想到的事，肯定是安全的，因为别人还没有想到那个区域，那个区域就是我的！

问题六：大学生在创业过程中需要把握的最重要的一点是什么？

“博客网”网站董事长兼首席执行官方兴东：最重要的是控制风险。大学生创业首先还是一个摸索阶段，并不是说要你去发大财、赌一把。而这个风险应该是你自己可以控制、承担的，是要让自己在这个小风险里不断实践，得到更多的尝试，积累经验。大学生创业最主要的还是参与，而不是为了某种目的，不是为了创业而创业。

一、企业并购

2013年年初，中国海洋石油集团有限公司（以下简称中海油）宣布完成对加拿大尼克森公司的收购，中海油的大手笔海外收购并非个案。普华永道的报告显示，2012年中国企业海外并购329起，比2011年的207起多出122起，增加约59%。与此同时，国内的医疗器械行业、食品添加剂行业背后的企业并购也风起云涌。数据证明，企业间的并购活动正变得越来越频繁。可以说，企业并购是市场经济条件下的一种正常的市场行为，对创业企业而言，待发展到一定程度，兼并或被兼并都是很有可能的。

（一）并购的概念

企业并购的内涵非常广泛，一般指兼并和收购。兼并又称吸收合并，即两种不同事物因故合并成一体。在商业上，兼并指两家或者更多的独立企业、公司合并组成一家企业，通常由一家占优势的公司吸收一家或者多家公司。收购指一家企业用现金或者有价证券购买另一家企业的股票或者资产，以获得对该企业的全部资产或者某项资产的所有权，或获得对该企业的控制权。

作为优化资源配置的手段，企业并购的目的是通过品牌获得市场，通过收购获得更好的团队，收购对方的技术进行战略布局。然而，近几十年来国内外的并购实践与实证研究表明，并购失败的可能性要大于成功的可能性，尽管许多并购失败案例源于后期整合的失误，但交易形式选择不当亦是败因之一。企业并购可以分为股权并购、资产并购和协议控制三种形式，选择合适的并购模式对于控制并购风险具有重要意义。

1. 大约一半的并购是失败的

企业并购是整合资源、获取并购效益的重要举措。但事与愿违的是，并购失败已经成为全球资本市场的一个司空见惯的现象。并购失败的原因之一是，不少企业收购的目标公司资产质量较差，长期以来沉淀了很多的不良资产，还存在大量的负债，信息不对称使得收购方对潜在的风险浑然不觉。此时，选择与目标公司资产质量相匹配的并购交易方式，可以最大限度地避免交易风险。

2. 上市企业的主动选择

对收购者而言，一家上市公司当然可以“自然而然”地发展。但是，并非所有企业都只满足于自身循序渐进的自然增长。许多意图并购中小企业的上市企业都相信，通过并购达到利润增长是更快、更容易、风险更低的途径。

3. 中小企业的退出途径

企业发展的未来究竟如何？企业会以一种永远稳定的状态不断壮大起来吗？还是一直维持原状？创业者在这个过程中会不会累？会不会想休息，想放弃？或者想重新开创一项事业？并购，会是一个很好的选择。

对创业者来说，创业起步难，但退出也许更加艰难。在许多情况下，公开募股实际上是遥不可及的，这使并购成为唯一可行的退出路径。这是因为：第一，我们不得不接受的估值可能会远低于自身的期望，甚至远低于一年前的水平；第二，希望出售的企业数目正在迅速增长，并逐渐超过了有条件、有能力的潜在收购方数量。总而言之，即使是那些希望通过并购实现退出的企业家也需要清醒地认识到，“你需要接受一个比你预期更低的价格，因为目前的估值很快会进一步下跌”。

（二）并购的类型

企业作为一个资本组织，必然谋求资本的最大增值，企业并购是一种重要的投资活动，大学生的初创企业也极有可能在发展期面对这样的机遇或挑战，现在需要提前做好了解。

1. 横向并购

横向并购是指处于同行业、生产同类产品或生产工艺相似的企业间的并购。这种并购实质上是资本在同一产业和部门内集中，迅速扩大生产规模，提高市场份额，增强企业的竞争能力和盈利能力。

2. 纵向并购

纵向并购是指生产和经营过程相互衔接、紧密联系的企业之间的并购。其实质是通过处于生产同一产品的不同阶段的企业之间的并购，从而实现纵向一体化。纵向并购除了可以扩大生产规模，节约共同费用外，还可以促进生产过程的各个环节密切配合，加速生产流程，缩短生产周期，节约运输、仓储费用和能源。

3. 混合并购

混合并购是指处于不同产业部门、不同市场且这些产业部门之间没有特别的生产技术联系的企业之间的并购。包括三种形态：

（1）产品扩张性并购，即生产相关产品的企业间的并购。

（2）市场扩张性并购，即一个企业为了扩大竞争地盘而对其他地区的生产同类产品的企业进行的并购。

（3）纯粹的并购，即生产和经营彼此毫无关系的产品或服务的若干企业之间的并购。

混合并购可以降低一个企业长期从事一个行业所带来的经营风险。另外，通过这种方式可以使企业的技术、原材料等各种资源得到充分利用。

二、企业上市

企业上市是大学生所能想象的创业企业的终极目标。一夜暴富固然会在股市成真，但企业上市的历程却需要扎扎实实地一步一个脚印。“千里之行，始于足下”，每个环节都必须依照相应的法律、法规要求审计与规范运作，上报中国证监会核准后才能向证券交易所申请公开发行股票上市。

（一）上市的概念

企业上市是指股份公司首次向社会公众公开招股的发行方式。

企业上市一定好吗？那为什么有不愿意上市的企业？跟大家的想象不同的是，企业上市有上市的价值和意义，但不上市也有不上市的理由。

1. 企业想上市

通过上市的过程，企业可以理顺产权关系，尤其是对早已民营化的企业，历史产权关系模糊不清，历史遗留问题解决不好，就会使企业无法轻装上阵。企业应在理顺企业产权的过程中促使地方政府根据政策规定，及时出具正式文件，明确其合法的产权关系，保障其私有产权不受侵害。

不论是国有企业还是民营企业，不缺资金的毕竟是少数，90%的民营企业快速发展的首要任务就是融资，比如资产型地产公司、金融型企业，一旦资金链断裂，马上会面临崩盘。

无论何时何地，上市公司本身即是最好的名片与品质保证。一些企业上市的目的就是创知名产品，提高企业品牌效益。如某企业改制时，集团接近亏损，外贸业务被走私及国际巨头倾销压迫得几无退路，几十亿资产规模的股份公司年利润不到 4 000 万元，上市后迅速成长为行业龙头，与国际大公司对抗，创造了上市以来每年增长率超过50% 的较好业绩。

企业上市后有利于招贤纳士，整合人力资源。水往低处流，人往高处走。优秀的人才都希望投身到能实现个人价值的地方。同等条件下，上市企业的吸引力当然大于其他未上市企业的吸引力。例如，有一家农业板块的民企集团，主营养猪及生产动物饲料，在即将上市前，境外一家快要破产的上市企业闻讯赶来，主动把盘中残值以零价格出让的方式托付给这家准上市企业，以期保持产业的连续性及市场渠道资源的整合；而同期，一些名牌大学毕业生也不挑选其行业是否光鲜亮丽而自愿投靠加盟。

毋容置疑，上市是催生千万、亿万富翁的摇篮。资本市场一夜暴富可不是神话，"新东方"上市，"留学教父"俞敏洪个人财富超 18 亿元。他认为，如果今天仍然是赚三五年的钱再去做一个项目的话，就会被许多竞争对手抛在身后而难以追赶。如果有一个资金杠杆的话，就会使你的企业成倍地有活力。每当阿里巴巴、百度这样的企业成功上市，随之而来的便是若干百万富翁，简直可以称之为中国百万富翁的"梦工厂"。

2. 企业不想上市

虽然企业上市的意义是显而易见的，但是仍然有许多企业并不急于上市，那些暂时不想上市的企业，其真实原因不只是因为有钱而不需要融资，牵涉的具体情况可能是多方面的。

（1）企业历史沿革不清，理顺产权结构与规范管理所发生的成本费用太高。一些资产型企业，如地产类公司、基础类传统产业，产权结构及归属问题已成为麻团似的历史遗留问题，多角债务关系弄不好就是小马拉大车，即使上市了也不知哪天会掉下来。

（2）无融资需求，也不愿意与公众分享高成长的利益。一些发达地区的众多民营企业，由小作坊成长为跨国企业集团，年利润总额上亿元，这类企业主观上就不想成为公众公司，既不想接受上市公司监管，也不想让公众分享企业成果。

（3）境内上市排队周期长，审核通过率相对境外而言也低。企业改制、上市辅导、报送材料、等待反馈意见、企业答复、发行审核委员会审核、证监会核准等，每一道程序都是一项繁重、复杂的系统工程，一些急需融资的企业，耐不住上市过程的煎熬，于是另辟蹊径。

（4）"上市失败"恐惧综合征心理。少数企业 IPO 后未被核准，已上市公司遭遇退市，使得一些企业掌门人产生"上市失败"恐惧综合征心理。如某企业董事长接到证监会通知未被核准上市，当场号啕大哭，长期压抑的紧张情绪失控了。每年沪深两市都不乏上市公司退出主板转向三板市场，其他公司目睹后便不愿重蹈覆辙。

（5）不愿意受监管的企业不想上市。上市后不自由，因为信息披露透明度高，包括主营业务、市场策略等方面的信息，被媒体高度关注也可能会对上市公司产生一定的负面影响。企业的重大经营活动及经营决策都必须经董事会、股东大会审议通过，失去了作为私人企业老板所享有的独权，在经营灵活性、资金利用效率、资金周转等方面，主控性也相对要受影响。

（6）省费用，不失去对企业的控制权。为了实现上市及上市后的系列管理活动等，企业需要支付较高的费用。上市公司比私人企业需要履行更多义务、承担更多责任，股权的分散将使管理层不可避免地失去对企业的部分控制权，管理层也将受到更大的压力，等等。

“择其善者而从之，其不善者而改之。”不想上市的企业自然有其规避的诸多不善理由，想上市的企业当然也有择其善的地方。商者趋利也，上市或不上市皆因利而行之。

（二）创业板

创业板是地位次于主板市场的二板证券市场，以纳斯达克市场为代表，在中国特指深圳创业板。在上市门槛、监管制度、信息披露、交易者条件、投资风险等方面，创业板和主板市场有较大区别。其目的主要是扶持中小企业，尤其是高成长性企业，为风险投资和创投企业建立正常的退出机制，为自主创新国家战略提供融资平台，为多层次的资本市场体系建设添砖加瓦。

在创业板市场上市的公司大多从事高科技业务，具有较高的成长性，往往成立时间较短，规模较小，业绩也不突出，但有很大的成长空间。可以说，创业板是一个门槛低、风险大、监管严格的股票市场，也是一个孵化科技型、成长型企业的摇篮。

1. 给梦想一双翅膀

专家普遍认为，支持创业企业发展、落实自主创新战略，是创业板市场的历史使命。同时，中国自主创新战略的实施，也为创业板市场开拓了广阔的发展空间。

第一，创业板市场满足了自主创新的融资需要。通过多层次资本市场的建设，建立起风险共担、收益共享的直接融资机制，可以缓解高科技企业的融资瓶颈，可以引导风险投资的投向，可以调动银行、担保公司等金融机构对企业的贷款和担保，从而形成适应高新技术企业发展的投融资体系。

第二，创业板市场为自主创新提供了激励机制。资本市场通过提供股权和期权计划，可以激发科技人员更加努力地将科技创新收益变成实际收益，解决创新型企业有效激励缺位的问题。

第三，创业板市场为自主创新建立了优胜劣汰机制，提高社会整体的创新效率，具体体现在以下两个方面：一是事前甄别，就是通过风险投资的甄别与资本市场的门槛，建立预先选择机制，将真正具有市场前景的创业企业推向市场。二是事后甄别，就是通过证券交易所的持续上市标准，建立制度化的退出机制，将问题企业淘汰出市场。

2. 上市条件之主体资格

发行人是依法设立且持续经营三年以上的股份有限公司（有限公司整体变更为股份

公司可连续计算）。

A. 股票经证监会核准已公开发行。

B. 公司股本总额不少于 3 000 万元；公开发行的股份达到公司股份总数的 25% 以上；公司股本总创业板额超过 4 亿元的，公开发行股份的比例为 10% 以上。

C. 公司最近三年无重大违法行为，财务会计报告无虚假记载。

3. 上市条件之财务指标

A. 最近两年连续盈利，最近两年净利润累计不少于 1 000 万元，且持续增长；或者最近一年盈利，且净利润不少于 500 万元，最近一年营业收入不少于 5 000 万元，最近两年营业收入增长率均不低于 30%，净利润以扣除非经常性损益前后较低者为计算依据。

B. 最近一期的净资产不少于 2 000 万元，且不存在未弥补亏损。

C. 发行后股本总额不少于 3 000 万元。

4. 上市条件之其他要求

A. 注册资本已足额缴纳，发起人或者股东用作出资的资产的财产权转移手续已办理完毕；发行人的主要资产不存在重大权属纠纷。

B. 应当主要经营一种业务；其生产经营活动符合法律、行政法规和公司章程的规定，符合国家产业政策及环境保护政策。

C. 最近两年内主营业务和董事、高级管理人员均没有发生重大变化，实际控制人没有发生变更。

D. 应当具有持续盈利能力，不存在下列情形：

第一，经营模式、产品或服务的品种结构已经或者将发生重大变化，并对发行人的持续盈利能力构成重大不利影响。

第二，行业地位或发行人所处行业的经营环境已经或者将发生重大变化，并对发行人的持续盈利能力构成重大不利影响。

第三，在用的商标、专利、专有技术、特许经营权等重要资产或者技术的取得或者使用存在重大不利变化的风险。

第四，最近一年的营业收入或者净利润对关联方或者有重大不确定性的客户存在重大依赖。

第五，最近一年的净利润主要来自合并财务报表范围以外的投资收益。

第六，其他可能对发行人持续盈利能力构成重大不利影响的情形。

（三）科创板

科创板是由国家主席习近平于 2018 年 11 月 5 日在首届中国国际进口博览会开幕式上宣布设立的，是独立于现有主板市场的新设板块，并首先进行注册制试点。

《关于在上海证券交易所设立科创板并试点注册制的实施意见》强调，在上交所新设科创板，坚持面向世界科技前沿、面向经济主战场、面向国家重大需求，主要服务于符合国家战略、突破关键核心技术、市场认可度高的科技创新企业。重点支持新一代信息技术、高端装备、新材料、新能源、节能环保及生物医药等高新技术产业和战略性新兴产业，推动互联网、大数据、云计算、人工智能和制造业深度融合，引领中高端消费，推动质量变革、效率变革及动力变革。

设立科创板并试点注册制是提升服务科技创新企业能力、增强市场包容性、强化市场功能的一项资本市场重大改革举措。通过发行、交易、退市、投资者适当性、证券公司资本约束等新制度及引入中长期资金等配套措施，增量试点、循序渐进，新增资金与试点进展同步匹配，力争在科创板实现投融资平衡、一二级市场平衡、公司的新老股东利益平衡，并促进现有市场形成良好预期。

2019 年 6 月 13 日，科创板正式开板；7 月 22 日，科创板首批公司上市；8 月 8 日，第二批科创板公司挂牌上市。

2019 年 8 月，为落实科创板上市公司（以下简称“科创公司”）并购重组注册制试点改革要求，建立高效的并购重组制度，规范科创公司并购重组行为，证监会发布《科创板上市公司重大资产重组特别规定》。

设立科创板是落实创新驱动和科技强国战略、推动高质量发展、支持上海国际金融中心和科技创新中心建设的重大改革举措，是完善资本市场基础制度、激发市场活力和保护投资者合法权益的重要安排。在这样的市场定位下，科创板要顺利落地生根、茁壮成长，很关键的一点是要打好“创新牌”。

从市场功能看，科创板应实现资本市场和科技创新更加深度的融合。科技创新具有投入大、周期长、风险高等特点，间接融资、短期融资在这方面常常会感觉力有不逮，科技创新离不开长期资本的引领和催化。资本市场对于促进科技和资本的融合、加速创新资本的形成和有效循环，具有至关重要的作用。这些年，中国资本市场在加大支持科技创新力度上，已经有了很多探索和努力，但囿于种种原因，二者的对接还留下了不少“缝隙”。很多发展势头良好的创新企业远赴境外上市，说明这方面仍有很大提升空间。设立科创板，为有效化解这个问题提供了更大可能。补齐资本市场服务科技创新的短板，是科创板从一开始就要肩负的重要使命。

从市场发展看，科创板应成为资本市场基础制度改革创新的“试验田”。监管部门已明确，科创板是资本市场的增量改革。这一点非常重要。增量改革可以避免对庞大存量市场的影响，而在一片新天地下“试水”改革举措，快速积累经验，从而助推资本市场基础制度的不断完善。以最受关注的注册制为例，经过在市场中的多年讨论，此次明确在科创板试点注册制，既是顺应市场需求，又有充分法律依据。几年来，依法全面从严监管资本市场和相应的制度建设也为注册制试点创造了相应条件。注册制的试点有严格的标准和程序，在受理、审核、注册、发行、交易等各个环节会更加注重信息披露的真实全面、上市公司的质量，更加注重激发市场活力、保护投资者权益。在科创板试点注册制，可以说是为改革开辟了一条创新性的路径。

从市场生态看，科创板应体现出更加包容、平衡的理念。资本市场是融资市场，也是投资市场。科创板通过在盈利状况、股权结构等方面的差异化安排，将增强对创新企业的包容性和适应性。与此同时，投资者也是需要被关注的一方。在投资者权益保护上，一方面，科创板要针对创新企业的特点，在资产、投资经验、风险承受能力等方面对科创板投资者加强适当性管理，引导投资者理性参与；另一方面，应通过发行、交易、退市、证券公司资本约束等新制度，以及引入中长期资金等配套措施，让新增资金与试点进展同步匹配，力争在科创板实现投融资平衡、一二级市场平衡、公司的新老股东利益平衡，并促进现有市场形成良好预期。与投资者携手共成长，科创板定能飞得更高、走得更远。

三、企业破产

2013 年 3 月，一条新闻震惊全球——“一双鞋换两套房，汽车城底特律走向破产”。据说底特律有美国第一条水泥马路，有美国第一个交通指示灯，有美国第一条高速公路和第一大百货商店。但如今，除了这些深刻到不能磨灭的历史印迹以外，底特律再也不是那个辉煌的底特律了。美国密歇根州州长已经对外宣布，将由州政府接收底特律财政，并任命了一名企业破产重组专家为紧急财政管理人，以应对这座城市濒临破产的局面。在这条新闻里，需要大家注意：一是一个城市都能破产，何况我们这些中小初创企业？二是存在破产重组专家这一职业。难道破产重组也有很高深的学问吗？

（一）破产的概念

近年来，国内中小企业由于经营困难，出现倒闭的现象屡见不鲜。2019 年数据显示，我国有超过 100 万家企业倒闭，其中 90% 以上是中小型企业，而大多数企业的生存周期只有 3 年，能超过 5 年的只有 10% 左右。

1. 法律层面的破产

破产并非简单的关门大吉。根据《中华人民共和国破产法》，破产案件是指通过司法程序处理的无力偿债事件。这里所说的司法程序包括三种：和解、重整和清算。

破产和解是指在人民法院受理破产案件后，在破产程序终结前，债务人与债权人之间就延期偿还和减免债务问题达成协议，中止破产程序的一种方法。

破产重整是指对可能或已经发生破产原因但又有希望再生的债务人，通过各方利害关系人的协商，并借助法律强制性地调整他们的利益，对债务人进行生产经营上的整顿和债权债务关系上的清理，以摆脱财务困境，重获经营能力的特殊法律程序。

破产清算是指宣告股份有限公司破产以后，由清算组接管公司，对破产财产进行清算、评估和处理、分配。

2. **破产不等于企业死亡**

破产就是企业死亡了吗？相信绝大多数人都会这样认为，80% 以上企业对破产程序存在认识误区，普遍把破产等同于企业死亡，认为一旦破产，就什么都没有了。但是《中华人民共和国企业破产法》的一个基本理念就是对市场竞争过程中的失败者，全社会要给予宽容，“能活的依法帮扶，当死的有序退出”。国外称破产为“到法院申请破产保护”，美国每年仅个人申请破产保护的数量就有近 200 万。在成熟的市场经济中，企业有生有死，以向法院申请破产的方式对企业画个句号是常规路径。企业负责人依法承担义务的同时，也有依法享有退出的权利。

实际上，人们传统认识中的“破产”，仅仅相当于《中华人民共和国破产法》中的破产清算。而破产还有破产和解、破产重整等程序，可以通过对企业的破产重组、资产重组、债转股等司法手段，依法帮扶有订单、有潜力的困难企业起死回生，让企业有机会重新调整经营策略，制订经营方案，不至于因为无法支付欠款致使资金链断裂、经营停滞而陷入更大的困境。

3. **选择跑路不如申请破产**

一般来说，破产企业全部清算完毕，银行方可核销不良资产，这需要很长时间才能完成，这也是目前导致银行债权人很少主动依法提起企业破产申请的原因。然而，从法律角度看，未经法定程序依法退市，以吊销、注销等行政手段退出市场的企业，将会遗留大量难以处理的债权债务关系，严重扰乱市场经济秩序，也给民间信用造成严重影响。根据《中华人民共和国公司法》相关规定，有限责任公司股东以出资额度为限承担责任，但是，如果企业未依法按程序退出市场，那么公司股东就会为此承担“无限责任”。

除此之外，即使无法进行破产重整或达成和解，资不抵债的企业也可以进行破产清算，可以向所有债权人公平分配企业的剩余财产，依法解决所有债权债务关系，从而避免日后被追债。可以说，及早进入破产程序，可以使有问题的企业尽早暴露出来，并使处理过程更加公平，不至于使问题越积越多。

（二）破产重整

破产重整是为了使有经营前景或者有可能重生的公司恢复经营能力，避免清算，防止资源浪费。破产重整有三种形式。

第一种为我国实践中最为常见的企业存续型重整。企业的存续型重整通过债务的减免、延续清偿等方式解决债务负担，从而达到企业再生的目的，而原企业法人资格保持存续，所有的重整措施都是在原企业的壳内进行。

第二种为营业让利型重整，也就是出售式重整。指获利的企业在其他实体中得以存续，通过对企业的清算价值合并用于对债权人的清偿。设置重整制度的目的是挽救企业的经济和社会价值，避免引起破产清算而造成的各种不良社会影响，同时使债权人得到更多的清偿，所以它的实质作用是要挽救债务人的事业而不仅仅是挽救债务人企业这一个外壳。在某些特定情况下，当维持原债务人的外壳反而成为重整的负担时，这种出售式重整的必要性就显得更为突出。

第三种是清算式重整。清算式重整，即以清偿债务为目的，在重整程序中制定对债务人财产优于破产清算时的清算、变现、分配的清算计划，无害化调整债务，保留企业优质资源，保持原企业的法人资格存续，最大程度地减少重整人负担（尤其是在有新投资人情况下），最为便捷地清偿债权人债权。使投资人可以无负担地进行生产经营，达到破产企业破茧重生的效果。

其中，前两种模式在挽救企业方面是最具有典型意义的，是重整在实践中发挥社会调整作用的主要操作模式。

在重整的实践中，有些债务人企业适合采取企业存续型重整，但是也有很多债务人企业更适合采取出售式重整。出售式重整具有独特的社会功能，可以化解企业存续型重整中遇到的很多难题，并弥补一些立法上的不足。

（三）破产清算

破产清算是指处理经济上破产时债务如何清偿的一种法律制度，即在债务人丧失清偿能力时，由法院强制执行其全部财产，公平清偿全体债权人的法律制度。

公司因资不抵债而清算的案件，若由债务人向法院提出申请，则为自愿性申请破产；若由债权人提出破产申请，则为非自愿性申请破产。《中华人民共和国破产法》规定，债务企业自行提出破产申请时，应当说明公司亏损情况，提交有关会计报表、债务清册和债权清册。债权人提出破产申请时，应当提供关于债权数额、有无财产担保及债务人不能清偿到期债务的有关证据。有些国家（如美国）对于非自愿性申请破产，要求无担保债权人达到 3 个或 3 个以上且其债权总额至少达 5 000 美元才能提出申请；若无担保债权人少于 12 人，则拥有无担保债权超过 5 000 美元的单个债权人也可提出破产申请。

训练活动

如果你创办经营的企业因种种原因不幸面临倒闭，你会采取怎样的措施？

思考题

如果你是一家企业的老总，你会怎么经营你的企业？

本章总结

新创企业有别于成熟企业。新创企业往往处于超常规发展阶段，既有大好的发展势头，也暗含极大的生存风险。

改变了思维，就改变了人生。成长比成功更重要，逆境虽然是常态，但只要能执着于远大的理想，且有不达目的绝不终止的意愿，便能产生惊人的力量！

参考文献

［1］刘源，金超. 创新就是财富：从奥斯本的“日行一创”说起［J］. 管理与财富，2006（10）：30.

［2］胡雪. 浅谈创新与创业的关系［J］. 思路视野，2017（33）：1.

［3］陈敬全，孙柳燕. 创新意识［M］. 上海：上海科学技术出版社，2010.

［4］林勤，李娜. 创业指南［M］. 北京：机械工业出版社，2017.

［5］罗迦·费·因格. 谈创造性思维［M］. 孔京京，译. 武汉：长江文艺出版社，2019.

［6］王多明. 策划原理与实务［M］. 大连：东北财经大学出版社，2018.

［7］霍彧. 现代职业人·创新创业篇［M］. 苏州：苏州大学出版社，2017.